ARCHIVES CURIEUSES

DE

# L'HISTOIRE DE FRANCE.

IMPRIMERIE D'ÉD. PROUX ET Cⁱᵉ,
3, rue Neuve-des-Bons-Enfans.

# ARCHIVES CURIEUSES

DE

# L'HISTOIRE DE FRANCE

DEPUIS LOUIS XI JUSQU'A LOUIS XVIII,

OU

COLLECTION DE PIÈCES RARES ET INTÉRESSANTES, TELLES QUE
CHRONIQUES, MÉMOIRES, PAMPHLETS, LETTRES, VIES,
PROCÈS, TESTAMENTS, EXÉCUTIONS, SIÉGES,
BATAILLES, MASSACRES, ENTREVUES,
FÊTES, CÉRÉMONIES FUNÈBRES,
ETC., ETC., ETC.,

PUBLIÉES D'APRÈS LES TEXTES CONSERVÉS A LA BIBLIOTHÈQUE ROYALE
ET AUX ARCHIVES DU ROYAUME, ET ACCOMPAGNÉES DE NOTICES
ET D'ÉCLAIRCISSEMENTS;

Ouvrage destiné à servir de complément aux collections Guizot,
Buchon, Petitot et Lebas;

## PAR F. DANJOU,

BIBLIOTHÉCAIRE DE L'ARSENAL,

Membre de la Société royale des Antiquaires et de l'Institut historique.

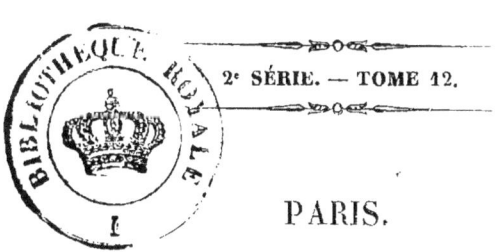

2ᵉ SÉRIE. — TOME 12.

## PARIS.

BLANCHET, LIBRAIRE-ÉDITEUR,

11, rue Croix-des-Petits-Champs.

**1840.**

# FACTUM,

## POUR DAME
## MARIE MARGVERITE
### D'AUBRAY,
#### MARQVISE DE BRINVILLIERS,

ACCUSE'E,

*CONTRE DAME MARIE THERESE Mangot, vefve du Sieur d'Aubray, Lieutenant civil, Accusatrice; et Monsieur le Procureur General,*

AVEC LE MEMOIRE du Procez extraordinaire contre ladite Dame de Brinvilliers ; et l'Arrest de Nosseigneurs de la Cour de Parlement, contre ladite Dame d'Aubray, Espouse du sieur Marquis de Brinvilliers.

*Du 16 Iuillet 1676.*

---

### A PARIS,
Chez GILLES TOMPERE, rue Chartière, près le Puits-Certain, au Treilly-Verd.

M. DC. LXXVI.

# AVERTISSEMENT.

Ce fut une grande et magnifique période pour la France que celle qui s'écoula de l'an 1668 à l'an 1680, entre la paix d'Aix-la-Chapelle et celle qui fut signée à Nimègue. A l'extérieur, ce ne sont que victoires inouïes, villes imprenables tombant devant nos armes comme par enchantement, flottes détruites, conquêtes décrétées en une heure, accomplies en quelques jours! Toujours des succès, de la gloire, toujours, jusque dans nos revers! demandez à la Hollande. A l'intérieur, abondance, joie, prospérité; du travail et du pain au peuple, de l'argent : des chefs-d'œuvre sans nombre commandés aux artistes, aux poëtes, aux écrivains; un palais aux vieux soldats, des fêtes aux courtisans, au roi Versailles! Et Paris, le siége de toute cette grandeur, le rendez-vous, le centre de toutes ces prospérités, que chaque victoire dotait en ces jours d'un nouveau monument, chaque conquête d'un nouveau quartier, d'une nouvelle industrie, d'une nouvelle population; figurez-vous Paris, s'il se peut! Quel mouvement, direz-vous, quelle activité, quelle fête de chaque jour! Eh bien! non, il n'en était pas tout-à-fait comme vous auriez droit de le présumer; du Louvre au faubourg Saint-Marcel une vague et profonde terreur planait sur bien des têtes ; la défiance était dans bien des cœurs : le fantôme de la peur s'était assis à plus d'un foyer, prenait chaque jour place à plus d'un festin. Quelle est cette énigme, à quoi tient ce revers de médaille? A bien peu de chose, en vérité. Un homme de rien, ainsi que son nom même le désigne, mais un homme de trop, l'empoisonneur Exili, s'était introduit dans

Paris, et, du fond de son ténébreux et misérable laboratoire, dans la même balance où les Condé, les Turenne, les Schomberg, les Luxembourg, les Vivonne, les Duquesne, jetaient leurs bulletins de victoires, Louis XIV ses traités de paix et ses programmes de fêtes, l'Italien, lui, en manière de contrepoids, plaçait ses poudres homicides, ses petites fioles d'acides corrosifs. Bientôt Exili fait des disciples, et sa science infernale se propage et trouve des adeptes jusque dans les plus hautes classes de la société. Depuis 1666, et non pas depuis 1670 seulement, comme le dit Voltaire, jusqu'en 1680, les empoisonnements se succédèrent dans Paris. Heureusement cette nouvelle importation des mœurs italiennes, qui sont ainsi venues périodiquement tacher notre histoire, ne put s'acclimater sur notre sol; l'établissement de la *Chambre Ardente*, qui procéda contre les hauts personnages, mit fin, par le supplice de *la Voisin*, à un état de chose funeste, où la peur et ses exagérations avaient encore été, comme toujours, le mal le plus grand et le plus sérieux. Un des épisodes les plus curieux de cette lugubre histoire de l'affaire des poisons est sans contredit le procès de la marquise de Brinvilliers; nous donnons aujourd'hui une nouvelle réimpression des pièces les plus importantes de ce procès mémorable.

# FACTUM

POUR DAME MARIE MARGUERITE D'AUBRAY,

## MARQUISE DE BRINVILLIERS,

ACCUSÉE,

CONTRE DAME MARIE-THÉRÈSE MANGOT, VEFVE DU SIEUR
D'AUBRAY, LIEUTENANT CIVIL, ACCUSATRICE,
ET MONSIEUR LE PROCUREUR GÉNÉRAL.

---

Quoyque les ennemis de madame la marquise de Brinvilliers ayent remply le public d'une prévention extraordinaire par le nombre et l'atrocité de leurs accusations, et que les esprits des peuples se laissent entraisner aveuglément aux passions des accusateurs par cette corruption naturelle qui les porte à la calomnie et à la cruauté des supplices, néantmoins elle doit espérer que les juges, qui n'ont que les sentimens de la vérité et de la justice et qui sont au-dessus de ces chaleurs violentes et de ces mouvemens populaires, ne jugeront point sur des soupçons et des preuves imparfaites. Ils sçavent que, lorsqu'il s'agit de l'accusation des plus grands crimes, qui sont sujets aux supplices les plus rigoureux, les preuves doivent estre de la dernière force, et surtout lorsque l'accusation est formée contre une personne de naissance et de condition, dont l'éducation et la qualité sont des présomptions puissantes pour l'innocence et la justification. Et à l'égard du public, la dame de Brinvilliers espère encore que tous les esprits raisonnables seront détrompez, aussi bien que les juges, de ces fausses préoccupations qui la rendent injustement odieuse, et qu'ils reconnoistront qu'elle n'a d'autre crime que son malheur, lorsqu'ils seront informez du récit véritable et sincère de sa conduite et de la persécution qui lui a esté faite.

La dame marquise de Brinvilliers, fille de feu monsieur d'Aubray, lieutenant civil, fut mariée en l'an 1651 avec le sieur marquis de Brinvilliers, fils de feu monsieur Gobelin, président en la chambre des comptes. Leur fortune n'estoit pas moins considérable que leur naissance; le sieur de Brinvilliers jouissoit de 30,000 livres de rente, par une donnation entre-vifs, que son père lui avoit faite en l'année 1646, de la somme de 600,000 livres en deniers à prendre sur tous ses biens, et monsieur d'Aubray donna en faveur de mariage à la dame de Brinvilliers 150,000 livres en rentes et deniers comptans. Elle a encore hérité de plus de 50,000 livres des biens de son ayeule ; de sorte que les sieur et dame de Brinvilliers possédoient ensemble plus de 800,000 livres de bien. Ces avantages de la qualité, de la naissance et de la fortune de la dame de Brinvilliers, font assez présumer qu'elle n'estoit pas capable des crimes lâches et horribles dont elle est accusée. Voici l'origine malheureuse des prétextes de cette accusation.

Le sieur marquis de Brinvilliers s'engagea dans les emplois de la guerre, et, comme il estoit mestre-de-camp du régiment de Normandie, le nommé Godin, dit Sainte-Croix, qui avoit esté capitaine de cavalerie dans le régiment de Trassi, homme d'un esprit fourbe et industrieux, et qui cachoit sa qualité d'enfant illégitime d'une fort bonne famille, dont il n'ozoit prendre le nom, trouva moyen de s'insinuer dans l'affection du sieur de Brinvilliers et de le gouverner entièrement. Cet homme pernicieux a esté comme le démon qui a excité l'orage et troublé toute la sérénité de cette famille, et qui, l'ayant incommodée par les dépenses excessives qu'il faisoit faire au sieur de Brinvilliers, a esté encore l'unique auteur et le seul coupable des crimes que l'on impute à la dame de Brinvilliers.

Il fut quelques années dans l'amitié du sieur de Brinvilliers sans avoir aucune connoissance particulière avec la dame de Brinvilliers (1) ; mais comme il s'estoit emparé de l'esprit du mary, il se servit de l'accès qu'il avoit dans sa maison pour surprendre l'esprit de sa

---

(1) Il paraît que la marquise fut la première à représenter à son mari l'inconvenance de l'intimité à laquelle il admettait Sainte-Croix. L'officier de cavalerie était jeune et beau, doué de tous les avantages de l'esprit, et peut-être alors encore de ces qualités du cœur dont une femme manque rarement à la longue de subir tout l'empire. La marquise, en prévenant son époux, voulait-elle sincèrement se garantir d'une passion qui commençait à troubler son âme, ou bien n'était-ce qu'un moyen ingénieux et perfide de dissimuler sous les apparences de la vertu un amour dès longtemps partagé, et dont on pourrait rejeter le tort sur le marquis, dans le cas où il viendrait à n'être plus un mystère pour ce dernier ?

femme, par quelque confidence qu'il lui fit sur l'estat de leur maison, et luy persuada une séparation de biens afin de se rendre plus nécessaire auprès d'elle, lui faisant connoistre qu'il la pouvoit servir utilement à cause du pouvoir qu'il avoit sur l'esprit de son mari ; ce qui obligea la dame de Brinvilliers d'agréer ses soins et ses conseils pour cette séparation.

Il faut avouer que la dame de Brinvilliers manqua de conduite en confiant la poursuite de ses affaires à Sainte-Croix ; mais cette imprudence a son excuse, si l'on considère ce que peut l'adresse d'un esprit des plus industrieux pour persuader une femme ignorante et sans expérience dans les procès ; que Sainte-Croix estoit un homme dont l'extérieur trompoit tous ceux qui l'ont connu, parce que, sous l'apparence d'un homme sage et de bon naturel, il cachoit l'ame la plus noire et la plus détestable qui fust jamais ; outre qu'elle ne l'avoit pas appellé dans sa maison, mais que, l'y ayant rencontré, elle devoit présumer qu'il y avoit esté introduit comme un honneste homme par le choix de son mary.

Cette confidence de la dame de Brinvilliers avec Sainte-Croix pour la direction de ses affaires fut si malheureusement expliquée par ses parens que, sur les faux rapports qui se font en pareille rencontre, feu monsieur d'Aubray, son père, ayant pris des soupçons de sa conduite sur la plainte de messieurs ses fils, forma le dessein de luy oster toute sorte de commerce avec Sainte-Croix, en le faisant arrester, comme il fit, prisonnier à la Bastille sous d'autres prétextes (1).

Sainte-Croix chercha tous les moyens imaginables

---

(1) Sainte-Croix fut arrêté dans le carrosse même de la marquise, qui était à ses côtés.

pour se venger de cet emprisonnement contre la famille de monsieur d'Aubray, et particulièrement contre messieurs ses fils, qui avoient principalement excité leur père à le faire emprisonner.

Il trouva dans sa prison le moyen le plus abominable qu'il pouvoit souhaiter pour se venger, par la connoissance qu'il fit d'un nommé Exili, Italien, qui estoit aussi prisonnier dans la Bastille et qui estoit accoustumé et sçavant au métier d'empoisonner (1) ; et après qu'ils furent sortis tous deux de la Bastille (2), il prit cet Italien dans sa maison et le garda fort longtemps pour apprendre de lui la composition des poisons les plus subtils et les plus infaillibles.

Mais parce qu'il craignit que la dame de Brinvilliers ne s'opposast à une vengeance si détestable, il luy a toujours caché son dessein comme il sera justifié dans la suite par des preuves indubitables); il se servit pour cet effet du ministère d'un valet nommé la Chaussée, qui l'avoit servi quelque temps, et qu'il fit passer en l'année 1669 au service de monsieur d'Aubray, conseiller, qui demeuroit dans la maison du sieur lieutenant civil son frère. L'accès qu'il avoit auprès d'eux lui donna le moyen d'empoisonner les deux frères, comme lui-même l'a déclaré à la mort ; et il est de la dernière importance d'observer que, dans cette mesme confession qu'il fit en mourant, il déclara que Sainte-Croix, qui l'avoit fait le confident de ses secrets et de ses empoisonnemens exécrables, lui avoit perpétuellement avoué qu'il les

---

(1) Exili avait été membre de cette mystérieuse corporation d'empoisonneurs qui, sous Innocent X, avaient fait périr à Rome plus de cent cinquante personnes.

(2) Sainte-Croix sortit de la Bastille un an après son arrestation.

avoit toujours cachez à la dame de Brinvilliers et lui avoit dit qu'elle n'en sçavoit rien, sans doute parce qu'il craignoit qu'elle ne pust jamais consentir à des crimes si abominables, et pour lesquels l'esprit et le naturel de la dame de Brinvilliers auroient eu une horreur invincible. Cette confession dernière de ce valet est d'une force d'autant plus insurmontable que, les tourmens de la question ordinaire et extraordinaire n'ayant pu tirer de lui aucune sorte de confession, comme il se vit condamné et prest à mourir, ce furent les exhortations de son confesseur, le sentiment de sa conscience et la crainte des peines de la damnation éternelle qui l'obligèrent à connoistre ingénuement cette vérité. Aussi le bon sens fait juger que Sainte-Croix n'avoit garde de déclarer en aucune manière son dessein à la dame de Brinvilliers; il avoit trop d'esprit pour le faire ; il sçavoit bien que lui seul, avec le ministère de ce valet, estoit plus que suffisant pour l'exécution de cette entreprise ; que le moins de complices, en matière de crime, est toujours le plus seur. Il n'avoit garde de risquer, par l'ouverture qu'il en eust faite à la dame de Brinvilliers, d'estre traversé par la résistance formelle qu'elle y auroit apportée, par les sentimens naturels, par les remords qu'elle auroit eus, par la crainte qui est plus naturelle au sexe, et parce qu'après tout la dame de Brinvilliers estoit absolument inutile pour l'exécution de ce crime, que l'on fait commettre ordinairement par de simples valets et des ames basses et mercenaires. Et d'ailleurs il avoit une veue toute contraire à celle de la dame de Brinvilliers, en ce qu'il s'imaginoit de se rendre par ce moyen maistre des biens de cette famille, en les faisant tomber entre les mains de la dame de Brinvilliers, dont il conduisoit les affaires avec un pouvoir tout entier ; au lieu que la dame de Brinvilliers, bien loin de trouver quelque avantage dans la mort de ses proches, elle y rencontroit la perte du secours et de l'unique ressource qu'elle pouvoit espérer par leur protection dans le malheureux estat de ses affaires, et n'y trouvoit aucuns biens, comme il y en a une preuve sans réplique, en ce que tous les biens de son père et de ses frères estoient sujets, comme ils sont encore, au douaire de la dame d'Aubray, accusatrice, lequel douaire les emporte presque entièrement, la dame de Brinvilliers ayant receu par son mariage plus qu'il ne lui estoit dû.

Quant à Sainte-Croix, la vengeance divine avoit déjà puni celle qu'il s'estoit si injustement attribuée en lui faisant souffrir, avant la mort de son valet, une mort précipitée dont la suite n'est connue qu'à Dieu seul, et que la Providence permit qu'il se causa en s'empoisonnant luy-mesme par les vapeurs de ses poisons, un jour qu'il travailloit à ces abominables compositions dont il empoisonnoit les autres.

. . . . . Nec enim lex justior ulla est
Quam necis artifices arte perire sua (1).

Avant sa mort il usa d'une précaution particulière pour sa sûreté, qui fait bien voir qu'il ne considéroit que lui seul, sans se mettre en peine si ce qu'il faisoit pouvoit nuire à la dame de Brinvilliers et à d'autres qu'à lui-mesme.

---

(1) Sainte-Croix se garantissait des vapeurs meurtrières qu'exhalaient ses poisons à la faveur d'un masque de verre. Ce masque étant venu à se briser par hasard, une mort instantanée prévint les nouveaux crimes dont il se préparait les moyens.

Il avoit une cassette dans laquelle il avoit accoutumé de mettre les papiers des procès de la dame de Brinvilliers, et comme il n'y avoit que des billets et des lettres de ladite dame, il avoit mis à l'entrée de cette cassette une demy-feuille de papier que l'on y a trouvée, qui portoit que cette cassette et ce qui estoit dedans regardoit la dame de Brinvilliers et lui devoit estre rendue (1). Et il paroist aussi que, lorsqu'il fit cette inscription et qu'il la mit dans la cassette, ce fut au mois de may de l'année 1670, auquel temps il n'y avoit que des papiers ou lettres qui concernoient la dame de Brinvilliers; mais depuis il s'avisa, dans la crainte qu'il eut que l'on ne trouvast ses poisons chez lui, de les renfermer dans cette cassette et de la mettre en dépost chez un nommé Guesdon, perruquier, qui avoit été son valet. Et ce qui fait voir qu'en effet les pacquets de poisons ont été mis dans cette cassette longtemps après cette inscription qui étoit sur cette feuille de papier, c'est que l'on reconnoist, par la date d'un autre titre ou inscription qui est sur un des pacquets de ces poisons, qu'il y avoit été mis plus de deux années après la première inscription. Il paroist aussi qu'outre cette inscription il y en a d'autres sur chaque pacquet, par lesquelles il veut que tous ces pacquets de poisons soient brûlez après sa mort; ce qui prouve non-seulement que ces poisons

---

(1) Par ce billet Sainte-Croix demande instamment que ceux aux mains desquels la cassette viendra à tomber aient à la remettre, « sans rien ouvrir ou innover, à madame de Brinvilliers, rue Neuve-Saint-Paul, vu que tout ce qu'elle contient la regarde et appartient à elle seule. » Parmi les papiers que contenait cette cassette se trouvait une promesse de 30,000 livres qu'elle avait signée à son amant le 20 juin 1670, huit jours seulement après l'empoisonnement du lieutenant civil d'Aubray.

n'appartenoient pas à la dame de Brinvilliers, mais mesme que Sainte-Croix ne les lui a point attribuez, comme il sera expliqué particulièrement dans la suite.

Sainte-Croix, peu de temps avant sa mort, se voulant servir de ces poisons, fit raporter cette cassette dans sa maison, qui fut trouvée lors de l'apposition du scellé, après sa mort. La dame de Brinvilliers ayant esté avertie que Sainte-Croix y avoit mis quelques papiers qui luy appartenoient, elle voulut la réclamer, croyant y trouver ses papiers; mais elle fut surprise lorsqu'on lui dit que Sainte-Croix avoit mis quelques eaues dans cette cassette; ce qui l'obligea de dire, ne sçachant ce que c'estoit, qu'il falloit que ce fust quelque folie de Sainte-Croix. Mais cette cassette ayant esté ouverte par ordonnance de justice et s'estant trouvée remplie de poisons de Sainte-Croix, cela donna lieu aux informations qui ont esté faites; sur lesquelles le procez ayant esté instruit, on a découvert que c'estoit ce valet nommé la Chaussée qui, par la conduite de Sainte-Croix, avoit fait tous ces empoisonnemens.

On sçait l'arrest qui a esté donné le 24 mars 1673 contre ce valet, l'unique instrument de la vengeance et de l'avidité de Sainte-Croix, et comme il a esté condamné et exécuté à mort pour avoir empoisonné messieurs d'Aubray, ainsi qu'il l'a reconnu dans la confession qu'il fit avant que mourir ; dans laquelle ce misérable, interrogé de ses complices et pressé d'y répondre pour la décharge de sa conscience, a chargé Sainte-Croix de tous ses crimes, et a protesté que Sainte-Croix, qui l'avoit toujours fait confident de ses secrets pernicieux, luy avoit avoué qu'il n'en avoit jamais découvert quoy que ce soit à la dame de Brinvilliers, et que c'estoit luy qui l'avoit entrepris sous des récompenses que Sainte-Croix luy avoit promises; en sorte qu'il faut estre invinciblement persuadé que c'est Sainte-Croix seul qui, par le ministère de ce valet, a voulu détruire deux personnes qu'il faisoit les objets de son ressentiment et de sa vengeance.

Il est vray que, sur les accusations d'une prétendue complicité qui furent formées contre la dame marquise de Brinvilliers, il y eut des poursuites poussées extraordinairement et avec tant de chaleur que, cette dame se trouvant d'ailleurs poursuivie par plusieurs créanciers qui avoient obtenu contre elle divers jugemens, elle craignit que, si on la faisoit arrêter sur des poursuites criminelles, quand mesme elle en seroit délivrée, plusieurs créanciers ne laisseroient pas de la faire recommander pour leur dette; et ainsi elle crut qu'elle devoit se retirer en un lieu de seureté contre toute sorte de poursuites, jusques à ce qu'elle eust pu y donner quelque ordre et revenir du trouble dans lequel elle se trouvoit accablée de toutes parts par une accusation si épouvantable, et par la frayeur si ordinaire à une femme sans expérience de se voir exposée à la poursuite d'un procez criminel.

Mais cette retraite ayant passé pour une fuite, il fut aisé à ses parties de la faire comprendre dans cet arrest, à cause de la contumace, et la faire condamner comme si elle avoit mérité le dernier supplice.

Cependant il n'étoit pas difficile de trouver la dame marquise de Brinvilliers, qui ne s'estoit retirée qu'au Liége (1), païs allié de la France, et où mademoiselle d'Aubray, sa sœur, qui n'est décédée qu'au mois d'aoust

---

(1) La marquise avait d'abord cherché un refuge en Angleterre.

dernier, et qui sçavoit bien qu'elle n'estoit pas coupable, n'a jamais manqué, pendant sa vie, de luy envoyer tout ce qui estoit nécessaire pour sa subsistance; et si cette véritable sœur estoit encore vivante, elle en rendroit un juste témoignage, et solliciteroit elle-mesme pour la justification de la dame de Brinvilliers, qu'elle chérissoit uniquement.

Mais ceux qui n'avoient pas la mesme inclination naturelle à protéger et soutenir son innocence, et qui se laissent trop emporter à des mouvemens et des passions particulières, trouvèrent moyen, sur des advis qu'ils donnèrent, de la surprendre et de la faire arrêter dans la ville de Liége par un nommé Desgrez, exempt de monsieur le chevalier du guet, qui a exercé contre elle des violences, menaces et artifices extraordinaires, et, non content d'avoir saisi sa personne, ses papiers, toutes ses hardes, jusqu'aux plus nécessaires, l'a traitée par les chemins avec des rigueurs inouïes et indignes d'une personne de la condition de la dame de Brinvilliers (1). Il a fait toutes choses pour l'intimider, et luy a fait écrire des lettres et billets pour la surprendre par les inductions que l'on en a voulu tirer.

(1) Desgrez, déguisé en abbé, parvint à s'introduire chez la marquise et joua auprès d'elle le rôle d'amoureux. Un rendez-vous fut donné hors de la ville; mais il devait être fatal à la dame, qui, en place de l'amant attendu, trouva des archers qu'elle n'attendait pas. On s'empara d'elle; tous ses papiers furent saisis, entre autres un manuscrit de quinze à seize feuillets contenant l'histoire entière de sa vie. Cette pièce, qu'elle réclama vivement dans la suite comme étant une confession générale, a en effet le caractère d'un pareil document. Dès les premières lignes, la marquise déclare avoir cessé d'être vierge avant l'âge de sept ans; elle s'accuse en outre d'avoir mis le feu à une habitation. Les magistrats de Liége secondèrent

Ses ennemis ont eu le pouvoir de luy faire souffrir des rigueurs encore plus surprenantes, non-seulement en la faisant resserrer étroitement dans une prison des plus affreuses et avec des gardes les plus sévères, qui luy font une infinité d'insultes, comme s'ils vouloient luy faire troubler l'esprit pour l'empêcher de se défendre, mais encore en la privant des consolations spirituelles, jusques à luy refuser d'assister au service divin, n'ayant pas voulu souffrir que, depuis plus de deux mois qu'elle est dans la Conciergerie du Palais, elle y ait entendu la messe, non pas mesme le jour de la Pentecoste. On a bien sceu luy permettre de sortir de son cachot pour aller fort loin dans la chambre de la confrontation, pour y estre tourmentée par un nombre infini de questions et d'accusations qu'on luy a faites et renouvellées incessamment.

Mais ce qui est de plus étonnant est que, dans le mesme temps que l'on pousse les accusations avec tous les artifices que l'on peut inventer, on a trouvé le moyen de ne luy pas laisser la moindre ressource, et la voye la plus légitime et la plus naturelle pour se défendre, mesme après la confrontation, qui est l'assistance d'un conseil qu'une femme ignorante dans les procédures judiciaires ne sçauroit prendre d'elle-mesme, ne pouvant remarquer les nullitez qui s'y rencontrent, ny chercher les preuves par écrit des reproches qu'il est permis de justifier contre les témoins; ce que l'ordonnance ne défend point lorsqu'il y a une partie civile qui a la li-

---

Desgrez dans son stratagême pour se rendre maître de cette grande coupable ; ils ne pensèrent pas que l'inviolabilité de leur territoire dût protéger des crimes dont les auteurs avaient foulé aux pieds les lois divines et naturelles.

berté de former toutes sortes de demandes, contre lesquelles par conséquent il est nécessaire de se défendre, ce qu'il est impossible de faire que par un conseil. On a mesme eu ce pouvoir, par un procédé inouï, de faire emprisonner des témoins après la confrontation, sans que l'on en puisse concevoir aucune raison ; ce qui luy fait présumer que ç'a esté pour les intimider et les faire déposer contre elle, comme on l'a désiré.

Dans une persécution et un abandonnement si étrange, ne semble-t-il pas que l'on veuille punir la dame de Brinvilliers avant qu'elle soit jugée, parce qu'on ne sçauroit espérer sa condemnation de juges aussi éclairez et équitables que les siens? Et n'est-il pas évident que l'on veut tirer sa condemnation de l'impossibilité où l'on la veut mettre de se défendre, parce qu'on ne la peut tirer d'aucune sorte de preuve capable de la convaincre?

Pour établir cette vérité et la justification de la dame de Brinvilliers, il faut maintenant examiner la qualité de l'accusation et des preuves sur lesquelles on prétend former sa conviction.

On accuse la dame de Brinvilliers d'avoir fait empoisonner ses deux frères, feu monsieur le lieutenant civil et monsieur d'Aubray, conseiller ; et c'est sur cette accusation que la condemnation par contumace est intervenue.

Pour cette accusation on se sert de deux sortes de prétendues preuves, les unes testimoniales, les autres par écrit.

Mais, avant que les examiner, il faut présupposer comme un fondement inébranlable cette maxime, de toutes la plus importante et la plus inviolable en matière criminelle : que, lorsqu'il s'agit d'une accusation capitale, la loy veut que les preuves soient de la dernière force et plus claires que le jour. C'est la disposition de la loy dernière au code, *de Probationibus*, et la décision de la glose et de tous les docteurs, que les preuves doivent estre, pour user de leurs propres termes, plus éclatantes que le midy, *luce meridianâ clariores*. Que si cela doit avoir lieu pour toutes sortes d'accusations capitales, à plus forte raison lorsque ce n'est pas seulement une accusation ordinaire, mais une accusation des plus inouïes et des plus étonnantes qui aient jamais esté, une accusation d'avoir fait empoisonner toutes les personnes les plus proches et les plus estroitement liées par la loy du sang et de la nature, qui est un crime horrible et dénaturé qui se rend incroyable par son atrocité, et qui par conséquent demande des preuves plus puissantes et indubitables. *Quanto majora sunt*, dit excellemment saint Cyprien, *tanto magis idoneis et indubitatis testibus indigere*. Mais ces preuves doivent estre encore infiniment plus fortes lorsqu'une accusation si étrange est formée contre une personne d'une naissance et d'une condition illustres, dont l'éducation et la qualité sont des preuves qui combattent pour son innocence et sa justification. En effet, peut-on concevoir qu'une femme d'une naissance si avantageuse, qui avoit eu une éducation sage et honneste et des exemples d'une parfaite vertu dans sa famille, se soit d'abord abandonnée à commettre les crimes les plus énormes ? L'on ne passe pas ainsi tout d'un coup de l'innocence à l'énormité des crimes, on s'en éloigne par degrez ; on ne commence pas par des parricides. En matière de crimes, dit saint Ambroise, on ne s'y engage pas si facilement ; on ne perd pas toute la honte en un instant : *Horret animus, tabescit mens, cùm ad sceleris exitum pervenitur.*

L'Escriture sainte s'en exprime admirablement, en disant que l'homme enfante l'iniquité : *Parturit injustitiam, peperit iniquitatem*, pour monstrer, par la comparaison des peines et des travaux de l'enfantement, que les hommes se portent aussi par degrez, et mesme avec des peines et des répugnances douloureuses, à commettre les crimes extraordinaires. Et ainsi, s'agissant d'une accusation non-seulement capitale, mais des crimes les plus atroces et les plus énormes, et d'une accusation formée contre une personne d'une naissance et d'une condition des plus considérables, le titre de l'accusation, l'atrocité des crimes et la qualité de la personne accusée demandent des preuves de la dernière évidence, et écrites, pour ainsi dire, avec des rayons du soleil.

Il faut donc voir maintenant si les preuves que l'on oppose à la dame de Brinvilliers sont de cette qualité.

Pour commencer par les preuves testimoniales, qui sont ordinairement les plus importantes en matières criminelles, l'on ne trouvera pas qu'il y ait aucune charge suffisante contre la dame de Brinvilliers dans les dépositions des témoins, qui apparemment ont été tous entendus dans les premières informations, dans lesquelles on n'oublia rien pour les rechercher, pendant une instruction qui dura plus de cinq ou six mois au Chastelet et en la cour, auquel temps leur connoissance et leur déposition étoient plus récentes et moins incertaines.

De tous ces témoins on prétend qu'il n'y en a que trois dont les dépositions pourroient faire naistre quelque scrupule dans cette accusation, s'ils n'estoient pas suffisamment reprochez tant en leurs personnes que par l'affectation et les contrariétés qui se trouvent dans leurs dépositions.

Contre le premier, qui est le nommé Cluet, sergent au Chastelet, il y a divers reproches notoires et plus que suffisans, qui se peuvent réduire à trois principaux.

Le premier est l'attachement qu'il a à la dame d'Aubray, accusatrice, à laquelle il est entièrement dévoué depuis plusieurs années, et qui luy a fait épouser sa damoiselle suivante, nommée Jeanne Sursin. Il n'a pas aussi déposé comme un simple témoin, mais comme une partie accusatrice, ayant remply sa déposition d'un nombre si prodigieux de faits différents, dont il n'est point parlé dans la plainte et qui sont accompagnez de récits particuliers, de tant de circonstances singulières et extraordinaires, d'une infinité de choses qui se sont passées en des temps éloignez et différens, que la seule affectation fait connoistre que tout ce qu'il a dit est plutost l'effet d'une passion habile et d'une déposition étudiée qu'un effort de sa mémoire, qui seroit incroyable.

Le second reproche, qui est justifié par sa propre déposition, est qu'il se déclare luy-même ennemy de la dame de Brinvilliers, se plaignant de ce qu'elle a voulu le faire périr, et disant qu'il l'a appris de Briancourt. Ce qui rend sa déposition intéressée par un motif de vengeance et un dessein formé de faire périr celle qu'il suppose l'avoir voulu perdre.

Le troisiesme est qu'il est soliciteur de la dame d'Aubray, chez laquelle il boit et mange tous les jours. C'est un fait de notoriété publique que c'est luy qui a toujours esté le principal moteur et conducteur de cette accusation ; qu'il la poursuit avec tant de chaleur et de passion qu'il a fait le mestier de suborner les témoins, comme il paroist par la reconnoissance de Briancourt, qu'il a voulu obliger à déposer par des menaces si extraordinaires que Briancourt n'a pu dénier qu'il estoit vray « que Cluet avoit esté le chercher jusques à Nostre-Dame des Vertus, où il s'estoit retiré, et l'avoit menacé de mettre le feu au logis des Pères de l'Oratoire, où il estoit, s'il ne déposoit contre la dame de Brinvilliers. » C'est luy qui a aresté la Chaussée, valet de Sainte-Croix, comme il paroist par le procès-verbal de l'emprisonnement qu'il a fait de sa personne. Ce ne sont pas là des reproches vagues et généraux, mais ce sont des véritez constantes et si certaines que la dame d'Aubray, accusatrice, ne pourroit pas elle-mesme en disconvenir. Et comme la sévérité de la nouvelle ordonnance qui refuse le conseil aux accusez, mesme après la confrontation, ne l'a fait que dans l'esprit d'éloigner les mauvaises contestations qui pourroient retarder le cours de la justice dans l'instruction des procès criminels, et que ce n'a pas esté pour empescher qu'un accusé ne pût tirer advantage de la vérité des reproches qui seroient légitimes, quoyque la dame de Brinvilliers ne puisse avoir connoissance d'une partie des faits de ces reproches particuliers, qui sont des choses arrivées depuis son absence et qui se passent dans le temps mesme de sa prison, où elle n'a aucune liberté de conseil ny communication avec personne qui lui puisse apprendre, elle doit espérer néantmoins, de l'équité et de la religion de ses juges, qu'ils ne laisseront pas de considérer tous ces reproches, de la vérité desquels on se rapporte à la conscience de la dame d'Aubray, qui ne disconviendra pas que Cluet et la damoiselle Sursin lui sont entièrement dévouez depuis plusieurs années ; que Cluet estoit auprès de feu monsieur d'Aubray, son mary, dans un attachement perpétuel ; que la damoiselle Sursin estoit sa damoiselle suivante dès le temps qu'elle fut mariée avec monsieur d'Aubray ; qu'au mois de février 1674 Cluet a épousé la damoiselle Sursin; que le mariage s'est fait chez madame d'Aubray; qu'elle a fait les frais de la nopce, et que la damoiselle Sursin a eu 2,000 livres par le testament de monsieur d'Aubray, son mary; que madame d'Aubray a fourni une partie de sa dot; que Cluet s'est rendu le soliciteur de cette accusation pour elle; que c'est lui qui a recherché tous les témoins pour déposer; que c'est lui qui fait toutes les démarches pour la poursuite de la dame d'Aubray; que, depuis son mariage, lui et sa femme ont continué de vivre dans une espèce de domesticité chez madame d'Aubray; que l'un et l'autre y vont boire et manger fort souvent; que mesme, depuis que la dame de Brinvilliers est arrestée, Cluet est presque tous les jours chez la dame d'Aubray; qu'il y a été boire et manger avant la confrontation; qu'il y a esté depuis la confrontation et qu'il continue d'y aller presque tous les jours. On est persuadé que, quelque chaleur que la dame d'Aubray puisse avoir dans cette accusation, elle a trop de sincérité et de conscience pour dénier ces reproches particuliers, dont la vérité doit estre aussi certaine que des autres reproches que la dame de Brinvilliers a elle-mesme proposés contre lui; après lesquels on ne doit pas considérer la déposition de Cluet, parce que la loy veut qu'il y ait beaucoup de sincérité et une indifférence raisonnable en la personne d'un témoin, qui l'exempte de toutes sortes de passions; elle ne veut pas qu'il soit amy de l'accusateur, qu'il soit ennemy de l'accusé, ny qu'il ait pris aucune part dans la poursuite de l'accusation, de crainte que son intérest ou sa passion ne l'engage à faire quelque mensonge; elle ne veut pas qu'il soit suspect en sa personne et que sa déposition soit affectée. Il ne faut qu'un seul de ces reproches pour faire rejetter sa déposition, et ils se rencontrent tous ensemble en la personne de Cluet : il est dans la familiarité, dans le service, et on peut dire encore dans la domesticité de la dame d'Aubray ; il est ennemy déclaré de la dame de Brinvilliers et se plaint qu'elle l'a voulu faire périr ; il est le soliciteur de la poursuite de cette accusation pour la dame d'Aubray ; sa personne est suspecte, et sa déposition est remplie d'affectation.

Ces reproches sont si légitimes qu'il n'est plus nécessaire d'examiner la déposition de Cluet, si ce n'est pour remarquer les contrariétez qui s'y rencontrent et qui seroient capables de la détruire entièrement. On prétend, par exemple, qu'il a déposé que Briancourt luy avoit dit « que madame et mademoiselle d'Aubray avoient tort de se plaindre de luy, luy ayant plus d'obligations qu'elles ne pensoient, ayant empesché qu'elles ne fussent empoisonnées. » Et cependant le mesme Briancourt ne dit rien de tout cela dans sa déposition ; il l'a mesme désavoué ; ce qui fait voir la fausseté de cette déposition, qui, n'estant d'ailleurs qu'un simple ouy-dire, n'est d'aucune considération.

On prétend aussi que ce témoin ajoute qu'il avoit ouy dire à la dame de Brinvilliers « que son frère ne valloit rien, et que, si elle avoit voulu, elle l'auroit fait assassiner par deux gentilshommes sur le chemin d'Orléans lorsqu'il y estoit intendant. » Mais cette déposition est hors de toute apparence, parce que la dame de Brinvilliers ne se seroit pas commis à parler de cette sorte contre son frère à un homme de néant ; et comme elle sçavoit aussi que Cluet, en qualité de sergent au Chastelet, estoit dans la dépendance de son frère, et qu'outre cela il estoit continuellement dans sa maison et avoit un attachement particulier auprès de luy, elle auroit cru que, si elle avoit fait des discours de cette qualité à Cluet, il n'auroit pas manqué de les rapporter à son frère. On peut dire aussi qu'il dépose mesme à sa décharge sur ce fait particulier, en supposant qu'elle ne l'a pas voulu faire, lorsqu'il dit que, si elle l'avoit voulu, elle l'auroit fait; et il est incroyable aussi qu'elle ait cru pouvoir faire exécuter par deux gentilshommes un assassinat d'un intendant de province sur le chemin, où les personnes de cette dignité ne vont jamais qu'accompagnez d'un grand nombre de personnes et de quelques gardes de Sa Majesté.

On prétend encore qu'il a déposé que la dame de Brinvilliers avoit témoigné beaucoup d'empressement pour retirer la cassette, disant « qu'elle auroit volontiers donné cinquante louys pour la r'avoir, et qu'elle dit qu'elle avoit fait ce qu'elle avoit pu pour la retirer de Sainte-Croix pendant son vivant, et que, si elle l'avoit pu retirer, elle l'auroit fait égorger après. » Mais cet empressement de la dame de Brinvilliers n'a rien d'extraordinaire pour une femme que l'on sçait qui avoit beaucoup d'affaires, qui pouvoit estre pressée de retirer ses papiers, dont plusieurs lui estoient importans pour ses procez, comme le partage des biens de sa famille, les transactions qui y avoient esté passées, le testament de monsieur d'Aubray, son frère, et d'autres tiltres de cette qualité qui se sont trouvés parmy les papiers de Sainte-Croix, qu'elle croyoit estre dans cette cassette et qui sont entre les mains de son procureur du Chastelet, où ils sont encore aujourd'huy; et la menace que l'on dit qu'elle a faite contre Sainte-Croix pouvoit partir d'une juste colère de ce qu'il s'estoit vanté de ses lettres qu'il avoit gardées dans cette cassette, et, par un orgueil assez ordinaire aux hommes de sa sorte, avoit voulu abuser des termes d'amitié et de confidence qui estoient dans ses lettres, et les faire passer pour des expressions d'une affection inconsidérée pour luy, ce qui emporte l'esprit d'une femme de qualité aux derniers ressentimens. Et quant à ce qu'il adjoute que, « luy ayant dit un jour ce que l'on avoit trouvé dans cette cassette, elle devint rouge et interdite, » sa surprise n'est pas fort étrange, puisqu'elle voyoit que Sainte-Croix l'avoit trompée, et qu'au lieu de ses papiers il avoit mis dans cette cassette d'autres choses qu'elle ne connoissoit point. Ce qui fait voir au contraire qu'elle estoit ignorante du procédé de Sainte-Croix, et la rougeur est plustost une marque d'innocence et d'honnesteté en une femme; en sorte que cette déposition fait beaucoup plus à la décharge de la dame de Brinvilliers qu'à sa conviction.

Il en est de mesme de ce qu'on prétend qu'il a dit encore : qu'ayant parlé à la dame de Brinvilliers du bruit qui couroit sur l'empoisonnement de ses frères, elle luy répondit : « Comment cela auroit-il pu se faire? Un homme ne l'auroit pas fait pour deux mil pistoles, » parce que cela fait voir que cet empoisonnement luy paroissoit incroyable et impossible, supposant qu'on ne trouve pas des personnes qui donnent vingt mille francs pour courir encore le risque de se perdre.

On dit qu'il a encore ajouté que la dame de Brinvilliers l'empêcha de dire à monsieur d'Aubray, son frère, « que la Chaussée avoit servy Sainte-Croix, et qu'elle luy dit qu'il valloit autant qu'il gagnast de l'argent qu'un autre. » Mais alors la dame de Brinvilliers ne sçavoit pas que la Chaussée fust un scélérat; au contraire, elle devoit présumer qu'il n'étoit pas méchant, puisque son frère, qui s'en servoit depuis quelque temps, ne s'en plaignoit point. Ainsi l'on peut dire que non-seulement les dépositions de ce témoin se détruisent par les reproches contre sa personne, qui seroient suffisans quand on n'auroit autre chose à proposer contre luy, mais encore parce que les contrariétez et absurditez qu'elles contiennent empêchent qu'elles ne puissent faire la moindre impression.

A l'égard du second témoin, qui est la nommée Edmée Huet, vefve de Brigeon, fruictier, il est entièrement inutile d'examiner sa déposition, puisqu'elle doit estre absolument rejettée du procez, attendu qu'elle n'a jamais esté recollée ny confrontée avec la dame de Brinvilliers; et toutes les ordonnances, particulièrement la dernière, au titre *des Recollemens et Confrontations*, article 8, y sont formelles, et décident expressément que la déposition de ceux qui n'auront point esté confrontez ne fera point de preuve, et n'ajoutent qu'une seule exception : « S'ils ne sont décédez pendant la contumace. » L'on ne rapporte point de preuve qu'Edmée Huet soit décédée; et mesme un procez-verbal d'absence ne suffiroit pas, puisque l'ordonnance ne parle que de la mort seulement, et ce d'autant que la confrontation est ce qui est de plus important en matière criminelle, parce que les accusez n'ont aucun autre moyen de se deffendre et de reprocher les témoins.

De sorte que c'est aux accusateurs à produire les témoins; autrement l'on présume que c'est une adresse pour empêcher qu'une fausse déposition ne soit détruite par des reproches pertinens, comme seroient ceux que l'on pourroit alléguer justement contre ladite Huet, qu'elle a esté sollicitée par Cluet de déposer et qu'elle a receu de l'argent pour ce sujet, ce qu'elle auroit esté obligée d'avouer par le serment de la confrontation; et la crainte de cet aveu et des reproches qu'on auroit pu faire contr'elle sont les véritables causes qui empêchent qu'on ne la fasse paroistre pour cette confrontation.

On n'est donc point obligé de s'arrêter en aucune manière à examiner en détail les termes d'un grand nombre de faussetez et suppositions que l'on prétend estre contenues dans sa déposition. Ce n'est pas qu'il ne fust fort aisé de faire voir l'affectation et les absurditez qu'elle contient, comme, par exemple, lorsqu'elle dit « qu'un jour la dame de Brinvilliers, luy envoyant quérir ses pendans d'oreilles, lui donna pour cet effet les clefs d'une cassette où elle trouva de l'arsenic en poudre et en paste, dans deux petites boëttes, et qu'elle le jetta dans le feu sans en rien témoigner à la dame de Brinvilliers. »

Y a-t-il rien de si ridicule que de vouloir faire croire que la dame de Brinvilliers eust donné les clefs d'une cassette où l'on veut qu'elle teinst des poisons à une fille qui reconnoist qu'elle ne luy en avoit jamais fait de confidence, et qui dit qu'elle en fut si surprise qu'elle jetta ces poisons dans le feu? Ce qui paroist encore avancé fort inconsidérément, puisqu'il n'y a pas d'apparence que ladite Huet eust osé, sans en rien dire à sa maistresse, jetter ce qu'elle avoit trouvé dans le feu, et auroit dû plutost présumer que l'arsenic qu'elle avoit trouvé dans cette cassette étoit pour d'autres usages, comme il n'est pas extraordinaire que l'on en puisse avoir dans les maisons, pour l'employer en plusieurs autres occasions, et mesme pour des remèdes; et c'est une mauvaise conséquence que l'on soit empoisonneur pour avoir de l'arsenic dans sa maison.

Y a-t-il encore rien de plus ridicule que ce que l'on prétend que ladite Huet ajoute : « Qu'en un dîner où l'on avoit bu par excez, sa maistresse, en ayant trop pris, vint dans sa chambre luy apporter une boëtte dans laquelle elle dit avoir de quoy se vanger de ses ennemis, et qu'il y avoit dans ladite boëtte des successions (1), sans luy expliquer autre chose, » qui sont les termes dont on dit que ladite Huet s'est servie, « et que, sept ou huit heures après, la dame de Brinvilliers ayant l'esprit plus rassis, elle vint dire qu'elle ne sçavoit ce qu'elle luy disoit lorsqu'elle luy avoit parlé de successions, ayant l'esprit accablé de ses affaires ; et qu'en mesme temps, allant à sa terre de Norat, elle dit à ladite Huet qu'elle ne vouloit pas laisser sa cassette dans son cabinet, qu'elle estoit de conséquence, et que, si elle venoit à mourir, elle la chargeoit de la jetter dans le feu ; et qu'au retour de son voyage la dame de Brinvilliers luy demanda avec empressement cette cassette, qu'elle luy rendit. »

Toute cette déposition n'est qu'un enchaisnement d'absurditez qui se détruisent d'elles-mesmes : ladite Huet accuse sa maistresse d'ivrognerie, et par conséquent dans un état d'étourdissement et d'extravagance où l'on est capable de dire toutes sortes de mensonges ; et elle dit elle-mesme que la dame de Brinvilliers ne s'expliquoit que fort imparfaitement, et qu'elle avoit avoué qu'elle ne sçavoit ce quelle disoit ; ce qui ne peut estre divisé dans une mesme déposition. Mais pour faire voir la fausseté de cette déposition, ladite Huet, par un def-

(1) De là, sans doute, cette désignation cruellement spirituelle de *poudre de succession* qu'on donna dans la suite aux terribles poisons qu'Exili, La Voisin et autres avaient mis bientôt à la mode.

faut ordinaire au mensonge et à la calomnie, ne se souvenant plus de ce qu'elle venoit de dire, qu'elle avoit eu la hardiesse de prendre les arsenics qui estoient dans la cassette de sa maistresse et de les jetter tous dans le feu, elle ose supposer que, longtemps après, sa maistresse, sans lui avoir rien témoigné ny s'estre fâchée contr'elle de ce qu'elle avoit osté ses poisons de sa cassette, lorsqu'elle avoit cherché ses pendans d'oreilles, luy remit encore cette cassette, et l'en chargea comme d'une cassette qu'il falloit jetter au feu, quoyqu'il n'y eust plus de poison, puisqu'elle les avoit ostez.

Il y auroit encore de l'absurdité de dire que sa maistresse avoit remis d'autres poisons dans cette cassette, parce qu'il n'y a pas d'apparence de croire qu'elle les eust confiez à une personne qui avoit jetté les autres dans le feu.

Quant à ce qu'elle a ajouté avoir ouï dire à la damoiselle Grangemont « qu'elle avoit ouï dire à Briancourt que Sainte-Croix et la dame de Brinvilliers avoient dessein d'assassiner Briancourt ou de s'empoisonner eux-mesmes, parce qu'elle luy avoit appris l'empoisonnement de son père et de ses frères, » outre que cette proposition est ridicule en elle-mesme, il suffit de remarquer que ce n'est qu'un ouï-dire, et mesme un ouï-dire d'un autre ouï-dire venant de Briancourt, qui le désavoue. Ainsi, cette déposition d'un témoin non recolé ny confronté, et qui est détruite par tant de reproches et de contrariétez, ne mérite pas qu'on s'arreste davantage à la combattre.

Reste le troisième témoin, qui est Briancourt, dont les reproches sont si véritables que luy-mesme a esté obligé par son serment de les reconnoistre, et l'on prétend qu'il a avoué qu'il avoit esté sollicité, avec des menaces extraordinaires, par Cluet, pour déposer; outre qu'étant accusé d'estre complice, par la procédure extraordinaire qui a esté faite contre luy, il n'est plus recevable comme un témoin capable de déposer dans cette accusation.

D'ailleurs sa déposition ne contient pas la moindre preuve, contre la dame de Brinvilliers, du crime dont Sainte-Croix et la Chaussée sont les seuls coupables; car lorsqu'il dépose « que la dame de Brinvilliers parloit souvent de poison et que dans la maison on en parloit fort souvent, » il n'y a rien en tout cela qui ne puisse se rencontrer dans la conversation des personnes les plus innocentes, qui, sur les accidens qui arrivent de cette sorte, ont accoutumé de rapporter tout ce que chacun en peut sçavoir; et au contraire on en peut tirer une induction de l'innocence de la dame de Brinvilliers, puisqu'il est certain que ceux qui veulent commettre les crimes les plus énormes sont ceux qui en parlent le moins devant le monde, de crainte qu'il ne leur échappe quelque chose qui les pust faire découvrir, le secret leur estant de la dernière importance, tant pour l'exécution que pour s'emparer de la peine qu'ils en pourroient encourir.

Et à l'égard de ce qu'il ajoute, « que la dame de Brinvilliers, estant en colère de quelque chose qui ne luy réussissoit point, disoit qu'elle s'empoisonneroit, et qu'il y avoit moyen de se défaire des gens lorsqu'ils déplaisoient, » cette déposition marqueroit seulement que les mouvemens de la colère sont capables de faire dire toutes choses et non pas de les exécuter; et il arrive ordinairement que ceux qui, dans la promptitude de la colère, menassent de se tuer ou de tuer les autres, sont souvent les plus innocens, et que ceux qui ne menassent point sont souvent les plus dangereux et les plus coupables. Mais il y a encore une autre observation infiniment importante et qui résulte des dépositions mesmes de ces trois témoins, qui est que, de tous ces faits contenus dans leurs dépositions, il n'y en a pas un seul qui regarde directement la question principale de l'accusation, qui est de sçavoir si la dame de Brinvilliers a empoisonné ou fait empoisonner ses frères ; il n'y en a pas un seul qui dise qu'il ait jamais eu aucune connoissance qu'elle avoit eu le dessein d'empoisonner ses frères, qu'elle ait obligé la Chaussée de le faire, qu'elle l'ait sceu lorsqu'il l'a fait, qu'elle soit entrée dans aucun complot, directement ou indirectement, soit avec la Chaussée, soit avec Sainte-Croix, pour ce sujet ; et cependant c'est ce qu'il faudroit nécessairement prouver pour la rendre complice. Et au lieu de cela ces témoins ne déposent que des faits vagues et indéfinis, qui ne supposent que des discours et des connoissances d'empoisonnemens en termes généraux, sans toucher l'empoisonnement particulier dont il s'agit. Ils parlent de plusieurs actions différentes de sa vie comme s'ils avoient dessein de faire une diffamation publique de sa conduite plutost que la conviction particulière d'aucun crime, ce qui ressemble davantage à une médisance fausse et recherchée qu'à une véritable accusation. Il paroist mesme que chacun de ces faits n'a qu'un témoin singulier qui en dépose, ce qui ne feroit point encore de preuve suffisante suivant les règles, quand mesme ils ne seroient pas suffisamment reprochez.

Ainsi voilà ces trois dépositions dont on fait tant de

bruit dans le public, comme si c'estoient des preuves d'une parfaite évidence, et qui ne peuvent faire aucune sorte de conviction, qui font voir au contraire les mauvaises voyes dont on s'est servi contre la dame de Brinvilliers en tâchant de suborner des témoins, jusques à rechercher un sergent comme Cluet et une simple fruitière, qui est cette Edmée Huet, pour en faire les principaux témoins de l'information, et ausquels on fait dire au fond des faussetez pleines de contradictions et d'absurditez qui se détruisent suffisamment d'elles-mesmes.

Il n'est pas nécessaire de parler des autres témoins que l'on a fait entendre en grand nombre dans les informations, et dont toutes les dépositions n'aboutissent qu'à prouver deux faits que l'on ne désavoue point :

Le premier, que Sainte-Croix et la Chaussée sont les véritables coupables de l'empoisonnement de messieurs d'Aubray frères ;

Le second, que la dame de Brinvilliers a eu beaucoup de confidence avec Sainte-Croix, et que la Chaussée est venu quelquefois chez elle.

Mais, quant au premier, ne sçait-on pas que les crimes sont personnels ? et à l'égard du second, on a fait voir dans le fait que le sieur de Brinvilliers estoit le premier qui avoit appellé Sainte-Croix dans sa maison et dans sa confidence, et que Sainte-Croix s'estoit servi de cet accès pour surprendre l'esprit de la dame de Brinvilliers, en luy persuadant sous divers prétextes la séparation d'avec son mary, pour la poursuite de laquelle il s'estoit rendu comme un solliciteur nécessaire, auquel on ne peut, de quelque qualité que l'on soit, refuser non-seulement la confidence, mais l'amitié, pour l'obliger à prendre plus de soin des affaires dont on luy confie la direction, comme a fait la dame de Brinvilliers par les billets et lettres qu'elle lui écrivoit pour l'engager à prendre le soin et la poursuite de ses procez. Mais il ne s'ensuit pas pour cela que l'on soit coupable du crime de tous les amis que l'on fréquente; on voit tous les jours une infinité d'exemples de personnes dont on est trompé par les apparences et qui surprennent les esprits les plus raisonnables et les plus innocens, ausquels ils n'ont garde de communiquer leurs mauvais desseins; et on en peut d'autant moins douter en la personne de Sainte-Croix que l'on voit clairement qu'il avoit des vues bien différentes et des motifs contraires à ceux de la dame de Brinvilliers : c'estoit la fureur de sa vengeance qui l'animoit à faire périr messieurs d'Aubray, en haine de l'insulte qu'il prétendoit avoir receue par son emprisonnement, au lieu que la dame de Brinvilliers vivoit dans une amitié et une intelligence parfaites avec ses frères; c'estoit un esprit d'avarice qui engageoit encore Sainte-Croix dans cet abominable exécution, par l'espérance criminelle qu'il avoit de se rendre maistre des biens de cette famille en les faisant tomber entre les mains de la dame de Brinvilliers, dont il conduisoit les affaires et s'en estoit rendu le maistre absolu par l'empire qu'il avoit pris sur son esprit, au lieu qu'elle avoit beaucoup plus d'avantage dans la protection qu'elle recevoit de ses frères, dans le désordre de ses affaires, que d'utilité par l'échéance de leur succession, dont il n'y auroit eu que ses créanciers qui auroient profité, s'il estoit resté quelque chose après le payement du douaire de la dame d'Aubray. Et c'est en cela qu'elle est infiniment à plaindre, qu'une fille de naissance qui n'a pu résister aux

artifices et aux secrets abominables d'un scélérat qui a
surpris son esprit, qui a ruiné sa maison, qui a perdu
sa famille, qui l'a punie la première en faisant mourir
ses frères, qu'elle soit encore assez malheureuse pour
recevoir le reproche de se voir accusée de tous les
crimes dont Sainte-Croix estoit l'unique autheur et
qu'il avoit intérest de ne lui point découvrir. Il en est
de mesme de ce valet, qui n'avoit garde de luy déclarer
une chose dont Sainte-Croix luy avoit confié le secret
en lui disant que la dame de Brinvilliers n'en sçavoit
rien, ce qui estoit une deffense à luy de ne luy en jamais parler; et quoyqu'il soit venu quelquefois dans
sa maison, il ne s'ensuit pas pour cela qu'elle ait
participé au crime de ce valet, puisque mesme on peut
avoir des domestiques qui commettent de grands
crimes dont les maistres sont toujours les derniers
informez, outre que la Chaussée avoit occasion d'aller
chez la dame de Brinvilliers parce qu'il y avoit deux de
ses parens, l'un portier, l'autre lacquais. Ainsi tous les
faits d'habitude et d'amitié avec Sainte-Croix, de connoissance de son valet, ne font pas la moindre preuve
pour la prétendue complicité dont on accuse la dame
de Brinvilliers, puisque c'estoit un effet de la nécessité
où elle s'estoit engagée de se servir de Sainte-Croix pour
la poursuite de ses procez.

Mais outre ces moyens si puissans pour combattre
tous les témoins que l'on a recherchez contre la dame
de Brinvilliers, elle peut opposer de sa part un témoin
qui est luy seul plus puissant que tous les autres ensemble, et sa déposition doit estre considérée comme
une vérité d'autant plus certaine que c'est la déclaration
d'un homme mourant : c'est le testament de mort de
la Chaussée, qui doit passer pour la preuve la plus au-

thentique que l'on puisse avoir en matière criminelle.

On prétend que ce misérable exécuteur de la vengeance de Sainte-Croix, dans un estat de repentence de ses crimes et sur le point d'en aller rendre compte devant un tribunal infiniment plus redoutable, obligé, pour la décharge de sa conscience et par son serment, de rendre témoignage à la vérité que la justice luy demandoit sur l'accusation d'une prétendue complicité avec la dame de Brinvilliers, a reconnu ingénument qu'il ne luy en avoit jamais parlé; et estant exhorté de déclarer ses complices, il a dit que Sainte-Croix, qui luy avoit fait faire les empoisonnemens et qui luy en confioit tout le secret, luy avoit toujours dit que la dame de Brinvilliers n'en sçavoit rien. Et estant interrogé sur ce qu'on luy avoit promis de récompense, il répondit que Sainte-Croix lui avoit promis cent pistoles et qu'il le tiendroit toujours près de luy; ce qui fait voir qu'il n'y avoit aucune complicité qu'avec Sainte-Croix seul, qui estoit l'unique autheur, qui faisoit les poisons, choisissoit le ministre de ses abominations, et luy en promettoit seul les injustes récompenses. Peut-on douter de la vérité d'une déposition si expresse faite par un homme mourant, que toutes les loix présument avoir dit ingénument la vérité, et qui dans sa confession de mort, mesme sur la roue (1), un moment avant qu'expirer, estant encore interrogé, et par la justice et par son confesseur, s'il persistoit en ce qu'il avoit dit et s'il avoit quelque chose à y adjouter, répondit qu'il persistoit en ce qu'il avoit dit et qu'il avoit déclaré la vérité de tout ce qu'il sçavoit? Il ne peut pas tomber dans l'imagination qu'un homme veuille perdre son salut

---

(1) Jean Amelin, dit *la Chaussée*, fut roué vif le 24 mars 1673.

éternel, et que, dans le temps mesme qu'il ressent les coups du glaive foudroyant de la justice divine et humaine, il veuille mentir aux hommes et à Dieu.

> Quo tempore numina nobis
> Mors instans majora facit.

C'est alors que la crainte de l'offenser augmente à proportion que la vie diminue, et que l'ame se dépouille des passions et du mensonge à mesure qu'elle se détache du corps et qu'elle s'approche du tribunal de celuy qui est la vérité et la justice même. Et après une déclaration de cette qualité, il faut estre invinciblement persuadé qu'il n'y avoit aucune complicité avec la dame de Brinvilliers.

En effet, on ne peut concevoir que deux sortes de complicitez qui eussent pu l'engager dans cette accusation : l'une de la dame de Brinvilliers avec Sainte-Croix, et l'autre avec la Chaussée.

A l'égard de la première, il n'y en a aucune preuve dans tout le procez, et elle est mesme détruite par la confession de ce valet, qui a déclaré que Sainte-Croix luy avoit toujours dit que la dame de Brinvilliers n'en sçavoit rien ; ce qu'il n'auroit pas dissimulé à ce valet, à qui il confioit tout le secret de ses empoisonnemens. Au contraire, pour l'obliger à le mieux garder, il auroit eu sujet de luy faire connoistre que le péril de le descouvrir estoit plus grand et intéressoit mesme la dame de Brinvilliers, si elle y avoit eu quelque engagement.

Et pour l'autre complicité prétendue de la dame de Brinvilliers avec la Chaussée, elle est aussi entièrement détruite par la confession de mort, par laquelle il déclare qu'il n'en a jamais parlé à la dame de Brinvilliers, et qu'elle ne luy a jamais demandé s'il donnoit des poisons et l'effet qu'ils faisoient.

Il n'y a donc aucune sorte de complicité de sa part, ny avec Sainte-Croix, ny avec la Chaussée. La complicité suppose des confidences sur le crime, des persuasions pour l'entreprise, des promesses de récompenses pour l'exécution, et plusieurs autres sortes de complots qui ne peuvent estre sans des communications sur les circonstances particulières des crimes. Icy, tout au contraire, l'on voit que ny Sainte-Croix, ny la Chaussée, n'ont jamais eu de ces sortes d'entretiens sur les circonstances particulières du crime dont il s'agit; car, quant à ce que l'on prétend que la Chaussée ajoute, dans cette mesme confession de mort, qu'il croyoit que la dame de Brinvilliers en pouvoit avoir connoissance, outre que la simple connoissance ne fait pas une complicité, parce qu'il faut que le crime soit dans la volonté, il n'est pas véritable que la dame de Brinvilliers l'ait jamais sceu. Aussi la Chaussée ne dit pas qu'elle en ait eu connoissance asseurément, mais il le propose seulement comme une simple conjecture de son imagination, et ne l'appuye mesme que sur des discours généraux qu'il dit que la dame de Brinvilliers luy faisoit de ses poisons, et en mesme temps il dénie qu'elle luy ait jamais demandé s'il en donnoit et l'effet qu'ils faisoient; et lorsqu'il avoue qu'il rendit compte à Sainte-Croix de l'effet des poisons sitost qu'il en avoit donné à monsieur d'Aubray, il ajoute qu'il n'en a jamais parlé à la dame de Brinvilliers.

Cependant il auroit esté impossible que, dans la liberté qu'il avoit de la voir, il n'eust pas trouvé l'occasion de luy parler une seule fois des poisons qu'il donnoit à ses frères. Ainsi, on peut dire qu'elle a des preuves constantes, par la confession de mort de la Chaussée, qu'il n'y a aucune complicité de sa part; et pour prouver, au contraire, non pas une complicité, mais une simple connoissance, on ne propose qu'un doute, une imagination ou une contradiction formelle, si l'on prétendoit que la Chaussée ait avoué, dans cette mesme confession de mort, que Sainte-Croix luy avoit dit que c'estoit la dame de Brinvilliers qui lui avoit donné les poisons, parce qu'il a déclaré positivement, dans l'endroit le plus important de sa confession de mort et lorsqu'il fut exhorté de dire ses complices, « que Sainte-Croix luy avoit toujours dit que la dame de Brinvilliers n'en sçavoit rien. » Et il seroit d'ailleurs ridicule de présumer que Sainte-Croix, qui estoit l'autheur des poisons, qui en faisoit les compositions qu'il avoit apprises d'Exily, n'eust eu des poisons que ceux que la dame de Brinvilliers luy auroit donnés, elle qui n'avoit ny la connoissance, ni l'adresse, ny les moyens, dans la maison de son mary, où elle demeuroit, de fabriquer ces sortes de compositions; et il n'est pas aussi possible que, si elle en avoit parlé à la Chaussée et qu'elle eust esté complice, il ne l'eust pas déclaré.

On voit bien qu'il n'avoit pas dessein de la ménager, puisque la seule imagination qu'il avoit qu'elle pouvoit sçavoir ces empoisonnemens luy en fait proposer jusques à ses moindres soupçons, qui ne peuvent estre considérez que comme des conjectures détruites par des preuves contraires, et qui d'ailleurs, n'estant que de simples présomptions, ne seroient pas suffisantes (quand il n'y auroit point de preuve contraire qui les détruisist) pour prouver une complicité pour laquelle il faut des preuves encore plus fortes que pour prouver l'autheur mesme du crime, parce que, le crime estant constant par luy-mesme, l'on ne peut douter qu'il n'y ait un autheur qui l'a commis, et il ne s'ensuit pas qu'il y ait toujours des complices : ce qui fait que l'on reçoit plus aisément des preuves contre ceux qui sont accusez d'estre les autheurs que contre ceux qui ne sont accusez que d'estre complices, parce qu'il est toujours certain qu'il y a des autheurs, et non pas qu'il y ait des complices ; outre qu'il est infiniment plus important de faire valoir les preuves contre les autheurs des crimes, pour en faire des exemples, que contre les prétendus complices, dont l'absolution n'empesche pas que les exemples ne subsistent, et que la justice et le public n'ayent esté satisfaits par la condamnation des principaux coupables.

Ainsi, toutes les prétendues preuves testimoniales qui sont proposées contre la dame de Brinvilliers, non-seulement ne sont d'aucune considération contre elle, mais mesme pour la pluspart peuvent servir à sa justification.

Il reste d'examiner les prétendues preuves par écrit, qui se réduisent à trois chefs :

Le premier regarde la cassette de Sainte-Croix ;

Le second, les lettres missives que la dame de Brinvilliers lui avoit écrites ;

Et le dernier concerne un papier que l'on a trouvé parmy ceux de la dame de Brinvilliers, dans lequel elle avoit écrit une confession religieuse dont il est estonnant que les accusateurs veuillent inspirer aux juges d'en prendre la lecture, cette pièce estant d'une nature que les loix divines et humaines rendent sacrée et inviolable par le sceau du secret et du silence qu'exigent les dépendances d'un mystère des plus augustes de la religion, comme l'on fera voir dans la suite par des raisons invincibles.

A l'égard de la cassette, qui est la principale ou plutost l'unique preuve par écrit sur laquelle les accusateurs de la dame de Brinvilliers font tout leur effort, elle se réduit à dire qu'il s'est trouvé une feuille de papier, dans cette cassette, par laquelle Sainte-Croix dit que tout ce qu'elle contient regarde la dame de Brinvilliers et appartient à elle seule; que, par conséquent, puisqu'il s'est trouvé des poisons dans cette cassette, il la faut considérer comme complice des empoisonnemens de Sainte-Croix.

Il est aisé de destruire cette prétendue preuve de complicité en expliquant la vérité du fait par la différence du temps auquel cette feuille de papier a esté écrite et celuy auquel Sainte-Croix a mis ses poisons dans cette cassette.

Il est constant que cette feuille de papier a esté écrite le 25 may 1670, suivant sa propre date, et il est certain aussi que Sainte-Croix n'y a mis ses poisons que fort longtemps et mesme quelques années après, ce qui est justifié par des preuves aussi convaincantes et par des dates trouvez sur les billets des poisons; car comme Sainte-Croix ne tenoit en l'année 1670, dans cette cassette, que des lettres missives de la dame de Brinvilliers, qu'il conservoit chèrement et qu'il ne vouloit pas estre publiées, et peut-estre plusieurs autres marques innocentes de la confidence et amitié qui avoient esté entr'eux, ayant remis en ce temps-là entre les mains de son procureur du Chastelet les papiers des procez de la dame de Brinvilliers, chez lequel ils ont esté trouvez et où ils sont encore, il ne faut pas s'estonner si Sainte-Croix voulut que cette cassette et les lettres qui estoient dedans fussent rendues à la dame de Brinvilliers ou brûlez, parce que, comme il y avoit des termes de confidence et d'amitié qui pouvoient estre mal interprétez par la médisance contre l'honneur de la dame de Brinvilliers, il fit ce qu'ont accoustumé de faire ceux qui ont des lettres de femmes, qui est de les rendre ou de les brûler; mais comme cette cassette estoit dans son cabinet, il y a mis depuis, à plusieurs et diverses fois, tous ses poisons, parce qu'il avoit dessein de ne point laisser cette cassette et ses poisons chez luy, et de se les faire garder par le nommé Guesdon, perruquier, qui avoit esté son valet. En effet, il paroist que les poisons y furent mis de cette manière à diverses fois, mesme jusques en l'année 1672, comme cela est prouvé par l'inscription d'un de ses pacquets de poisons qui s'est trouvé dans cette cassette, et qui est conceu en ces mots : « Papiers derniers mis, mesme tous les derniers. 1672. »

De sorte qu'il est évident qu'au temps que Sainte-Croix mit cette feuille de papier dans cette cassette il n'y avoit pas encore mis ses poisons, mais seulement les lettres missives et quelques autres papiers de la dame de Brinvilliers; et s'il y a laissé, en l'année 1672, cette feuille de papier qu'il avoit jugée nécessaire pour empescher que ces lettres missives ne fussent publiées, il fit seulement la faute, peut-estre par oubli et négligence, ou imprudence, ou malice, de ne pas changer cette feuille de papier ou les termes de l'inscription, pour distinguer ses lettres, qu'il vouloit estre rendues, d'avec ses poisons, qu'il vouloit estre bruslez et non rendus à la dame de Brinvilliers. En effet, pour montrer qu'il n'entendoit pas que les poisons appartinssent et fussent rendus à la dame de Brinvilliers, c'est qu'il

avoit mis des inscriptions particulières, qui dérogeoient
à cette inscription générale, sur tous et un chacun les
pacquets de ses poisons qui estoient dans cette cassette,
par lesquelles inscriptions particulières, bien éloigné
d'y mettre qu'ils appartenoient ou qu'ils devoient estre
rendus à la dame de Brinvilliers, au contraire il y
avoit mis qu'il chargeoit ceux qui les trouveroient de
les brusler, à la réserve du pacquet de papiers qui estoit
pour le sieur Penautier, sur l'enveloppe duquel il avoit
mis qu'il souhaitoit qu'il luy fust rendu; de sorte que,
se trouvant une contradiction manifeste entre l'inscription
générale de cette feuille de papier et les inscriptions
particulières de ces pacquets, il est évident qu'il
faut, de deux choses l'une, ou ne considérer ny les
unes ny les autres de ces inscriptions, ou considérer
plutost les inscriptions particulières que la générale,
et, suivant les règles en matière criminelle, celles qui
servent plutost à la décharge qu'à la condamnation; et
par conséquent il est indubitable qu'à examiner les circonstances
du fait et des temps auxquels les choses se
sont passées, il est absolument impossible de tirer des
preuves de cette cassette contre la dame de Brinvilliers,
à laquelle Sainte-Croix n'a entendu attribuer que
ses lettres missives et non pas ses poisons, dont il y en
a encore une preuve sans réplique dans la déposition
du testament de mort de la Chaussée, qui a déclaré,
comme il a esté remarqué, que Sainte-Croix lui a toujours
témoigné que la dame de Brinvilliers n'avoit aucune
connoissance de ces poisons.

Mais, supposé qu'il fust aussi vray comme l'on a prouvé
qu'il est faux que Sainte-Croix eust attribué ses poisons
à la dame de Brinvilliers, l'on peut dire que ce seroit
encore la plus fausse de toutes les conséquences d'en

conclure qu'il fallust croire que ces poisons deussent estre attribuez ou réputez luy appartenir. Ne s'agira-t-il que d'écouter la déclaration calomnieuse d'un homme comme Sainte-Croix, c'est-à-dire d'un homme reproché et connu par tant d'abominations dont il est coupable, pour perdre ceux qu'il luy plaira d'envelopper dans son crime, peut-estre par quelque nouveau motif de haine, de jalousie ou d'autre passion aveugle? Encore si c'estoit en mourant qu'il eust déclaré que ces poisons et ces empoisonnemens devoient estre attribuez à la dame de Brinvilliers! mais c'est une déclaration faite dans le temps auquel, bien loin d'estre en estat de repentance, il méditoit les plus grands crimes qu'il a commis et fait commettre. Depuis l'inscription de cette feuille de papier, qu'il a escrite au mois de may mil six cens septante, il a fait empoisonner messieurs Daubray aux mois de juin et novembre suivans. Ne faudroit-il pas, dans cette supposition, mettre encore une grande différence entre la déclaration du plus grand scélérat qui fust jamais, et dans le temps qu'il médite et commet ses crimes, et la déposition d'un valet qu'il avoit corrompu par ses promesses et par argent, et qui, estant sur le point de mourir pour expier ses crimes, et dans une repentance et une confession publique de mort, a déposé que Sainte-Croix luy avoit fait une déclaration toute contraire, « qu'il n'en avoit jamais donné connoissance à la dame de Brinvilliers? »

Sainte-Croix, en ce cas, ne seroit-il pas dans une contradiction évidente à luy-mesme, et à la vérité pourroit-on dans cette supposition en tirer, non pas seulement la moindre preuve, mais le moindre soupçon et le moindre indice contre la dame de Brinvilliers? Cependant c'est sur cette cassette que l'on a fait le plus grand bruit par tout le monde; c'est de cette cassette et de ces poisons que la calomnie, pour ainsi dire, a tiré de quoy empoisonner tous les esprits de son venin, supposant que Sainte-Croix les avoit attribués en mourant à la dame de Brinvilliers.

On en a fait une corruption générale dans tous les sentimens publics, à laquelle on pourroit appliquer cet exemple de l'antiquité touchant cette cassette qui avoit esté mise en depost dant le temple d'Apollon en Babilonne, et qui ayant esté ouverte il en sortit des poisons qui infectèrent non-seulement l'air du lieu où ils estoient, mais estendirent leur corruption jusques dans les païs estrangers. Ainsi, de cette cassette de Sainte-Croix qui a esté mise entre les mains de la justice après sa mort, il en est sorty des poisons qui, estant portez par les noires vapeurs de la calomnie, ont infecté et corrompu tous les esprits contre la dame de Brinvilliers, non-seulement dans ce royaume, mais mesme dans les nations estrangères, quoyqu'elle soit fort innocente des poisons qui se sont trouvez dans cette cassette, et qu'il y ait cette différence de la cassette déposée dans le temple d'Apollon et de celle-cy, dont la justice s'est saisie, que l'on ne sçavoit qui estoit l'autheur de la première et que l'on n'en put faire le chastiment; mais on ne peut douter que Sainte-Croix n'ait esté l'autheur des poisons qui estoient dans celle-cy, et son valet, qui estoit l'unique complice, qui en a esté déjà puny, sans que la dame de Brinvilliers en ait jamais eu aucune participation.

Le second chef des preuves par escrit, qui concerne les lettres missives trouvez dans cette cassette, sert encore à faire voir que, bien loin qu'il se soit rien trouvé dans cette cassette qui puisse prouver cette prétendue complicité contre la dame de Brinvilliers, il y a de quoy tirer des inductions puissantes pour sa justification dans ces mesmes lettres. Mais il y a d'abord une considération générale sur ces lettres qui les empesche de faire aucune preuve précise contre elle : c'est qu'elles sont toutes sans dates; en sorte que l'on ne peut sçavoir le temps auquel elles ont esté escrites, et il n'y a mesme rien dans ces lettres qui puisse servir de datte, ny faire connoistre si elles ont esté escrites avant ou après la mort de messieurs d'Aubray.

En second lieu, il n'y a dans ces lettres que des termes d'une confidence et amitié qui peuvent partir d'une affection inconsidérée pour la personne de Sainte-Croix, ce qui fait qu'elles sont toutes remplies de termes qui marquent comme une extrême fureur; mais qu'il y ait rien dans ces lettres qui puisse prouver qu'elle ait esté complice et qu'elle ait fait faire les empoisonnemens de messieurs d'Aubray ses frères, il n'y a pas un seul mot qui le puisse faire présumer. Ce qui justifie au contraire ce que Sainte-Croix a toujours dit à la Chaussée, qu'elle n'en avoit point de connoissance, parce que si en effet elle en avoit esté complice, luy qui gardoit exactement toutes ses lettres jusques à mettre des inscriptions qu'elles luy devoient estre rendues ou bruslées, n'auroit pas manqué d'en avoir ou d'en laisser quelques-unes dans lesquelles elle luy auroit parlé confidemment de cette prétendue complicité, comme elle luy parle avec confidence et secrettement de plusieurs autres affaires. Et s'il s'en trouve quelqu'une où l'on prétende qu'elle ait parlé en termes généraux d'estre dans des déplaisirs si grands, et surtout de ne point voir Sainte-Croix, que cela la portoit au désespoir et à une fureur qui sembloit qu'elle ait voulu dire, en termes ambigus, qu'elle vouloit se faire mourir pour se délivrer de ses déplaisirs et de la cruauté de Sainte-Croix, ne voit-on pas que ce sont des exaggérations incertaines d'une femme outrée du mépris que Sainte-Croix faisoit de répondre à son affection; mais que, quand ces termes prouveroient (ce qu'ils ne font point) que Sainte-Croix luy auroit donné quelque connoissance qu'il avoit des poisons, cela ne prouveroit pas encore qu'elle eust esté complice des empoisonnemens qu'il faisoit faire? Et ce qui montre en effet qu'il ne luy faisoit pas confidence de ses crimes, c'est que, dans la mesme lettre où l'on prétend qu'il paroist qu'elle a parlé de se faire mourir, elle se plaint que Sainte-Croix usoit avec elle de beaucoup de précaution et de réserve, comme elle-mesme s'en exprime, en luy reprochant qu'il prenoit avec elle bien des précautions; ce qui fait connoistre qu'il n'avoit garde de luy faire confidence d'une affaire aussi criminelle et d'aussi grande conséquence que l'empoisonnement de messieurs d'Aubray, ses frères, ainsi que la Chaussée luy-mesme l'a déclaré en mourant, lorsqu'il a dit que Sainte-Croix n'en avoit jamais donné aucune connoissance à la dame de Brinvilliers. Ainsi toutes ces lettres ne font aucune preuve suffisante contr'elle, et contiennent au contraire plusieurs choses qui peuvent servir à sa justification.

Il n'est pas nécessaire de s'arrester à ce qu'on luy oppose que sa fuite et contumace sont des présomptions de sa complicité; car elle a eu d'autres motifs de sa retraite au Liége, comme les persécutions de ses créanciers, qui sont notoires, et qui avoient fait saisir tous ses biens et obtenu des condamnations contr'elle; ce qui l'avoit obligée à emprunter le nom de Sainte-Croix et luy faire un billet de trente mil livres, pour les mettre à couvert pour elle contre les poursuites qu'elle prétendoit luy estre faites injustement par ses créanciers, dont elle avoit assez de peine à se deffendre, n'ayant pas de quoy subsister à cause de l'estat malheureux de ses affaires. D'ailleurs il est aisé de concevoir qu'une femme que l'on intimidoit de toutes parts par le tiltre d'une accusation si épouvantable et par les poursuites violentes que l'on faisoit contr'elle, cherchast les moyens de se mettre en seureté, puisque l'on a veu des personnes les plus saintes, et mesme des Pères de l'Église (saint Athanase et saint Jean Chrysostome), estant accusez, s'estre laissez condamner par contumace, et qui craignoient plus les calomnies et le pouvoir de leurs ennemis qu'ils n'espéroient en leur innocence.

## QUESTION DE LA CONFESSION.

Après avoir détruit toutes les preuves qui peuvent servir en matière criminelle et dans les règles de la justice, il ne reste qu'à répondre à celle que l'on veut tirer, contre toutes sortes de loix divines et humaines, de la confession religieuse de la dame de Brinvilliers.

On dit que c'est une confession non-seulement de bouche, mais par escrit, qui fut trouvée parmy ses papiers lorsqu'ils furent inventoriez dans la ville de Liége, dans laquelle on prétend qu'elle s'accuse de tous les crimes qu'on luy impose, et mesme de plusieurs autres dont elle n'estoit point accusée. Mais il est bien aisé de faire voir que cette confession, dont on fait tant de bruit, est bien différente de celle qui peut servir à l'instruction du procez et à la conviction d'un accusé. Il est vray que celle qui est tirée de la bouche d'un criminel interrogé dans les formes ordinaires de la justice peut servir à sa conviction; mais c'est une proposition inouye et contraire à toutes les règles de la justice que la confession *extra-judicielle*, faite volontairement par un homme, puisse servir contre luy comme une preuve légitime pour le faire condamner. Et il est si certain qu'une personne n'est pas recevable à s'accuser luy-mesme que l'on en a fait cette règle constante dans tous les tribunaux : que l'on ne reçoit point le témoignage d'un homme qui vient luy-mesme se déférer à la justice pour se faire condamner : *Non auditur perire volens*.

Outre cette maxime incontestable par la disposition des loix humaines, il y en a encore de plus sacrées, et par conséquent de plus inviolables, par l'authorité des loix divines, qui obligent non-seulement les confesseurs, sous les peines des derniers supplices, à garder ces confessions ensevelies sous le sceau du secret et du silence, mais encores toutes sortes de personnes qui auroient trouvé ces confessions, soit de dessein ou par hazard, à les rendre à ceux qui les ont faites sans mesme en prendre la lecture, sous peine de péché mortel et de sacrilége, et aux juges d'instruire des procez et de punir les criminels sur des preuves de cette qualité.

C'est une maxime si indubitable dans les principes de la religion et de la justice, que les confessions ne doivent pas estre révélées ny en public ny en particulier, qu'il seroit inutile d'en rapporter un nombre infiny d'authoritez et de raisons, puisque c'est une loy universellement approuvée par les docteurs sacrez et profanes, qui considèrent cet acte de religion parmy nous comme un mystère et un sacrement le plus universel et important pour le salut, qui ne peut estre violé sans un attentat contre la saincteté de la religion, et sans un sacrilége si horrible qu'il est mesme puny par le feu dans la personne des ministres qui l'ont profané par leur révélation.

Il seroit inutile de parler des fameux conciles de Mayance, de Latran, et de tant d'autres qui ont lancé leurs foudres les plus redoutables sur les coupables de ces sortes de révélations, et d'alléguer tous les plus saints et les plus excellens Pères de l'Eglise, qui en rapportent un grand nombre de raisons importantes, et qui remarquent avec autant de jugement que de piété que, si l'on donnoit la moindre ouverture à la révélation de ces mystères si religieux, ce seroit intimider toutes les consciences foibles et les chasser de ce port et havre de salut, et en bannir surtout les plus grands pécheurs, c'est-à-dire ceux qui ont plus besoin d'un remède si salutaire; et surtout à l'égard de ceux qui, pour le soulagement de la foiblesse de leur mémoire, sont obligez d'en faire des mémoires par écrit, ce seroit leur oster un secours si innocent et si légitime, que leur piété, leur zèle ou leur directeur mesme leur peut prescrire, et ce seroit les contraindre à ne pouvoir jamais faire une entière confession de leurs péchez; ce seroit en interdire l'usage aux sourds et aux muets, qui ne se peuvent confesser d'une autre manière, et priver les uns et les autres par ce moyen de l'assurance d'une parfaite absolution.

Ce seroit corrompre et pervertir la nature de la confession religieuse, et la confondre avec la confession profane, quoyque les effets en soient fort différens.

La première est instituée par la grace divine pour absoudre les péchez ; la seconde est établie par la justice mesme pour les punir ; la première est un doux refuge des pécheurs, la seconde est une forte conviction des criminels; si l'une est l'organe de leur salut, l'autre est l'instrument de leur perte. C'est aussi dans cette doctrine et ces beaux sentimens que s'exprime le grand saint Ambroise, en disant que la nature de cette confession est de faire remettre la debte à celuy qui l'advoue, que l'on excuse celuy qui s'accuse, que l'on supprime un crime sitost qu'il est publié, et que l'on le couvre au mesme moment qu'il est découvert.

> Qui confitetur, accusat peccata sua, jam cum Deo facit;
> Agnoscit peccator, ignoscit Deus; cum accusat, excusatur.

Aussi cette vérité est si puissamment establie que l'on voudroit à présent soutenir que ce n'est pas une confession, mais un projet escrit pour se confesser.

A quoy il est bien aisé de répondre, parce que la qualité de cet écrit fait voir que c'est une véritable confession. On prétend qu'il commence en ces mots : « Je me confesse à Dieu, et à vous, mon père. » La dame de Brinvilliers ne parle dans cet écrit qu'à Dieu et à son confesseur, qui le représente, et puisque c'est à Dieu seul que sa confession est adressée, les hommes ne la doivent point examiner; il n'appartient qu'à Dieu seul d'en prendre connoissance. Aulugelle a fort bien remarqué que le sénat ne faisoit point de loix lorsque le ciel faisoit entendre le tonnerre, pour nous apprendre que, lorsque les hommes ont droit de recourir à la justice divine, la justice humaine doit s'abstenir d'en connoistre : *Jove tonante legem ferri nefas esse.* Il faut avoir la mesme considération pour les confessions par écrit que pour les confessions de vive voix, puisque les unes et les autres, à l'égard de Dieu auquel elles sont adressées, sont en effet de véritables confessions.

Aussi les théologiens et docteurs de l'Eglise qui ont écrit sur cette matière décident nettement qu'il n'y a aucune raison de différence, et que c'est un sacrilége égal de révéler une confession couchée par écrit ou une confession faite de vive voix, soit qu'elle ait esté prononcée ou qu'elle ne l'ait pas encore esté, pour trois raisons principales :

La première est que tous les moyens nécessaires pour servir à une parfaite confession doivent estre secrets et couverts par le sceau du silence, et ne peuvent estre légitimement communiquez qu'au seul ministre consacré pour recevoir la confession ; qu'aucun autre ne peut prendre cette communication sans commettre un péché mortel, et qu'il faut considérer les dispositions essentielles de la confession comme faisant partie de la confession mesme.

La seconde est que le mesme inconvénient pour lequel le secret et le sceau de la confession a esté introduit s'y rencontre. En effet, si des personnes qui auroient ouy une confession ne sont pas recevables à en déposer comme témoins, les écrits ne doivent pas estre plus recevables pour servir de témoignage dans l'instruction d'un procez pour la conviction de ceux qui se confessent ; et mesme les inconvéniens qui se rencontrent à révéler les confessions de vive voix seroient encore plus dangereux à révéler les confessions par écrit, parce que les choses écrites sont toujours des preuves plus puissantes que les paroles.

La troisième est que ce n'est pas seulement le confesseur qui est obligé au sceau de la confession, mais cette obligation inviolable du sceau de la confession peut engager par accident d'autres personnes, comme ceux qui l'auroient entendue de dessein formé ou par hazard, ou comme des interprètes qui en auroient eu connoissance, suivant la doctrine de saint Thomas (dans son suppl. de la 3ᵉ part., quest. 11, art. 3), qui dit que l'obligation du sceau de la confession ne regarde pas seulement le confesseur, et que si, par exemple, quelqu'un se confesse par l'aide d'un interprète, la confession doit estre également tenue secrète par l'un et par l'autre, parce que l'interprète tient, pour ainsi dire, le lieu du ministre, en tant que l'on luy fait premièrement la confession, afin qu'il la fasse au ministre sacré pour la personne qui se confesse. Or, la confession par écrit est en effet un interprète, comme la nomment tous les théologiens, *Internuntia confessionis*, à laquelle on confie le secret de la confession avant qu'elle soit confiée au confesseur; c'est suivant cette doctrine que, lorsque les confessions se faisoient par lettres aux confesseurs absens, dont l'usage n'a esté changé qu'au commencement de ce siècle par Clément VIII, si une confession envoyée par un pénitent à son confesseur étoit interceptée ou tomboit par hazard entre les mains d'un étranger, il étoit obligé au secret de la confession, parce que le sceau ou secret de la confession est également obligatoire pour tous ceux qui entendent une confession, soit par hazard ou par dessein, ou par un ministère qui leur soit attribué. Ce qui est d'autant plus juste que la confession d'un pénitent, ayant toujours Dieu pour son principal objet, peut recevoir aussi bien son absolution de ce premier et suprême confesseur, quand mesme elle luy seroit adressée immédiatement, et sans l'entremise de ses ministres, soit par la voix ou la plume du pénitent ; ce qui a fait dire au prophète royal, Psalme 31, en ces termes : « J'ai formé le dessein dans mon cœur de confesser à Dieu mes péchez, et à l'instant, mon Dieu, vous me les avez pardonnez. » Et saint Augustin, qui sçavoit aussi par son expérience que Dieu nous prévient souvent par la grandeur de ses miséricordes, s'en exprime avec ces belles paroles, dont le canon 5 de la Distinct. 1, *De Pænitent.*, a été composé : *Magna pietas Dei, ut ad solam promissionem peccata dimiserit nundum pronuntiata ore, et tamen Deus jam audit in corde, quia ipsum dicere quoddam pronuntiare est ; votum enim pro opere reputatur.* Mais la confession de la dame de Brinvilliers ne doit pas estre considérée comme un simple projet ou un simple mémoire pour se confesser ; elle l'a rédigée par écrit dans les termes d'une confession présente, qui porte le titre et les expressions d'une véritable confession ; autrement il seroit impossible que les sourds et muets pussent jamais faire de véritables confessions, puisqu'ils ne les peuvent faire d'une autre manière et en d'autres formes qu'en mettant par écrit : « Je me confesse à Dieu, et à vous, mon Père, » et ensuite le récit de leurs péchez. Et s'il n'y a pas toute la seureté possible pour le sceau et le secret d'une confession de cette qualité, ils seroient bien malheureux si l'on adjoutoit à leur infirmité naturelle ce danger épouvantable où ils seroient exposez, toutes les fois qu'ils voudroient se confesser, de donner lieu au procez que l'on leur pourroit faire sur le prétexte de leur confession. Et les autres pénitens tomberoient dans le mesme péril lorsqu'ils sont engagez à faire une confession générale, et que la foiblesse de leur mémoire les oblige de se servir d'un remède qui est si légitime que le confesseur mesme quelquefois pourroit le prescrire et l'ordonner.

C'est pour cela aussi que les docteurs ont tous estimez que les juges ecclésiastiques et séculiers ne devoient avoir aucun égard à ces sortes d'actes particuliers contenant la confession d'un pécheur, mais qu'il falloit la rejetter absolument des procez, sans pouvoir interroger sur ce sujet un accusé ny en faire aucune information ; et quoyque quelques-uns ayent distingué entr'eux l'obligation du sceau de la confession et l'obligation du secret naturel, néanmoins ils conviennent tous que ny l'un ny l'autre ne peut estre violé, et qu'il n'y a point de différence à faire à l'égard des juges, qui ne doivent, en quelque manière que ce soit, prendre connoissance des actes de confession de cette qualité.

Le docte Henriquez, dans le traité qu'il a fait du Sacrement de Pénitence, le dit expressément, sur une espèce qui a du rapport à celle dont il s'agit, en ces termes : « Si quelqu'un, soit de dessein formé ou par hazard, trouve un papier dans lequel un pécheur, pour le soulagement de sa mémoire, ait écrit ses péchez pour faire sa confession, s'il n'est tenu au sceau de la confession, il est toujours obligé à un secret inviolable, parce qu'il doit considérer que cet écrit est une démarche de la confession ; et si le juge ecclésiastique ou séculier, au moyen de ces sortes d'écrits, ou par la révélation d'un confesseur sacrilége ou de plusieurs, a eu connoissance des crimes qui ont esté confessez, quand mesme il auroit instruit le procez de bonne foy, si dans la suite de la procédure il reconnoist que la dénonciation qui luy a esté faite a eu pour principe la connoissance de la confession, il est à l'instant obligé de cesser l'instruction et la poursuite du procez, et tenir pour nul tout ce qui a esté fait, sans pouvoir mesme interroger l'accusé sur le fait des crimes de cette confession, d'autant qu'il n'a pas eu cette connoissance par les voyes ordinaires de la justice humaine. »

Le docteur Antoninus Diana a parlé plus précisément au Traité de ses Questions touchant les sacremens, Résol. 1 et 12. « Si quelqu'un ayant trouvé un papier dans lequel sont écrits les péchez d'une autre personne, il est obligé de les tenir secrets sous le sceau mesme de la confession, soit qu'elle ait déjà esté faite ou qu'elle ne l'ait pas encore esté. » Et après avoir proposé les difficultez contraires il dit précisément « que son advis, qui est conforme à la plus commune opinion des docteurs, est que l'on est tenu et indispensablement obligé d'en garder le secret sous le sceau mesme de la confession, et que cet écrit doit estre considéré comme faisant partie de la confession ; que c'est une espèce d'interprète auquel le pécheur a confié la confession pour le soulagement de sa mémoire, et qu'il y a la mesme obligation à ceux qui en prennent la lecture qu'à l'égard de ceux qui auroient entendu une confession ; que l'obligation du sceau de la confession tombe également sur les uns et sur les autres, et les engage tous indispensablement à la religion du secret, qui ne peut estre violé, parce que cet écrit n'est pas seulement une disposition, mais la confession mesme, qui est commencée par écrit. »

Navarre, au chapitre 16, nombre 34, passe bien plus avant, et soutient que c'est mesme un péché de lire simplement un papier où l'on trouve une confession par écrit, et qu'il faut s'arrester d'abord après la lecture du tiltre sans passer plus avant à la lecture de la confession, quand mesme ce tiltre ne contiendroit que ces mots : « Mémoire de mes péchez ; » à plus forte raison lorsque cet écrit est dans une forme parfaite de confession, comme est celle de la dame de Brinvilliers, qui commence par ces paroles : « Je me confesse à Dieu, et à vous, mon Père, » qui sont les expressions d'une véritable confession.

Dominicus Scoto, qui est un très fameux canoniste et grand théologien, qui estoit confesseur de Charles-Quint, qui a assisté aux premières assemblées du concile de Trente, tenu sous Paul III, dans la 4$^e$ de ses Sentences, distinct. 18, art. 50, propose une question d'un homme qui avoit perdu un papier où il avoit écrit ses péchez, et qu'un juge ecclésiastique, qui avoit trouvé ce papier, ayant voulu informer sur ce fondement contre celui qui l'avoit écrit, ce juge fut justement puni par son supérieur, par la raison que la confession est si sacrée que mesme ce qui est destiné pour la faire doit estre enseveli dans un silence perpétuel ; et il ajoute que ce qu'il a dit à l'égard d'un juge ecclésiastique doit avoir lieu également pour les juges séculiers. Ce qui fait voir que c'est le sentiment uniforme des docteurs, qui n'ont pas cru qu'il fallust faire quelque différence si la confession estoit prononcée ou si elle ne l'estoit pas, mais qu'ils ont toujours estimé qu'il suffisoit mesme qu'un écrit de cette qualité eust esté fait dans la veue de se confesser. Mais il y a plus dans l'espèce dont il s'agit, parce que la confession de la dame de Brinvilliers n'est pas un simple mémoire pour se confesser, mais une véritable confession, qu'elle n'a redigée par écrit que sur l'assurance qu'elle a eue qu'elle ne pouvoit estre connue que de Dieu seul ou de ses ministres destinez pour la recevoir. Elle peut dire qu'en cela mesme l'Eglise luy est garante du secret que l'on doit garder pour sa confession, suivant le sentiment de monsieur le cardinal du Perron, qui réplique à la réponse du Roy de la Grande-Bretagne, chap. 5, « que l'Eglise a donné à ses enfans qui se confessent à elle, pour asseurance de leur honneur et de leur vie, le sauf-conduit de la foy du silence de tous leurs péchez, que l'on ne peut violer sans violer en mesme temps tout droit divin et humain. » Ce sont ses propres termes. Elle peut encore adjouter que le Fils de Dieu mesme est son garant pour le secret de sa confession, et qu'elle ne l'a rédigée par écrit que sur la certitude de sa parole immuable et sacrée; qu'il n'y avoit que lui seul qui en pouvoit prendre connoissance, et qu'il n'estoit pas permis d'en tirer le moindre avantage contre elle, lorsqu'il a dit par la bouche de son prophète : *Revela Domino viam tuam*, (*id est*) *peccata tua*. Sur quoy saint Jean Chrysostome adjoute ces paroles qui ont servi à composer le chapitre *Quis aliquando*, de la Distinct. première, *De Pœnitent.* : «*Non tibi dico ut te apud alios accuses, sed obedire te volo Prophetæ dicenti : Revela Domino viam tuam.* » Ce qui montre que cet acte de piété et de religion ne peut estre connu que de Dieu seul. Il ne faut pas s'imaginer que ce soit la considération de la personne sacrée du ministre qui reçoit la confession, ou la fonction divine qu'il exerce en donnant l'absolution, qui oblige au secret, parce qu'il est certain que, quand le ministre, après avoir entendu la confession, jugeroit à propos de refuser l'absolution, il ne seroit pas moins obligé au secret de ce qui luy auroit esté confessé; quand il se trouveroit que celuy qui auroit pris sa place pour découvrir le cœur d'un pénitent ne seroit point prestre, qui est un exemple proposé par saint Thomas; quand il arriveroit aussi qu'un pénitent dans un confessionnal croiroit se confesser à un prêtre qui n'y seroit pas, et que sa confession seroit entendue par d'autres personnes en la prononçant; quand la confession seroit faite à un laïque, comme il y a quelques exemples, entr'autres un mémorable dans la vie de saint Louys, où l'on voit que la pluspart de ceux qui se trouvèrent dans le vaisseau agité par la tempeste se confessèrent à Jean, sire de Joinville, qui estoit un seigneur de la cour de saint Louys. On ne peut douter dans tous ces exemples particuliers que la bonne foy de celuy qui se confesse, l'esprit et le dessein qu'il a de se confesser à Dieu, fait que la mesme obligation du sceau de la confession s'y rencontre; ce n'est ny la personne du ministre ny l'absolution, c'est la nature de la confession qui produit d'elle-mesme cette obligation indispensable du secret qui ne peut jamais estre violé.

On dira peut-estre qu'il n'est plus question de sçavoir s'il faut examiner cette confession par écrit, puisqu'elle a esté veue et que l'on sçait ce qu'elle contient; mais il a esté justifié, par le sentiment des docteurs les plus esclairez en ces matières, que non-seulement un procez ne peut estre instruit sur de pareilles confessions, mais que, quand mesme il auroit esté fait, il faut le considérer comme s'il ne l'avoit jamais esté : *Tenetur statim cessare et ab ea inquisitione et processu judiciali, et facta pro infectis habere.*

Nous en avons un exemple mémorable, qui n'est pas seulement dans l'espèce d'une simple procédure ou instruction commencée, mais dans celle d'un procez jugé contre un accusé qui avoit esté condamné à mort; et néantmoins on ne fit pas de difficulté de déclarer nul tout ce qui avoit esté fait, parce que l'on découvrit que la condamnation avoit eu pour fondement la révélation faite par confesseur. Cet exemple est rapporté dans un Traité des Confesseurs, composé par *Rodericus Acugna*, archevêque de Portugal, *Question* 13, *nomb.* 38 ; il en marque mesme toutes les circonstances dans le détail, et rapporte qu'un particulier de Barcelonne, ayant esté condamné à mort pour un homicide qu'il avoit commis, refusa de se confesser comme on le vouloit mener au supplice, et résistoit avec tant de violences à toutes les exhortations qui luy estoient faites, sans en rendre aucune raison, que l'on croyoit que cette opiniâtreté venoit du trouble de son esprit causé par la crainte de la mort. On en advertit saint Thomas de Vilieneufve, archevêque de Valence en Espagne, qui estoit le lieu où la condamnation avoit esté rendue ; il eut cette charité de vouloir s'employer pour obliger ce criminel à faire sa confession, afin de ne pas laisser perdre l'âme et le corps tout ensemble. Mais ce saint prélat se trouva fort surpris lorsque, luy ayant demandé la raison du refus qu'il faisoit de se confesser, il luy répondit qu'il devoit avoir en horreur les confesseurs, puisqu'il n'avoit esté condamné qu'en conséquence de la révélation que son confesseur avoit faite de l'homicide qu'il luy avoit déclaré ; que qui que ce soit n'en avoit eu connoissance ; mais que, s'en estant confessé, il avoit advoué son crime et déclaré l'endroit où il avoit enterré celuy qu'il avoit assassiné, et toutes les autres circonstances du crime ; lesquelles ayant esté révélées par son confesseur, il n'avoit pu les dénier, ce qui avoit donné lieu à sa condamnation ; qu'il avoit mesme appris, ce qu'il ne sçavoit pas lorsqu'il s'étoit confessé, que son confesseur estoit frère de celuy qu'il avoit tué, et que le désir de la vengeance avoit porté ce confesseur à révéler sa confession. Saint Thomas de Villeneufve, sur cette déclaration, jugea que cet incident estoit beaucoup plus considérable que le procez mesme, qui ne regardoit que la punition d'un particulier, au lieu qu'il s'agissoit d'un intérest de la religion dont les conséquences estoient infiniment plus importantes. Il crut qu'il falloit s'informer de la vérité de cette déclaration ; il fit appeller ce confesseur, et, luy ayant fait advouer ce crime de la révélation, il obligea les juges qui avoient condamné ce criminel à révoquer leur jugement et à le renvoyer absous, avec l'admiration et l'applaudissement du public, pour en faire un exemple du respect inviolable que l'on doit garder pour le secret des confessions religieuses ; et afin que la révélation de cette confession ne demeurast point impunie, quoyque le confesseur eust avoué de bonne foy à saint Thomas de Villeneufve qu'il l'avoit révélée, ce grand archevesque ne laissa pas de le faire punir. Il est vray qu'il adoucit sa peine en considération de la facilité qu'il avoit eue d'avouer son crime et de l'occasion qu'il avoit donnée de faire voir un exemple de la vénération que les juges mesmes doivent avoir pour les confessions. Que s'il est vray qu'un procez, mesme fait et parfait, doit estre esteint et un jugement aboly lorsqu'ils sont fondez sur la révélation d'une confession religieuse, il est évident que la confession ne peut servir en aucune manière de fondement ny pour l'instruction, ny pour la condamnation.

En effet, dans l'usage de la primitive Eglise, où la pureté de la doctrine et des mœurs estoit dans la plus grande perfection, où les confessions se faisoient non-seulement en secret, de vive voix ou par écrit, mais publiquement, au milieu des temples et à la face de toute l'Eglise, si cette doctrine n'eust esté observée inviolablement, les juges qui, comme chrestiens, entendoient tous les jours dans les temples de semblables confessions, auroient esté obligez de punir incessamment tous ceux qui se seroient confessez; ce qui auroit causé un désordre si estrange qu'il ne peut pas mesme tomber dans l'imagination. Tant il est véritable que, de quelque manière que ce soit qu'une confession soit connue, soit par l'ouye, soit par la lecture, soit en particulier, soit dans le public, il est contre la justice et contre la religion de vouloir faire punir les pécheurs qui deviennent innocens en s'accusant eux-mesmes et que l'on ne peut accuser sans se rendre soy-mesme coupable. Et bien que dans cet estat de pureté de l'Eglise les juges ne receussent point les accusations contre les pénitens des crimes pour lesquels ils s'estoient confessez, quand la dénonciation estoit formée sur la connoissance de la confession, néantmoins, dans la suite de la corruption des siècles, les ennemis des pénitens, abusant de la sainteté de ce mystère et découvrant par ces confessions publiques les crimes de ceux qui s'étoient confessez, osoient bien s'en rendre les accusateurs, et surprenoient les juges qui n'avoient pas connoissance que les accusations avoient pris leur origine de cette révélation publique et permise des confessions, et leur produisoient d'autres preuves pour les faire condamner. Un abus si contraire aux maximes de la religion obligea les papes de changer cet usage et de défendre ces confessions publiques, pour oster toutes sortes d'ouvertures et de prétextes de tirer aucun advantage de ces confessions, soit directement ou indirectement, suivant le chapitre *Quamvis*, au décret *De Pœnit.*, qui semble avoir des termes équivoques et qui pourroient avoir deux sens opposez, en ce que quelques-uns ont cru que ce chapitre déclaroit que les loix avoient eu le pouvoir de punir les pénitens lorsqu'ils s'estoient confessez publiquement de leurs crimes, et que c'estoit pour ce sujet que l'usage de ces confessions avoit esté aboly. Mais il est certain que l'on doit prendre les termes de ce chapitre en un sens différent et beaucoup plus juste, qui est que ce chapitre déclare que plusieurs pénitens estoient détournez de ces confessions publiques par la crainte qu'ils avoient que, si leurs ennemis découvroient par ce moyen des crimes dont ils n'avoient point auparavant connoissance, ils ne voulussent les rechercher pour les faire punir par les loix, non pas à cause de leurs confessions, mais par d'autres preuves qu'ils alléguoient aux juges, lesquels, ignorans leurs confessions, les condamnoient sur d'autres preuves recevables en justice. Voicy les termes de ce chapitre : *Removeatur tam improbabilis consuetudo, ne multi à pœnitentiæ remediis arceantur, dum aut erubescunt, aut metuunt inimicis suis sua facta reserare, pro quibus possunt legum constitutione percelli.* Ceux qui ont pris ce chapitre au premier sens ont cru que ces termes : *Pro quibus possunt legum constitutione percelli*, signifioient que les loix humaines avoient eu le pouvoir de punir les pénitens pour ce qu'ils avoient confessez ; mais il est évident que ce n'est point le véritable sens de ce chapitre, qui seroit contraire à l'esprit de la religion ; mais il veut dire seulement que les pénitens craignoient que leurs ennemis ne découvrissent, par leur confession, des crimes pour lesquels ils pourroient trouver des preuves recevables pour les faire punir en justice. La glose mesme n'a point esté dans le sentiment que ces confessions pussent faire condamner les pénitens, et a décidé qu'il falloit qu'il y eust d'autres preuves suffisantes pour les juger. Voicy ses propres termes : *Si aliæ probationes sunt quæ sufficiant, cum hujusmodi confessione.* Il semble encore qu'il y ait quelque équivoque dans la glose, à cause de la particule *cum*, que quelques-uns pourroient mal interpréter, s'imaginant que cette particule voudroit dire qu'il falloit joindre les preuves avec la confession pour faire condamner les pénitens ; mais il est certain que cette particule ne peut avoir cette signification ; car si les preuves sont suffisantes, comme la glose suppose elle-mesme, *probationes quæ sufficiant*, il est fort inutile, aussi bien qu'injuste et odieux, d'y ajouter la considération d'une confession qui auroit esté faite publiquement, pour en tirer une conviction déjà établie par d'autres preuves suffisantes. Il faut donc entendre beaucoup plus justement que la glose n'a voulu dire autre chose, sinon que les loix humaines pourroient punir les crimes des pénitens lorsqu'il y auroit d'autres preuves suffisantes contre eux, outre ces sortes de confessions, dont les juges mesmes n'auroient pas eu de connoissance, et la particule *cum* doit signifier icy *ultra*, suivant un usage assez ordinaire. Et pour montrer que c'est le véritable sens de ce chapitre, il n'y a qu'à lire l'épistre de saint Léon dont il a esté tiré, qui l'explique dans ce mesme esprit, en faisant voir que, si quelqu'un prenoit occasion d'abuser de ces confessions publiques pour en faire des procez, cette usurpation injuste étoit directement contraire aux règles et aux loix apostoliques, comme il paroist par les termes qui précèdent ceux de ce chapitre dans la mesme épistre de saint Léon. Voicy les termes qui précèdent le chapitre : *Illam etiam contra apostoli-*

*cam regulam præsumptionem, quam nuper agnovi à quibusdam illicita usurpatione committi, modis omnibus constituo submoveri de pœnitentia, videlicet quæ ita à fidelibus postulatur ne de singulorum peccatorum genere libellis scripta professio publicè recitetur, cum reatus consciencia- rum sufficiat solis sacerdotibus indicari confessione secreta.*

Il paroist évidemment par ces termes, qui précèdent le chapitre et qui expliquent la véritable cause pour laquelle il a esté fait : premièrement, que l'on n'a jamais souffert dans les véritables maximes de la religion et de la justice, ny les dénonciations, ny les instructions des procez qui se formoient par la connoissance de la confession, puisque le pape Léon les traite d'un attentat, usurpation ou abus illégitime, contraire aux maximes apostoliques ;

Et en second lieu, que, si l'on a défendu ces confessions publiques, ce n'a esté que pour empêcher à l'avenir que l'on ne pût pas seulement avoir une ouverture pour pouvoir accuser, mesme sous d'autres preuves, les pénitens qui s'estoient confessez publiquement. Et c'est pour cela qu'il ajoute dans son épistre ces termes essentiels de ce chapitre : *Modis omnibus constituo, removeatur tam improbabilis consuetudo, ne multi à pœnitentiæ remediis arceantur, dum aut erubescunt, aut metuunt inimicis suis sua facta reserare, pro quibus possunt legum constitutione percelli.* De sorte que si l'usage perpétuel de l'Eglise, depuis les premiers siècles jusques à présent, a toujours confirmé cette doctrine, il n'y a pas de difficulté que l'on ne peut recevoir en justice des confessions religieuses, et qu'il faut d'autres preuves suffisantes par elles-mesmes et conformes aux règles prescrites par les loix contre les accusez. Et il est certain que les juges sont tellement obligez, en matière criminelle, de n'admettre point d'autres sortes de preuves contre les accusez, de quelle force qu'elles leur puissent paroistre, si ce n'est qu'elles soient de la qualité de celles qui sont approuvées par les loix, en sorte que, quand mesme un juge auroit veu commettre le crime, quoyqu'il n'en pût douter sur la foy de ses propres yeux, après une preuve qui luy seroit si indubitable, néantmoins, parce que ce n'est pas une preuve authorisée par la loy, il ne s'y doit point arrester. C'est donc fort inutilement que l'on voudroit opposer que les juges de la dame de Brinvilliers ont eu connoissance de sa confession, puisque toutes les maximes les plus sacrées de la religion chrestienne ont eu toujours le mesme esprit et la mesme intention sur le sceau ou secret des confessions, et qu'il n'y a que les abus qui en ayent esté changez, pour conserver davantage le respect et la vénération qui estoit deue à un si grand mistère.

Mais outre ces moyens invincibles tirez de la nature de la confession dont il s'agit, qui, estant religieuse, ne peut servir de preuve dans un procez et en doit estre rejettée, il y a encore une raison convainquante qui peut oster toutes sortes de scrupules sur cette confession et qui est tirée de l'estat auquel estoit la personne qui l'a faite. La dame de Brinvilliers n'avoit pas l'esprit alors dans une assiette légitime; elle estoit dans une fièvre ardente, qui luy causoit des rêveries et de ces sortes d'extravagances qui font dire souvent des choses que l'on n'a pas faites aussitost que celles que l'on a faites, par la terreur dont les esprits sont agitez dans les redoublemens des accez et transports au cerveau, qui en mêlent et confondent les idées; ce qui n'empêche point que ce ne soit une véritable confession religieuse et qui en a le vray caractére. Il suffit que le commencement de l'acte soit sacré pour consacrer tout le reste, et pour en établir un secret inviolable, il suffit qu'elle l'ait fait pour avoir une absolution générale, que les confesseurs ne dénient point aux malades qui se trouvent dans le délire, parce que ce n'est qu'une extravagance de courte durée, qui laisse quelques bons intervalles, et non pas une fureur perpétuelle. Aussi les prières que l'on fait à Dieu dans cet état ne laissent pas d'estre de véritables prières et d'estre souvent exaucées de la Divinité, qui n'a pas moins de compassion des maladies de l'esprit que de celles du corps. Or, il est certain que, lorsque la dame de Brinvilliers a fait cette confession, elle estoit dans une fièvre violente qui luy causoit des rêveries, comme elle-mesme l'a déclaré dans son interrogatoire; et cet état d'infirmité où elle estoit paroist non-seulement parce qu'on prétend que son caractère est tellement changé et défiguré qu'il ne peut avoir esté formé que par une personne malade, comme elle étoit, en sorte qu'il est presque impossible de la lire, mais aussi parce que cette extravagance est visible, y ayant divers endroits de cette confession qui ne peuvent partir que d'un esprit qui est dans le désordre et l'aliénation causée par une fièvre qui procédoit des fatigues des voyages, des accablemens des inquiétudes et des persécutions qu'elle avoit souffertes, et l'effet d'une imagination occupée d'une fausse accusation dont elle avoit retenu l'idée, comme il arrive dans les songes, où l'on se figure d'avoir fait les choses dont on est accusé : c'est assez que les espèces ayent esté fortement empreintes dans l'esprit pour revenir dans la rêverie, avec une reconnoissance fausse qu'on en est coupable.

En effet, n'est-ce pas une preuve de ses rêveries d'avoir mis dans cette confession (comme on le prétend) qu'elle s'estoit laissée débaucher dès l'âge de sept ans avec son frère, qui constamment ne pouvoit estre alors âgé que de cinq ans? Peut-il tomber dans l'esprit qu'il y ait de confession plus fausse et plus extravagante que de s'accuser d'un péché qu'il est impossible de commettre dans l'âge d'une si tendre enfance? Il y auroit de l'impudeur d'exprimer d'autres rêveries qui sont encore plus extraordinaires, et qui méritent plutost d'estre ensevelies dans les ténèbres de l'oubly et du silence. Il suffit de remarquer que sa folie va jusques à s'accuser de crimes si incroyables que ses propres ennemis n'auroient osé en proposer l'accusation et qu'il n'y en peut jamais avoir eu aucune preuve.

Elle a imité ce furieux, dont parle le Déclamateur, *Quint. Declamat.* 114: *Ego te, Pater, occidi; magistratus tanquam de confesso supplicium sumpsit; reus est cœdis*, que la fureur transporte jusques à s'accuser d'avoir tué son père; ce qui fut cause que le magistrat fut accusé luy-mesme pour avoir condamné ce furieux sur cette fausse confession qu'il avoit faite. On prétend que la dame de Brinvilliers dit, comme ce furieux, qu'elle a fait mourir son père, *patrem occidi*; mais elle le dit quoyque non-seulement il n'y en ait point de preuve, mais encore que le contraire paroisse, en ce que monsieur d'Aubray, son père, étoit déjà mort dès l'année 1666; et Sainte-Croix, l'unique autheur des empoisonnemens, n'en a fait son abominable commerce que plus de quatre années après, en l'année 1670; et la Chaussée, l'exécuteur de ses empoisonnemens, n'est entré chez monsieur d'Aubray que sur la fin de 1669. Si des payens mesmes avoient horreur de condamner ce furieux sur sa confession, qui n'étoit point parmy eux comme parmy nous un acte de religion, comment pourra-t-on condamner les rêveries de la dame de Brinvilliers dans une confession qui ne laisse pas de porter le caractère de religion, quoyqu'elle ait été faite dans les agitations d'une fièvre qui ne laisse pas d'avoir des momens de relâche ?

Et si dans cet état ce n'estoit pas une véritable confession, il s'ensuivroit, par un inconvénient estrange, que tous les malades de fièvre violente ne pourroient jamais faire de confession. C'est donc une véritable confession qui doit estre sacrée, inviolable à tout le monde; en un mot, c'est une confession; c'est l'autel, c'est l'encensoir, c'est l'arche et le sacrement de l'alliance, où l'on ne peut toucher sans se rendre coupable et sans violer le respect et la vénération que l'on doit à un si grand mystère; autrement ce seroit contraindre la liberté chrestienne des confessions religieuses, ce seroit défendre un usage si salutaire de les écrire avec seureté, sans craindre les chastimens de la justice humaine lorsqu'il faut éviter ceux de la justice divine. Y auroit-il après cela une personne assez hardie pour oser, mesme dans le cabinet le plus secret de sa maison, confier à sa plume des péchez qui, par la moindre surprise, par un vol étranger ou domestique, pourroient produire en public des tiltres de sa condamnation ? Ce qui doit obliger d'en conserver religieusement le secret.

Et néantmoins, sous prétexte de cette confession religieuse, on a formé de nouvelles accusations contre la dame de Brinvilliers : d'avoir empoisonné monsieur d'Aubray, son père, d'avoir fait donner du poison à son mary (1), d'en avoir pris elle-mesme, de s'estre fait

---

(1) On a prétendu que la marquise de Brinvilliers avait fait prendre du poison à son mari dans l'intention de légitimer, après la

blesser plusieurs fois pour perdre son fruit, et d'avoir fait brusler, en l'année 1670, une partie de la maison de Norat, acquise par décret sur elle et le sieur de Brinvilliers, son mary.

Mais sans qu'il soit nécessaire de respondre en détail à toutes ces accusations abominables, il suffit de soustenir que, n'y en ayant point de preuves que celle qu'on prétend tirer de cette confession, elles ne peuvent estre recevables, non plus que cette confession, pour servir de preuves ny faire naistre aucun soubçon, soit que l'on considère la qualité de cet acte et l'estat auquel estoit la personne qui l'a fait, qui l'a pu porter, dans la violence de la maladie, à s'accuser aveuglément des crimes mesme dont elle estoit innocente, comme aussi toutes ces accusations nouvelles n'ont pas la moindre apparence de vérité. En effet, il est notoire que monsieur d'Aubray, son père, est mort dix années avant cette accusation, à l'âge de soixante-trois ans, de la maladie d'une goutte dont il fut attaqué plusieurs années auparavant, et qui estoit remontée, suivant le jugement de ses médecins. Et comme l'on reconnut aisément le genre de sa maladie, on n'eut pas seulement le moindre soubçon d'empoisonnement de sa personne, qui eust été impossible à faire en ce temps-là, puisque ny la Chaussée ny Sainte-Croix n'estoient point dans ce commerce abominable de leurs

---

mort du marquis, par un second mariage, la passion qu'elle avait conçue pour Sainte-Croix ; mais on ajoute que ce dernier, peu jaloux de s'unir à une femme pour laquelle il ne pourrait plus y avoir désormais de liens indissolubles, grâce à la science infâme à laquelle lui-même l'avait initiée, s'empressait de donner le contre-poison au malheureux marquis. « Ainsi ballotté, dit madame de Sévigné, tantôt empoisonné, tantôt désempoisonné, il est demeuré en vie. »

poisons ; ce ne fut qu'en l'année 1669 que la Chaussée, qui est le seul dont Sainte-Croix s'est servy pour donner du poison, entra dans la maison de monsieur d'Aubray, conseiller, ainsi qu'il a esté remarqué. Il est aussi hors de toute apparence qu'elle ait fait donner du poison à son mary, qui ne s'en est jamais plaint, ny qu'elle en ait jamais pris elle-mesme, puisqu'elle n'en a pas esté malade, ny qu'elle ait fait perdre son fruit, n'ayant jamais fait de fausse couche, ny qu'elle ait fait brusler la maison de Norat, dont il n'y a jamais eu de plaintes contre elle par les acquéreurs, non plus que d'une dernière et nouvelle accusation d'avoir empoisonné la damoiselle de Villeret en l'année 1673, qui est morte sans aucune marque ny apparence de poison et sans aucune plainte sur ce sujet. Ainsi toutes ces accusations, formées seulement depuis deux mois et sans aucune preuve, ne doivent estre d'aucune considération ; au contraire, le trop grand nombre et l'atrocité des accusations les peuvent rendre incroyables, jusque-là que l'une des plus puissantes marques de l'innocence de Caton et de la calomnie de ses accusateurs fut tirée de la trop grande multitude des accusations qu'ils avoient formées contre luy. Le nombre de tant d'accusations différentes mêlées ensemble fait voir ordinairement qu'il n'y en a pas une seule qui soit suffisamment prouvée. Comme, en effet, s'il y avoit eu des preuves convaincantes contre la dame de Brinvilliers sur la première accusation concernant l'empoisonnement de ses frères, pour lequel son procez luy avoit esté instruit, elle estoit assez griefve et importante pour n'avoir pas besoin d'estre soutenue d'une accusation d'avoir fait mettre le feu dans une partie de la maison de Norat et d'avoir menacé d'empoisonnement, qui sont de nouvelles accusations que l'on n'a formées que parce qu'on a bien veu qu'en effet la première n'avoit aucune preuve suffisante, soit que l'on considérast les preuves testimoniales ou par écrit ; que dans toutes les informations il n'y avoit pas un seul témoin qui déposast que la dame de Brinvilliers eust donné et fait donner du poison à messieurs ses frères, ou qu'elle eust formé aucun complot pour ce sujet, ny avec Sainte-Croix, ny avec la Chaussée, qui est néantmoins ce qu'il auroit fallu prouver précisément pour la rendre coupable ; que tous les soubçons qui naissoient des informations pouvoient estre facilement effacez lorsque l'on considéroit les reproches contre les principaux témoins qui les avoient fait naistre par leurs dépositions ; qu'à l'égard des preuves par écrit, la cassette de Sainte-Croix, qui avoit fait tant de bruit, ne pouvoit faire la moindre conviction contre la dame de Brinvilliers, si l'on considéroit la différence des dates et des termes de toutes les inscriptions des pacquets de poisons que l'on y a trouvés ; que les lettres missives qu'elle avoit écrites à Sainte-Croix, où elle ne gardoit aucun secret, ne parlent en façon quelconque de l'empoisonnement de ses frères ; au contraire, elles font plutost connoistre que Sainte-Croix, qui usoit de grande précaution avec elle, luy en avoit toujours caché le complot ; que le testament de mort de la Chaussée, bien loin de la charger, estoit seul capable de lever tous les soubçons que l'on avoit formés contre son innocence, puisqu'il avoit déclaré positivement que Sainte-Croix, qui avoit fait faire les empoisonnemens, luy avoit dit qu'elle n'en avoit rien sceu, et luy-mesme avoit ajouté qu'il ne luy en avoit jamais parlé. Et c'est dans la réflection que l'on a faite sur toutes ces preuves impuissantes touchant cette première accusation que l'on a cru que, ne pouvant convaincre la dame de Brinvilliers, il falloit l'accabler par le nombre d'une infinité d'autres accusations subsidiaires, qui ont produit ce mauvais effet contre elle, qu'ils ont fait naistre dans le public toutes ces impressions fascheuses qui l'ont rendue injustement odieuse dans l'esprit des peuples, qui ne considèrent que le tiltre et le nombre des accusations. Mais la dame de Brinvilliers est persuadée que l'erreur de la prévention publique ne peut jamais surprendre l'esprit des juges, ny donner atteinte à la solidité de leur jugement; que l'on ne condamne point sur des apparences, ny sur des bruits communs; qu'au contraire, plus les crimes paroissent atroces par le titre de l'accusation, plus on doit y apporter de soin, d'application à en examiner toutes les preuves, et que l'on ne considère que celles qui sont reçues dans les règles de la justice. Elle espère que les loix divines de la religion sont trop vénérables aux esprits et aux cœurs de ses juges pour souffrir que l'on puisse violer le secret de la confession religieuse, l'un des plus importans mystères de la religion, et que, s'agissant d'une accusation capitale des crimes les plus énormes contre une femme de naissance et de qualité, ils ne s'arresteront point à toutes ces preuves imparfaites, où il en faudroit de plus claires que le jour pour en former une condamnation de cette qualité.

Elle espère qu'ils feront cette réflection que si toutes ces présomptions, qui ne peuvent servir, en nombre et de quelque qualité qu'elles puissent estre, à former une preuve qui ne peut jamais se suppléer, font connoistre néantmoins qu'elle a esté coupable de quelque faute ou imprudence pour s'estre laissée tromper par les surprises de Sainte-Croix, qui a esté l'unique autheur des crimes dont on l'accuse, elle n'a déjà esté que trop punie de ce deffaut de conduite pendant tant d'années que les exils, les maladies, les prisons, les menaces, les terreurs, et tant d'autres sortes d'afflictions, l'ont réduite dans un estat qui peut exciter la compassion de tout le monde.

L'accusatrice ne doit pas s'élever contre elle, puisqu'elle a déjà esté satisfaite, sur ce qu'elle devoit à la mort de son mary, par le chastiment exemplaire de ce misérable scélérat qui l'a fait mourir; elle a plutost sujet de souhaiter que la famille où elle est alliée ne soit pas souillée d'une honte éternelle, et qu'on ne luy reproche pas d'avoir manqué de sentimens naturels pour ses neveux, qu'elle devroit considérer comme ses propres enfans. Feu messieurs d'Aubray ont esté aussi satisfaits par la vengeance publique qui a esté faite de leur mort, et s'ils pouvoient maintenant faire entendre leurs sentimens, ils apprendroient sans doute que l'affection qu'ils ont toujours eue pour leur sœur estoit une marque qu'ils la reconnoissoient incapable d'une action si dénaturée; ils solliciteroient eux-mesmes pour leur propre sang, bien loin d'en sacrifier les personnes et les exposer à la honte des supplices; ils témoigneroient que leur plus haute satisfaction est de conserver leur honneur en conservant sa vie, et qu'autrement ce seroit les punir eux-mesmes plutost que les venger. Mais s'ils trouvent leur consolation dans la justification de la dame de Brinvilliers, si ses enfans, qui seroient punis comme s'ils estoient coupables, et à qui la vie deviendroit un supplice et la mort une consolation, y rencontrent la conservation de l'honneur d'une famille aussi considérable que celle dont leur mère est issue, ces sages magistrats qui la doivent juger auront aussi plus de gloire en donnant au public un exemple fameux de leur justice, de leur piété et de leur équité souveraine, pour son absolution.

M<sup>e</sup> NIVELLE, advocat.

# ARREST

## DE LA COUR DE PARLEMENT

### CONTRE DAME

## MARIE-MARGUERITE D'AUBRAY,

### ESPOUSE

## DU SIEUR MARQUIS DE BRINVILLIERS.

### DU 16 JUILLET 1676.

---

Veu par la cour, les Grand'Chambre et Tournelle assemblées, le procez criminel commencé par le prévost de Paris, ou son lieutenant criminel au Chastelet, à la requeste du substitut du procureur général du Roy, continué à la requeste de dame Marie-Thérèse Mangot de Villarceau, vefve de, messire Antoine d'Aubray, chevallier, comte d'Offemont, seigneur de Villers et autres lieux, conseiller du Roy en ses conseils, maitre des requestes ordinaire de son hôtel, et lieutenant civil de la ville, prévôté et vicomté de Paris, demanderesse et complaignante, ledit substitud joint, contre dame Marie-Marguerite d'Aubray, espouse du sieur marquis de Brinvilliers, Jean Beaupin, valet de chambre, et le nommé la Pierre, absens, et consorts ; et encore contre Jean Amelin, dit la Chaussée, garçon baigneur, et auparavant lacquais de messire d'Aubray, conseiller en ladite cour, lors prisonnier, et dame Magdelaine Bertrand du Breuil, vefve de Jean-Baptiste de Godin, sieur de Sainte-Croix, cy-devant capitaine de cavalerie dans le régiment de Tracy, défendeurs et accusez; ledit procez jugé en la chambre de la Tournelle contre ledit la Chaussée, et par contumace contre ladite dame d'Aubray de Brinvillers, et depuis continué en ladite chambre, à la requeste du procureur général du Roy et de la dame Mangot, vefve, contre ladite dame d'Aubray de Brinvilliers, prisonnière en la Conciergerie du Palais, accusée, et parachevé d'instruire en vertu d'arrests rendus, les Grand'Chambre et Tournelle assemblées, en conséquence du renvoy requis par ladite d'Aubray de Brinvilliers ; conclusions du procureur général du Roy ; ouïe et interrogée ladite d'Aubray sur les cas résultans du procez : dit a esté que la cour a déclaré et déclare ladite d'Aubray de Brinvilliers deuement atteinte et convaincue d'avoir fait empoisonner maître Dreux d'Aubray, son père, et lesdits d'Aubray, lieutenant civil et conseiller en ladite cour, ses deux frères, et attenté à la vie de défunte Thérèse d'Aubray, sa sœur ; et pour réparation a condamné et condamne ladite d'Aubray de Brinvilliers faire amende honorable au devant de la principale porte de l'église de Paris, où elle sera menée dans un tombereau, nuds pieds, la corde au col, tenant en ses mains une torche ardente du poids de deux livres, et là, étant à genoux, dire et déclarer que, méchamment, par vengeance et pour avoir leur bien, elle a fait empoisonner son père, ses deux frères, et attenté à la vie de défunte sa sœur, dont elle se repent, en demande pardon à Dieu, au Roy et à Justice; ce fait, menée et conduite dans ledit tombereau en la place de Grève de cette ville, pour y avoir la teste tranchée sur un échaffaut qui, pour cet effet, sera dressé en ladite place; son corps bruslé et les cendres jettées au vent; icelle préalablement appliquée à la question ordinaire et extraordinaire, pour avoir révélation de ses complices; la déclare décheue et indigne des successions de sesdits père, frères et sœur, du jour desdits crimes par elle commis, et tous ses biens acquis et confisquez à qui il appartiendra; sur iceux, et autres non sujets à confiscation, préalablement pris la somme de 4,000 liv. d'amende vers le Roy, 500 liv. pour faire prier Dieu pour le repos des ames desdits défunts ses père, frères et sœur, en la chapelle de la Conciergerie du Palais; 10,000 liv. de réparation vers ladite Mangot, et tous les despens, mesme ceux faits contre ledit Amelin, dit la Chaussée. Fait en Parlement, le 16 uillet 1676.

# MEMOIRE

## DV PROCEZ

### EXTRAORDINAIRE

CONTRE LA DAME

## DE BRINVILLIERS,

Cy-devant prisonniere en la Conciergerie du Palais, accusée, et executée le 17 Iuillet 1676.

---

A PARIS.

Chez GILLES TOMPERE, ruë Chartiere, prés le Puits-Certain, au Treilly-Verd.

M. DC. LXXVI.

# MÉMOIRE

## DU PROCEZ EXTRAORDINAIRE

CONTRE

## LA DAME DE BRINVILLIERS,

CY-DEVANT

PRISONNIÈRE EN LA CONCIERGERIE DU PALAIS,

ACCUSÉE.

---

Les poursuites de madame d'Aubray sont les derniers devoirs qu'elle rend à la mémoire de monsieur le lieutenant civil, son mary. Après avoir pleuré sa perte, elle l'a dû venger, et la douleur qu'elle a eue de se voir enlever un époux si cher, d'une manière si funeste, luy a donné les justes ressentimens qu'elle fait voir contre les auteurs de son malheur. Auroit-on jamais cru que le poison duquel est mort monsieur le lieutenant civil

dût luy estre présenté par la dame de Brinvilliers, sa
sœur, pour laquelle il avoit toujours eu beaucoup de
tendresse? Se seroit-on défié d'une main qui lui estoit
si chère, et peut-on poursuivre avec trop d'ardeur la
réparation d'un crime si noir, commis sous la faveur
de l'amitié la plus naturelle?

L'éclat qu'une histoire aussi extraordinaire a fait dans
le monde mérite que l'on instruise le public de la vérité des choses que l'on voudroit lui déguiser de la part
de la dame de Brinvilliers, afin qu'il applaudisse avec
une connoissance entière aux justes poursuites de madame d'Aubray, et qu'il en attende le succez sans avoir
pitié d'une personne qui en a manqué pour ce qui luy
devoit estre de plus cher au monde.

La dame de Brinvilliers estoit de qualité; elle avoit
esté élevée avec grand soin; elle avoit du bien et de
l'esprit au-delà de ce qui luy en faloit; l'on ne luy donnoit dans sa famille que des exemples d'un honneur
très délicat et d'une vertu irréprochable; enfin, toutes
choses promettoient d'elle une vie honneste et régu-
lière, et qui répondroit au mérite de ses ancestres.

Mais l'amour et l'intérest corrompent étrangement
un esprit, quelque teinture qu'il ait et d'honneur et de
vertu; des passions aussi violentes, secondées et d'occasions et de moyens, en deviennent enfin maistresses.
L'on s'habitue à concevoir les choses, à les souhaiter et
à les exécuter suivant leurs mouvemens; les impressions d'une éducation rigoureuse s'effacent peu à peu;
l'on se fait insensiblement au désordre qu'elles causent, et l'on devient capable des plus grands crimes.

Le malheureux Sainte-Croix, le plus scélérat de tous
les hommes, fut connu du sieur de Brinvilliers; il l'avoit
vu à l'armée, et ce misérable, qui estoit d'une nais-

sance obscure, sans bien et sans fortune, s'attacha volontiers auprès de luy pour profiter de ses excessives dépenses. Les assiduitez qu'il avoit auprès du mary se tournèrent bientost du costé de la dame. Il avoit de l'esprit, il eut le secret de l'engager; et après avoir fait, dans les règles, tout le chemin des gens passionnez, il devint à la fin si fort maistre du cœur de la dame de Brinvilliers qu'il acheva de ruiner avec elle l'état de ses affaires, ce que son mary avoit déjà fort avancé, et rendit son esprit susceptible de toutes les mauvaises impressions qu'il voulut lui donner.

L'habitude de la dame de Brinvilliers avoit fait un grand éclat dans la famille. Monsieur le lieutenant civil, son père, avoit fait son possible pour la rompre, et ne pouvant pas y réussir par les voyes ordinaires, il fut obligé de recourir à l'autorité du Roy. Il eut une lettre de cachet pour faire arrester le galant, et il le fut étant dans le carrosse de la dame de Brinvilliers, et conduit ensuite à la Bastille, où il a esté une année. Que de rage dans ces deux amans dont les plaisirs estoient ainsi troublez et d'une manière si outrageuse! La vengeance se saisit aisément des cœurs pleins d'un pareil désespoir. Mais que pouvoit la dame de Brinvilliers sans un secours aussi abominable que celuy qu'on luy avoit ravy? Pouvoit-elle trouver dans quelqu'autre des conseils et de l'appuy à la vengeance qu'elle pouvoit méditer contre son propre père?

Cependant Sainte-Croix estoit à la Bastille, où il apprenoit d'étranges leçons d'un Italien qui estoit prisonnier avec luy; il s'appeloit Exili, et estoit un grand artiste de poisons; lequel trouvant un homme enragé de l'affront qu'il prétendoit avoir receu, et le jugeant capable des plus grands crimes, luy fit part de ses détestables secrets. En peu de temps il devint très habile, et revint, après sa liberté, auprès de la dame de Brinvilliers, en état de luy offrir une voye infaillible de se vanger. Leur intelligence devint plus grande qu'elle ne l'avoit esté; elle s'estoit augmentée par les oppositions qu'ils y avoient trouvées, et ils ne pensèrent plus ensemble qu'à prévenir toutes les inquiétudes qu'on pourroit leur faire et à vanger celles qu'ils avoient souffertes. Pour cela il falloit se défaire des parens, toujours importuns; le poison en donnoit un moyen infaillible, et la dame de Brinvilliers s'y estoit faite avec Sainte-Croix; elle en composoit avec luy chez Glaser, l'apoticaire, et cette voye luy plaisoit d'autant mieux que l'effet en estoit inévitable et qu'il estoit secret.

D'ailleurs elle regardoit tout le bien de sa famille comme une grande ressource pour rétablir sa fortune ruinée. Elle est donc résolue à toutes choses, et, animée de ces trois grands motifs, d'amour, de vengeance et d'intérest, elle prend de la main de Sainte-Croix le poison qu'elle donna à monsieur son père.

Monsieur le lieutenant civil père alla, en 1666, à Offemon, qui luy appartenoit, pour régler compte avec ses fermiers; la dame de Brinvilliers l'y accompagna, et, profitant de ce moment, elle mit du poison dans un bouillon qu'elle luy présenta, dont l'effet fut si violent qu'il fut tourmenté de vomissemens extraordinaires, de maux d'estomach inconcevables et d'étranges chaleurs d'entrailles. Il fut obligé de partir pour son retour sans avoir pu finir ses affaires, et il souffrit des douleurs inconcevables jusqu'à sa mort, qui suivit de bien près son voyage. Ah! la malheureuse! empoisonner son père de sa propre main!

Messieurs ses frères restoient encore; ils héritèrent

de l'impatience qu'avoit eue monsieur leur père du honteux commerce de leur sœur; ils firent leurs efforts pour le rompre, et ils s'attirèrent la mesme vengeance. Voici l'adresse dont on se servit : Sainte-Croix avoit eu un valet, nommé la Chaussée, digne de son affection et de sa confidence; ils eurent le secret de le faire entrer au service de monsieur d'Aubray, conseiller. Si l'on avoit sçu la liaison secrète qu'il avoit eue avec Sainte-Croix, sans doute l'on se seroit défié de luy et jamais l'on ne l'auroit souffert; ce fut ce que la dame de Brinvilliers empêcha : l'on dissimula à ces messieurs un secret de cette importance, et ce traître eut tout le loisir qu'il luy falloit d'empoisonner toute cette famille.

Un jour, servant à table chez feu monsieur le lieutenant civil, où monsieur d'Aubray, conseiller, dînoit, il affecta de demeurer dans la salle pendant que les autres domestiques estoient descendus pour le second; et ayant mis de son poison dans le verre qu'il présenta à monsieur le lieutenant civil, la dose se trouva si forte qu'il se leva de table tout ému, s'écriant : « Mon frère, vostre valet me veut empoisonner : goûtez! » Il en goûta, et il y trouva de l'amertume. Le croira-t-on, qu'on n'approfondit pas un si légitime soupçon et que l'on se contenta de l'excuse de ce valet, qui dit que le verre avoit sans doute servy à un domestique qui estoit malade et qu'on avoit purgé ?

Enfin la Chaussée acheva ce qu'il avoit déjà commencé, lorsqu'ayant suivy monsieur d'Aubray, conseiller, à Villequoy, où monsieur le lieutenant civil estoit, au mois d'avril 1670, il eut occasion de mêler son poison dans une tourte; elle fut servie : sept personnes qui en mangèrent en furent extrêmement mal;

mais monsieur le lieutenant civil, déjà émeu des précédens poisons, en fut tourmenté au dernier point. Il revint de Villequoy le 12 avril, tout changé de ce qu'il avoit souffert; ses maux continuèrent et l'accompagnèrent jusqu'à sa mort, qui fut au mois de juin ensuite.

Monsieur d'Aubray, conseiller, résista plus longtemps; la Chaussée eut toute la facilité possible de doubler le poison auprès de luy; mais enfin il mourut peu de temps après, avec les mesmes symptomes et tous les mesmes accidens. Après leur mort ils furent ouverts, et, par la déposition du sieur Bachot, leur médecin ordinaire, il paroist que, les trois derniers jours du feu lieutenant civil, il amaigrit, il desseicha, il perdit l'appétit, vomissoit souvent, brûloit dans l'estomach. Ayant esté ouvert en présence de luy, de Duvaut et Dupré, chirurgiens, et Gavart, apoticaire, ils ont trouvé l'estomac tout noir, s'en allant par morceaux, et pareillement le duodenum; le foie gangrené et brûlé; laquelle altération a esté causée par poison ou humeur qui se corrompt quelquefois jusques au point de faire les mesmes effets que le poison. Que monsieur d'Aubray, conseiller, a esté malade trois mois, après la maladie violente et semblable à celle de son frère: fièvre violente, grand dégoust, le corps brûlé et grillé, grande agitation de corps et d'esprit, qui est un signe presque univoque de poison; qu'il arrive néantmoins qu'une cacochimie produise des mesmes effets.

Tant de morts dans une mesme famille firent grand bruit dans le monde, et, soit que l'on jugeast par ce que les médecins en pouvoient avoir dit et les symptomes extraordinaires d'un mal si particulier et si inconnu, commun à toute une famille illustre, le bruit estoit que messieurs d'Aubray avoient esté empoisonnez. La

Chaussée, ce cruel ministre de la passion d'autruy, avoit sceu se ménager avec tant d'adresse que l'on ne prit jamais soupçon de sa conduite ; il avoit mesme gagné les bonnes graces de son maistre, qui luy laissa pour récompense, en mourant, un legs de cent écus. Ainsi, dans cette fâcheuse nécessité d'avoir des valets, le plus fidèle en apparence est quelquefois le plus traistre en effet, et l'on récompense souvent la main perfide qui empoisonne. Voicy ce qui découvrit toutes ces choses, qui seroient demeurées dans un éternel silence et ensevelies dans le tombeau de messieurs d'Aubray.

*Extrait du procez-verbal, du 30 juillet 1672, de l'apposition et levée du scellé de Sainte-Croix après sa mort.*

Sainte-Croix, étouffé par la vapeur du poison qu'il préparoit, mourut si promptement que le scellé fut apposé chez luy avant que ses plus confidens pussent avoir appris son malheur. La Chaussée, s'imaginant pouvoir tirer quelque avantage de cet accident, y vint former son opposition ; en voicy les termes : « La Chaussée a dit qu'il y a sept ans qu'il estoit au service du défunt ; qu'il luy a donné en garde depuis deux ans cent pistoles et cent écus blancs, qui doivent estre dans un sac de toile derrière la fenestre du cabinet, et dans lequel il y a un billet comme ladite somme luy appartient, avec un transport d'une somme de 300 livres qui luy estoit deue par feu monsieur d'Aubray, conseiller, ledit transport par luy fait à la Serre ; et trois quittances de son maistre d'apprentissage, de 100 livres chacune ; lesquelles sommes et papiers il réclame. »

Ce malheureux, à qui il n'estoit rien dû, vint par un acte semblable donner occasion aux soupçons que l'on prit contre luy, et cette démarche, qui l'engagea dans les affaires de la succession de Sainte-Croix, commença un enchesnement de conduite et de discours qui le traînèrent sur la roue.

Cependant la dame de Brinvilliers estoit dans de terribles peines de la destinée de la cassette qui estoit sous le scellé du cabinet de Sainte-Croix et dans laquelle estoient tous les poisons. Elle avoit esté chercher le commissaire pour l'avoir à quelque prix que ce fust; elle ne vouloit point ménager l'argent, elle en offrit, et elle fit tout ce qu'elle put au monde pour l'avoir sans qu'on l'ouvrist.

L'habitude qu'elle avoit eue avec ce pernicieux homme estoit publique; chacun en estoit informé, et l'on n'estoit pas surpris qu'elle l'eust choisi pour son confident; mais la manière empressée et extraordinaire avec laquelle elle demandoit les choses et vouloit les exécuter donna lieu à quelque ombrage, en sorte que les officiers furent difficiles sur ce sujet et procédèrent avec exactitude au levé du scellé, dans lequel on fit l'inventaire de cette cassette, tel que voicy.

*Extrait du mesme procez-verbal d'apposition et levé du scellé de Sainte-Croix, du 30 juillet 1672.*

«Dans le cabinet de Sainte-Croix s'est trouvée une petite cassette d'un pied en carré, la clef trouvée sur une planche du cabinet; à l'ouverture de laquelle se seroit trouvé une demy-feuille de papier escrite d'un costé, contenant :

« Je supplie très humblement ceux ou celles entre les mains de qui tombera cette cassette de me faire la grace de vouloir la rendre en main propre à madame la marquise de Brinvilliers, demeurant rue Neufve-Saint-Paul, attendu que tout ce qu'elle contient la regarde et appartient à elle seule, et que d'ailleurs il n'y a rien d'aucune utilité à personne du monde, son intérest à part; et en cas qu'elle fust plus tost morte que moy, de la brusler et tout ce qu'il y a dedans, sans rien ouvrir ny innover. Et afin que l'on n'en prétende cause d'ignorance, je jure, sur le Dieu que j'adore et tout ce qu'il y a de plus sacré, qu'on n'impose rien qui ne soit véritable. Si d'aventure l'on contrevient à mes intentions, toutes justes et raisonnables en ce chef, j'en charge, et en ce monde et en l'autre, leur conscience pour la décharge de la mienne, protestant que c'est ma dernière volonté. Fait à Paris, ce 25 may après-midy, 1672. Signé DE SAINTE-CROIX. » Et au-dessous il y a ces mots : « Il y a un seul pacquet adressant à monsieur Penautier, qu'il faut rendre. »

» S'est aussi trouvé un pacquet cacheté de huit cachets marqués de différentes armes, sur lequel est écrit : « Papiers pour estre bruslez en cas de mort, n'estant d'aucune conséquence à personne. Je supplie très humblement ceux entre les mains de qui ils tomberont de les brusler; j'en charge mesme leur conscience, et le tout sans ouvrir le pacquet. » Dans ce pacquet s'est trouvé deux pacquets de drogue de sublimé.

» *Item*, un autre pacquet cacheté de six cachets de différentes armes, sur lequel estoit pareille inscription, dans lequel s'est trouvé d'autre sublimé, du poids d'une demy-livre;

» *Item*, un autre pacquet cacheté de six cachets de plusieurs armes, sur lequel estoit pareille inscription, dans lequel se sont trouvés trois pacquets : dans l'un une demy-once de sublimé, deux dans l'autre, un quarteron de vitriol romain, dans le troisiesme du vitriol calciné et préparé.

» Dans la cassette fut trouvée une grande fiole carrée d'une chopine, pleine d'eau claire, laquelle observée par monsieur Moreau, médecin, a dit n'en pouvoir dire la qualité jusques à ce que l'espreuve en ait esté faite;

» *Item*, une autre fiole d'un demy-septier d'eau claire, au fond de laquelle il y a un sédiment blanchâtre; Moreau en a dit la mesme chose que de la précédente;

» Un petit pot de fayance dans lequel estoient deux ou trois gros d'opium préparé;

» *Item*, un papier ployé, dans lequel il y avoit deux dragmes de sublimé corrosif en poudre;

» Plus, une petite boëte dans laquelle s'est trouvée une manière de pierre appelée pierre infernale;

» Plus, un papier dans lequel estoit une once d'opium;

» Plus, un morceau de régule d'anthimoine pesant trois onces;

» Plus, un pacquet de poudre, sur l'enveloppe duquel est escrit : «Pour arrester la perte de sang des femmes.» Moreau a dit que c'estoit de la fleur de coin et le bouton de coin séché.

» *Item*, fut trouvé un pacquet cacheté de six cachets, sur lequel est écrit : «Papiers pour estre bruslez en cas de mort, etc. », comme cy-dessus, dans lequel s'est trouvé trente-quatre lettres que l'on a dit estre écrites de la dame de Brinvilliers ;

» *Item*, un autre pacquet cacheté de six cachets, sur lequel est écrite pareille inscription que dessus, dans lequel s'est trouvé vingt-sept morceaux de papier sur chacun desquels est escrit : « Plusieurs secrets curieux ; »

» *Item*, un autre pacquet contenant encore six cachets, sur lequel estoit escrite pareille inscription que dessus, dans lequel s'est trouvé soixante-et-quinze lettres adressantes à divers particuliers. »

Voilà l'inventaire de cette épouvantable cassette, plus funeste, dans une ville où le nombre des méchans est grand, que les gouffres de feux et de flammes ne le sont aux pays qui les environnent ! Ne diroit-on pas que Sainte-Croix estoit fort religieux et qu'il estoit bien avec le ciel, puisque, sous la révérence de tout ce qu'il y a de plus sacré, il prétendoit dérober à la connoissance de toute la terre le dépost qu'il laissoit à la dame de Brinvilliers ? Ha ! l'homme exécrable ! Faut-il qu'il soit échappé à la justice humaine, et que tout Paris n'ait pas eu le plaisir de voir cet ennemy public de la vie des hommes, d'autant plus dangereux qu'il estoit plus secret, entre les mains de mille bourreaux, souffrir mille tourmens pour venger mille morts dont il fut peut-estre coupable !

Qui ne voit l'intérest extrême qu'avoit la dame de Brinvilliers de retirer cette cassette ? Elle n'oublia rien pour en venir à bout, et quand elle vit ses efforts inutiles, elle ne balança plus sur sa retraite : elle sortit de nuit de Picquepus où elle logeoit ; elle ne parut plus que comme une personne qui préméditoit d'éviter par sa fuite la juste punition du crime dont elle estoit coupable.

Enfin, par le conseil de ses propres parens, elle s'est retirée du royaume pour chercher chez les étrangers la seureté qu'elle ne pouvoit pas rencontrer dans son pays. Elle fuit donc, pendant que Lamarre, procureur au Chastelet, comparut dans le procez-verbal de levé de scellé, et c'est l'acte qui suit :

« Est comparu Alexandre de Lamarre, procureur de la dame de Brinvilliers, qui a dit que si, dans ladite cassette, ainsi qu'il est mis en fait par la vefve Sainte-Croix, il se trouve une promesse signée d'elle de la somme de trente mil livres, c'est une pièce qui a esté surprise d'elle, contre laquelle, en cas que la signature soit véritable, elle entend se pourvoir pour la faire déclarer nulle. »

Cette promesse avoit esté trouvée dans la cassette de Sainte-Croix; la date en est considérable, en ce qu'elle est du mesme temps que l'empoisonnement de messieurs d'Aubray.

Cependant la Chaussée, épouvanté de ce qu'on luy dit que l'on avoit trouvé sous le scellé d'estranges choses, se déconcerta si fort dans sa conduite et dans ses discours qu'il esclaircit tous les soubçons que l'on avoit de ses crimes. Il fut aresté; il en fut convaincu, condamné et exécuté. La dame de Brinvilliers fut embarrassée dans toutes ces poursuites, elle fut dès lors jugée criminelle, et, par toutes les preuves que l'on avoit déjà contre elle et par celles que l'on a recouvrées depuis, elle a esté arrêtée. Il est certain qu'elle est coupable de l'empoisonnement de monsieur son père, et qu'elle est complice de la mort de messieurs ses frères.

Pour la convaincre, il faut examiner ce qu'en disent

les témoins, ce qu'elle a fait elle-mesme, ce qu'elle a dit ou ce qu'elle a écrit : c'est ce que l'on va faire d'une manière la plus sommaire qu'il se pourra.

Les deux premiers témoins qui parlent contre elle sont les deux confidens de ses crimes, Sainte-Croix et la Chaussée.

A l'égard de Sainte-Croix, il ne faut que lire la déclaration écrite dans cette demy-feuille de papier qui fut trouvée à l'ouverture de sa cassette ; il est inutile d'y adjouter des réflexions pour la rendre plus forte contre la dame de Brinvilliers; chacun peut voir avec quelles exécrations il assure que la cassette entière luy appartenoit. Il ne fait aucune distinction de tout ce qui s'y rencontre, et l'exception de certains papiers du sieur de Penautier en authorise encore la déclaration indéfinie pour tout le reste. C'est un jeu que les dates sur lesquelles on s'arreste : cet escrit estoit de main privée, et il estoit libre à Sainte-Croix, qui en estoit le maistre, de la mettre telle qu'il auroit voulu. Que l'on fasse encore réflexion à l'empressement qu'eut la dame de Brinvilliers pour retirer cette cassette, que quelques témoins expliquent, et nommément Pierre Frater, clerc du commissaire Picard, qui dépose que « la dame de Brinvilliers vint chez son maistre à dix heures du soir demander à parler à luy. A quoy ayant répondu que son maistre estoit couché, elle luy dit de luy aller dire qu'elle demandoit une cassette qui luy appartenoit, et la vouloit avoir sans estre ouverte. Le commissaire luy ayant fait dire qu'il dormoit, ladite dame luy dit qu'elle envoyeroit le lendemain un homme la quérir. » Est-il possible, après toutes ces considérations, que l'on ne convienne pas qu'ils sont tous deux également coupables et qu'ils travailloient de concert aux mesmes crimes?

Voicy le testament de mort de la Chaussée, étendu sur le matelas après la question, touché sans doute de ce repentir qui prévient d'ordinaire les derniers momens d'une vie malheureuse.

La Chaussée relâché de la question, mis sur le matelas, monsieur le rapporteur s'étant retiré, une demy-heure après la Chaussée le fait prier de revenir. Il luy a dit « qu'il estoit coupable; que Sainte-Croix luy a dit que la dame de Brinvilliers luy avoit donné les poisons pour empoisonner ses frères; qu'il les a empoisonnés dans de l'eau et des bouillons; a mis de l'eau roussastre dans le verre du lieutenant civil à Paris, et de l'eau claire dans la tourte de Villequoy; que Sainte-Croix luy avoit promis cent pistoles, et de le garder toujours auprès de luy; qu'il luy alloit rendre compte de l'effet des poisons; que Sainte-Croix luy a donné desdites eaux bien des fois. Sainte-Croix luy a dit que la dame de Brinvilliers ne sçavoit rien de ses empoisonnemens, mais il croit qu'elle le sçavoit, parce qu'elle luy parloit toujours de ses poisons; qu'elle le vouloit obliger de s'enfuir et luy fit donner deux escus pour s'en aller; qu'elle luy demandoit où estoit la cassette et ce qu'il y avoit dedans; que, si Sainte-Croix avoit pu mettre quelqu'un auprès de madame d'Aubray, la lieutenante civile, il l'auroit fait peut-estre pour l'empoisonner; que Sainte-Croix avoit bien envie sur la damoiselle d'Aubray. »

Ce testament de mort n'a pas besoin de commentaire, et cet embarras que l'on veut faire dans ces deux endroits qui semblent se contrarier, à l'égard de la dame de Brinvilliers, lorsque Sainte-Croix dit qu'il a receu d'elle les poisons qu'il donne à ses frères et qu'elle ne sçait rien de ses empoisonnemens, est très aisé à expliquer. De tous les empoisonnemens de Sainte-Croix il se peut faire qu'elle n'ait sceu précisément que celuy de ses frères; mais celuy-là, il est très constant qu'elle l'a sceu et qu'elle en a donné le poison, c'est-à-dire consenty, conseillé, ordonné le poison. Ce misérable a peut-estre tué tant de gens, il a donné si souvent de nouvelles eaux à la Chaussée, qu'il auroit eu honte de se vanter de tous ses crimes, mesme à ses plus confidens. Ainsi, tirant cette expression particulière de cette énonciation générale, il demeure pour constant qu'elle a sceu, qu'elle a donné le poison à monsieur le lieutenant civil, son frère.

Passons aux autres témoins qui déposent également contre elle et éclaircissent ce qui pourroit estre douteux dans ce qu'ont dit et Sainte-Croix et la Chaussée.

Cluet, sergent, dit qu'il vit la Chaussée servir de laquais à monsieur d'Aubray, conseiller, lequel il avoit aussi veu au service de Sainte-Croix; dit à la dame de Brinvilliers que, si le lieutenant civil sçavoit que la Chaussée eust esté à Sainte-Croix, qu'il ne le trouveroit pas bon. Ladite dame luy dit : « Bon Dieu ! ne le dites pas à mes frères, car on luy donneroit des coups de baston ; il vaut mieux qu'il gagne quelque chose qu'un autre. » Il n'en dit donc rien ausdits sieurs d'Aubray, quoyqu'il le vist presque tous les jours aller chez Sainte-Croix et chez ladite dame, qui mitonnoit Sainte-Croix pour avoir sa cassette, et qu'elle vouloit que Sainte-Croix luy donnast son billet de deux ou trois mille pistolles, autrement elle le feroit poignarder ; qu'elle avoit dit qu'elle voudroit qu'on ne vist pas ce qu'il y avoit dans la cassette ; que c'estoit chose de grande conséquence qui la regardoit.

Ce témoin ajoute qu'après l'ouverture de la cassette

il avoit dit à ladite dame que le commissaire Picard avoit dit à la Chaussée qu'il avoit trouvé d'étranges choses; ladite dame rougit et changea de discours. Il luy demanda si elle n'estoit pas complice ; elle dit : « Pourquoy moy ? Il faudroit envoyer la Chaussée en Picardie ; » qu'il y avoit longtemps qu'elle estoit après Sainte-Croix pour avoir ladite cassette, et, si elle l'avoit eue, elle l'auroit fait égorger. Ce témoin ajoute encore qu'ayant dit à Briancourt que la Chaussée estoit pris, qu'il diroit tout, il répondit : « Voilà une femme perdue ! » que, la damoiselle d'Aubray ayant dit que Briancourt estoit un fripon, il avoit répondu qu'elle ne sçavoit pas l'obligation qu'elle luy avoit ; qu'on avoit voulu l'empoisonner, elle et la lieutenante civile, et avoit empesché le coup. A ouy dire à Briancourt qu'elle disoit qu'il y avoit des moyens de se défaire des gens quand ils déplaisoient, et parloit toujours de poison.

Edme Huet, femme de Briscien, dit que Sainte-Croix alloit tous les jours chez la dame de Brinvilliers ; vit dans une cassette appartenant à ladite dame deux petites boëtes où elle vit du sublimé en poudre et en paste; ce qu'elle connut bien, estant fille d'apoticaire. Ajoute que ladite dame ayant un jour disné en compagnie, et estant gaye, luy montra une petite boëte, luy disant : « Voilà de quoy se venger de ses ennemis; elle est pleine de successions ! » la luy remit entre les mains ; et estant revenue de sa gayeté elle luy dit : « Bon Dieu, que vous ai-je dit ? Ne le dites à personne ; » que Lambert, clerc du Palais, luy avoit dit qu'il avoit porté lesdites deux boëtes à ladite dame de Brinvilliers de la part de Sainte-Croix; que la Chaussée alloit souvent chez elle; que, n'estant payée de dix pistoles qui luy estoient dues par ladite dame, elle alla en faire plainte à Sainte-Croix et menaça de dire au lieutenant civil ce qu'elle avoit vu, ce qui fit qu'on luy donna dix pistoles; que Sainte-Croix et ladite dame de Brinvilliers avoient toujours du poison sur eux pour s'en servir s'ils estoient pris.

Laurent Perrette, demeurant chez Glazel, apoticaire, dépose qu'il a vu souvent une dame venir chez son maistre, menée par Sainte-Croix; que le laquais luy dit : « C'est la dame de Brinvilliers; » qu'il pariroit sa teste que c'estoit du poison qu'ils venoient faire faire à Glazel. Quand ils venoient, ils laissoient leur carrosse à la foire Saint-Germain.

Marie de Villeray, damoiselle suivante de ladite dame de Brinvilliers, dépose que, depuis la mort de monsieur d'Aubray, conseiller, la Chaussée vint trouver ladite dame et luy parla en particulier; que Briancourt luy a dit que ladite dame faisoit mourir d'honnestes gens qui devoient servir d'appuy à ses enfans; qu'il prenoit tous les jours de l'orviétan de peur d'estre empoisonné; qu'il craignoit d'estre poignardé, à cause qu'elle luy avoit dit son secret touchant l'empoisonnement; qu'il falloit avertir mademoiselle d'Aubray qu'on vouloit l'empoisonner; qu'on avoit pareil dessein sur le gouverneur des enfans de ladite dame.

Ainsi plusieurs autres témoins déposent, dans les anciennes informations, conformément à ce que l'on lit de ceux-ci. Mais voicy quelque chose de plus précis dans les nouvelles.

François des Grais, exempt, dépose qu'ayant esté chargé de l'ordre du Roy, il arrêta à Liége la dame de Brinvilliers; il trouva sous son lit une cassette qu'il scella. Ladite dame lui demanda un papier qui y es-

toit et qui estoit sa confession, et qu'il luy refusa ; que, par les chemins pour Paris, la dame de Brinvilliers luy dit qu'elle croyoit que c'estoit Glazel qui faisoit du poison à Sainte-Croix ; que Sainte-Croix luy avoit donné un rendez-vous à la Croix-Saint-Honoré, luy montra quatre petites bouteilles et luy dit : « Voilà ce que Glazel m'a envoyé. Elle luy en demanda une ; Sainte-Croix lui dit qu'il aimeroit mieux mourir que de luy en donner. Ajoute que Theria voulut corrompre ses archers à Maëstrich, et leur offrit mille pistoles s'ils vouloient la sauver.

Theria, dans son récollement, dit qu'estant parti de Maëstrich, la Violette luy dit que la dame de Brinvilliers avoit une épingle qu'elle vouloit mettre dans sa bouche. Sur cela il luy dit qu'elle estoit bien misérable, qu'il voyoit bien que ce que l'on disoit d'elle estoit véritable, qu'elle avoit empoisonné toute sa famille. A quoy elle fit réponse que, si elle l'avoit fait, ce n'estoit que par un méchant conseil, que l'on n'avoit pas toujours de bons momens.

Claude Rolla, archer, dépose que, voyant que ladite dame de Brinvilliers vouloit avaler une épingle, luy dit : « Vous voulez mettre la main à votre fin ; vous ne vous contentez pas d'avoir empoisonné vostre famille ! » La dame de Brinvilliers luy fit réponse que, si elle l'avoit fait, ce n'estoit que par méchant conseil.

Antoine Barbier, archer, dépose qu'il fut présent lorsque la dame de Brinvilliers fut arrestée ; qu'estant à table et buvant dans un verre, elle en voulut manger un morceau ; elle luy dit que, si il la vouloit sauver, elle luy feroit sa fortune ; qu'elle a écrit plusieurs lettres à Theria ; que pendant tout le voyage elle a fait tout ce qu'elle a pu pour avaler du verre, de la terre ou des épingles; qu'elle luy a proposé de couper la gorge à des Grais, de tuer le valet de chambre de monsieur le commissaire; qu'il falloit prendre et brûler sa cassette; qu'il falloit porter de la mèche allumée pour brûler tout; qu'elle a écrit à Penautier de la Conciergerie, et luy donna la lettre, qu'il fit semblant de luy porter.

Françoise Roussel dit qu'elle a esté au service de la dame de Brinvilliers. Elle luy donna un jour des groseilles confites à manger; elle en mangea sur la pointe d'un couteau, dont aussitost elle se sentit mal. Elle luy donna encore une tranche de jambon humide, laquelle elle mangea, et depuis lequel temps elle a souffert grand mal à l'estomach, se sentant comme si on luy eust picqué le cœur; a esté trois ans comme cela, croyant estre empoisonnée.

C'en est assez pour les témoins qui déposent contre la dame de Brinvilliers. L'on auroit pu en partager le nombre par différentes classes, les ranger suivant les faits ausquels ils s'attachent, et multiplier les feuillets de ce mémoire par le nombre des dépositions; mais elles n'auroient esté d'aucune utilité. L'on n'entend que poison dans leur bouche, et de tout ce qu'ils disent l'on ne seroit convaincu que des mesmes faits sur lesquels roulent les dépositions que l'on vient de rapporter. Briancourt seul n'a pas encore parlé; mais peut-estre quelque jour il s'expliquera et apprendra au public la vérité des choses dont il est le dépositaire.

Il faut pénétrer dans la conduite de la dame de Brinvilliers, dans ce qu'elle a dit, dans ce qu'elle a écrit; elle est un témoin irréprochable contre elle-mesme, et l'on trouvera, sans sortir de chez elle, la conviction entière de ses crimes.

Une action sainte et pieuse peut demeurer inconnue à toute la terre, et nostre esprit, né pour la vertu, s'y abandonne à l'insceu de tout le monde, pendant qu'un scélérat ne sçauroit déguiser son crime, et que son ame alarmée, de peur d'estre surprise, porte partout au dehors une peinture fidèle de sa crainte et publie le crime qu'elle veut déguiser. La morale n'est pas de saison; mais il est certain que l'on voit peu de noires actions que la conduite des criminels tost ou tard ne découvre.

Entrons dans les sentimens de la dame de Brinvilliers; nous y trouverons beaucoup d'amour pour Sainte-Croix et une envie extrême de rétablir sa fortune ruinée. La rage, le désespoir de ses plaisirs troublez et de son amour offensé, luy inspirent toutes choses contre ses proches, et l'espérance de profiter d'une ample succession luy fait suivre avec plaisir les mouvemens de sa vengeance. Elle attend tout de l'adresse de son galant, auquel elle fait part de ses biens; elle présume beaucoup de son esprit; elle s'appuye sur sa qualité et sur les parens considérables qui luy resteront; enfin, s'abandonnant à son amour et à son intérêt, elle présente le poison à monsieur le lieutenant civil, son père, et elle le fait donner à messieurs ses frères. Voilà le crime; voicy la conduite qui le publie.

Examinons la promesse de 30,000 liv. qu'elle a faite à Sainte-Croix, valeur receue de luy, et dont la date concourt avec le temps de l'empoisonnement de messieurs ses frères. Qui ne juge, sans autre réflexion, que c'est le prix de la vie que l'on vient de leur ravir? Elle vit avec Sainte-Croix avec plus de familiarité que jamais; elle reçoit favorablement la Chaussée; elle se vante des services qu'il luy a rendus. Peut-on douter que ce ne fust un ménagement qu'elle gardoit pour ses complices? Mais suivons-la dans ses empressemens pour avoir cette cassette; voyons son désespoir de n'en pouvoir venir à bout; fuyons avec elle, allons de Londres en Allemagne et dans les provinces estrangères, où elle va porter sa crainte des supplices.

L'innocence fait-elle de semblables démarches? a-t-elle accoustumé de courre le monde? Et si la dame de Brinvilliers n'eust pas esté coupable, auroit-elle pu espérer de trouver ailleurs plus de protection que dans son pays mesme? D'une pareille conduite venons à ses discours. Il ne faut point les déguiser, il faut l'entendre comme elle répond dans ses interrogatoires; car enfin elle est arrestée au Liége par les ordres du Roy, qui pense à la sûreté de ses subjets et qui se fait une affaire de travailler à leur repos domestique. Voyons comme elle parle.

A dit s'estre retirée de France à cause des affaires qu'elle avoit avec sa belle-sœur. A dit que dans sa cassette il y a plusieurs papiers de sa famille, et entre autres sa confession générale, qu'elle vouloit faire. Lorsqu'elle l'écrivit elle avoit l'esprit désespéré; ne sçait ce quelle y a mis, ne sçachant ce qu'elle faisoit, ayant l'esprit aliéné, se voyant dans des pays étrangers, sans secours de ses parens, réduite à emprunter un écu.

Interrogée sur le premier article de sa confession, dans quelle maison elle a fait mettre le feu, a dit ne l'avoir point fait, et quand elle l'a écrit qu'elle avoit l'esprit troublé.

Interrogée sur six autres articles de sa confession, a dit qu'elle ne sçait ce que c'est et qu'elle ne se souvient point de tout cela.

Interrogée si elle n'a point empoisonné son père et ses frères, a dit ne sçavoir rien de tout cela.

Interrogée si ce n'est pas la Chaussée qui a empoisonné ses frères, a dit qu'elle ne sçait rien de tout cela.

Interrogée si elle ne sçavoit pas que sa sœur ne devoit pas vivre longtemps à cause qu'elle avoit esté empoisonnée, répond qu'elle le prévoyoit à cause que sa sœur estoit sujette aux mesmes incommoditez qu'elle est; qu'elle a perdu la mémoire du temps qu'elle a écrit sa confession; avoue estre sortie de France par le conseil de ses parens.

Interrogée pourquoy ce conseil luy a esté donné par ses parens, a dit que c'estoit à cause de l'affaire de ses frères; avoue avoir veu Sainte-Croix depuis sa sortie de la Bastille.

Interrogée si Sainte-Croix ne l'a pas persuadée de se défaire de son père, a dit ne s'en souvenir, ne se souvenant aussi si Sainte-Croix luy a donné les poudres ou autres drogues, ny si Sainte-Croix luy a dit qu'il sçavoit le moyen de la rendre riche.

A elle représenté huit lettres et sommée de déclarer à qui elle les écrivoit, a dit ne s'en souvenir.

Interrogée pourquoy elle a fait une promesse de 30,000 liv. à Sainte-Croix, a dit qu'elle prétendoit mettre cette somme ès-mains de Sainte-Croix pour s'en servir en ce qu'elle en auroit besoin, le croyant assez de ses amis; qu'elle ne vouloit pas que cela parust à cause de ses créanciers; qu'elle en avoit une indemnité de Sainte-Croix, qu'elle a perdue dans son voyage; que son mary ne sçavoit rien de la promesse.

Interrogée si la promesse a esté faite devant ou après la mort de ses frères, a dit ne s'en souvenir, et que cela ne fait rien à la chose. Et depuis elle a dit que

Sainte-Croix luy avoit fait prester ladite somme par un de ses amis et luy a fait faire ladite promesse.

Avoue avoir esté trois fois chez Glazer pour ses fluxions.

Interrogée sur les lettres écrites au sieur Penautier, dit que, si elle luy écrivoit de faire évader Martin, c'estoit pour voir où Barbier, archer, pourroit aller, dans la confiance qu'elle avoit en luy, et pour éprouver sa fidélité. Ne se souvient ce que c'est qu'elle a voulu écrire sous le nom de la veuve des Bernardins; dit que la lettre qu'elle a écrite à Penautier, de la Conciergerie, est une chimère.

Interrogée quel intérest elle a de prier Penautier de luy donner conseil, a dit qu'elle l'a prié que, s'il a des amis, qu'il les employe pour ses affaires.

Interrogée pourquoy elle l'assure qu'elle fera tout ce qu'il luy conseillera, a dit ne sçavoir pourquoy; mais qu'en l'estat où elle est elle demanderoit conseil à tout le monde.

Interrogée pourquoi elle a écrit, à Maëstrich, à Theria d'enlever tout son procez, a dit ne sçavoir ce que c'estoit.

Interrogée pourquoy, en escrivant à Theria, elle disoit qu'elle estoit perdue s'il ne s'emparoit du procez, a dit ne s'en souvenir.

Qu'elle ne s'est pas apperceu que son père se soit trouvé mal en 1666, à son voyage d'Offemon, ny en allant, ny à son retour.

La cassette de Sainte-Croix a esté représentée. A dit qu'elle ne luy appartient point et ne la connoist; dit n'avoir point veu que son frère le conseiller ait eu plus de chaleur ny de douleur qu'un autre.

Dit n'avoir eu de commerce avec Penautier que pour les 30,000 liv. qu'il luy devoit;

Que son mary et elle ont presté dix mille escus à Penautier, qu'il leur a rendu; depuis lequel remboursement elle n'a eu aucune relation avec luy; que c'est par l'avis de ses parens qu'elle a réclamé la cassette trouvée chez Sainte-Croix.

Voilà ce que dit la dame de Brinvilliers, que l'on rapporte nuement, d'autant qu'il est très aisé, pour peu de réflexion que l'on fasse sur de pareilles réponses, d'y trouver la conviction de son crime. Mais voicy ce qu'elle a écrit, et les preuves qui en résultent sont d'autant plus convainquantes que les caractères qu'elle a formez l'ont esté sans violence et ne partent que de sa confiance ou de son repentir.

L'on pourroit insérer icy copie de quantité de lettres trouvées dans la cassette de Sainte-Croix, qui marquoient la confiance entière qui estoit entre eux et les engagemens extrêmes qu'ils avoient ensemble. En voicy un seul plus remarquable entre les autres.

« J'ay trouvé à propos de mettre fin à ma vie, et pour cet effet j'ay pris ce soir de ce que vous m'avez donné si chèrement; c'est de la récepte de Glazer, et vous verrez par là que je vous sacrifie volontiers ma vie; mais je ne vous promets pas, avant de mourir, que je ne vous attende en quelque lieu pour vous dire le dernier adieu. »

L'on a de la cruauté pour les autres, mais très rarement en a-t-on pour soy-mesme. L'on se menasse souvent, l'on ne se punit jamais, et l'on se pardonne toujours, dans l'espérance où l'on est de se soustraire à la vengeance publique. Ainsi la dame de Brinvilliers survit à tous ses crimes, et elle ne meurt point après son billet, qui apprend incontestablement l'usage famillier qu'elle prétendoit faire d'un pareil remède et l'excez des frayeurs qui la tourmentoit et qui luy inspiroit de si funestes résolutions.

Les lettres qu'elle écrivit à Theria, dans le temps qu'elle fut arrestée et conduite du Liége à la Conciergerie, marquent visiblement ses craintes et la pensée où elle fut d'abord qu'elle ne pouvoit manquer d'estre perdue.

Dans la première elle luy mande de venir en diligence la retirer des mains des soldats qui l'escortoient.

Par la seconde elle luy dit qu'ils ne sont que huit personnes ramassées, que cinq hommes peuvent défaire ;

Et par la troisième, que, s'il ne peut venir la tirer des mains de ceux qui l'emmènent, qu'il aille du moins au commissaire, qu'il tue le cheval de son valet de chambre et deux des quatre chevaux de carrosse qui la conduisent; qu'il prenne la cassette et le procez, et qu'il jette tout au feu; autrement qu'elle est perdue.

L'innocence parle-t-elle ainsi ? donne-t-elle de pareilles frayeurs ? Se croit-elle perdue et croit-on périr quand on n'est point coupable ?

Mais les lettres qu'elle a écrites au sieur de Penautier depuis qu'elle est à la Conciergerie sont de très grande conséquence contre elle; l'on y remarque sa peur et sa crainte; elle y parle du danger où elle est; elle luy rend compte de sa conduite; elle avoue qu'elle déguise toutes choses tant qu'elle peut, et, faisant la sçavante dans ses affaires, elle veut l'engager à la servir de ses amis.

Il est aisé de voir qu'elle donna dans les filets qui luy estoient tendus par cet archer fidèle à monsieur le procureur général; on luy est obligé de ce qu'il a sceu l'engager à donner contre elle-mesme des témoignages si authentiques de ses crimes.

Enfin, il n'en faut plus douter, le ciel vengeur des scélérats a permis que, lorsqu'elle fut arrestée, l'on ait trouvé dans sa cassette un narré fidèle de sa vie. Ceux qui parlent pour la dame de Brinvilliers prétendent que ce soit sa confession, et, sous un nom qui tient du sacrement, ils veulent ensevelir dans le silence un écrit aussi important. La dame de Brinvilliers prétend que ce soit dans des momens de frénésie qu'elle ait écrit d'aussi étranges choses, et qu'on doit rejetter, d'un procez aussi sérieux que le sien, des preuves qui ne le sont que de sa fureur. C'est un mémoire, quoy qu'on en veuille dire, de quinze ou seize feuillets, où il ne paroist de fureur que dans l'espèce des crimes qui y sont contez, et il est indubitable qu'on ne sçauroit s'empescher d'y avoir égard pour la conviction entière de ceux dont elle est accusée.

L'on n'a que faire de s'embarrasser dans une discussion du secret de la confession; ce n'en est point icy le cas, et l'on engageroit mal à propos dans ce mémoire une dissertation pareille. Il est certain que la confession, qui ne se pratiquoit pas dans les premiers siècles de la manière qu'elle l'est aujourd'huy, fut réglée dans l'usage où nous la voyons par le concile de Latran; l'on en fit un point de discipline, et les mesmes canons qui déterminent l'exactitude du pénitent imposent le secret inviolable au confesseur : ils n'ont pas passé plus avant, et il ne se trouve pas de canons qui ayent étendu le secret à tout autre. C'est au pénitent qui s'accuse de prendre ses mesures, et à ne pas découvrir ce qu'il ne peut taire sans s'exposer à estre découvert. Rien ne l'oblige à prendre des voyes qui peuvent révéler son crime, et il doit s'imputer si le hazard publie ce que son imprudence commet à un infidèle papier.

Voilà en très peu de paroles ce qui est de la vérité des maximes de l'Eglise, et tous les exemples que l'on peut cotter roulent sur des faits si particuliers qu'il est surprenant qu'on leur ait voulu donner quelque application dans le fait en question.

La dame de Brinvilliers, convaincue de tout ce dont on l'accuse par les témoins qui en déposent, par sa propre conduite, par ses interrogatoires, et par ce qu'elle en a écrit, laisse dans sa cassette un aveu de ses crimes, et l'on voudra que ce papier soit rejetté et que l'on ne puisse pas en tirer induction contre elle ! C'est une conviction entière qui survient à une preuve déjà certaine et indubitable ; c'est le ciel qui la donne, il en faut profiter. La Providence a fait part des connoissances secrètes qu'elle avoit des désordres de la dame de Brinvilliers à des juges qui partagent avec elle le pouvoir qu'elle s'est réservée sur la vie des hommes ; qu'ils les punissent !

De tout ce que l'on vient de dire, il est aisé de voir la conséquence de ce procez, dans lequel tout est singulier, le crime, l'accusée, la partie, la manière dont les choses ont esté découvertes et les preuves que l'on a eues. Le public en attend la décision avec la mesme impatience que chacun a pour ce qui doit contribuer à sa sureté et à son repos. Il espère que Messieurs qui ont travaillé avec tant de précaution à pénétrer les circonstances d'une affaire importante, en punissant la coupable par leur arrest, préviendront de pareils crimes, d'autant plus dangereux qu'ils sont secrets et inévitables. De quelque manière que la chose tourne, madame d'Aubray aura toujours cette satisfaction d'avoir fait son devoir, et de n'avoir rien obmis pour avoir justice de la mort de monsieur le lieutenant civil, son mary.

# FACTUM,

## DV PROCEZ

### EXTRAORDINAIREMENT
fait à la Chaussée, Valet de Sainte-Croix, pour raisons des empoisonnemens des Sieurs d'Aubray, Lieutenans-Civils.

*Suite du Factum de Marie Marguerite d'Aubray, Marquise de Brinvilliers, Accusée,*

*Et du Mémoire du Procez extraordinairement fait à ladite Dame d'Aubray, Espouse du Marquis de Brinvilliers,*

*Avec l'Arrest de Nosseigneurs de Parlement contre ladite Dame de Brinvilliers, Accusée, et exécutée le 17 Iuillet 1676.*

## A PARIS,
Chez GILLES TOMPERE, ruë Chartiere, prés le Puits-Certain, au Treilly-Verd.

M. DC. LXXVI.

# FACTUM

## DU PROCEZ EXTRAORDINAIREMENT FAIT

## A LA CHAUSSÉE,

VALET DE SAINTE-CROIX,

POUR RAISON DES EMPOISONNEMENS DES SIEURS D'AUBRAY,
LIEUTENANS CIVILS.

---

Au mois d'aoust 1672, dame Marie-Thérèse Mangot, vefve de messire Antoine d'Aubray, lieutenant civil, estant à la campagne, apprit que son mari avoit été empoisonné par la Chaussée, laquais de feu monsieur d'Aubray, conseiller en la cour.

Le bruit qui s'en estoit élevé à Paris sur des soupçons très violens excita d'abord le ministère de monsieur le procureur du Roy du Châtelet. On informe à sa requeste; la Chaussée se trouve chargé; décret de prise de corps est décerné contre luy.

La dame d'Aubray, qui n'avoit perdu aucun moment pour revenir dans cette ville venger la mort de son mary, fut toute étonnée d'apprendre à son retour que la dame marquise de Brinvilliers, sa belle-sœur, et le sieur de Sainte-Croix avoient suscité la Chaussée à faire cet empoisonnement.

Par les soins de ladite dame d'Aubray, ce misérable fut arrêté prisonnier le 4 septembre, à six heures du matin, passant dans une rue, le nez dans son manteau. On le trouva saisi de plusieurs papiers et d'une drogue qu'il disoit estre du vitriol.

Aussitost elle présente requeste, demande d'estre receue partie contre la Chaussée et contre ses complices, ce qui lui fut accordé. En conséquence, le procez a esté fait au prisonnier et à la dame de Brinvilliers, absente; car, à l'égard de Sainte-Croix, la mort l'avoit mis devant un tribunal bien plus redoutable.

Au Chastelet on ordonne qu'avant faire droit sur le tout la Chaussée seroit appliqué à la question ordinaire et extraordinaire.

Appel de cette sentence en la cour par la dame d'Aubray; elle soutient que l'accusation est pleinement justifiée, et que l'on ne doit pas avoir recours à un préalable toujours douteux, qui peut procurer l'impunité aux accusez. Il s'agit présentement de prononcer sur cet appel.

*Evidence de l'empoisonnement de monsieur le lieutenant civil par les parties accusées au procez.*

Peu de personnes ignorent le mauvais commerce qui

a esté entre Sainte-Croix et la marquise de Brinvilliers. Toute la famille de messieurs d'Aubray en a esté scandalisée. Feu monsieur le lieutenant civil père fut obligé d'avoir recours à l'autorité du Roy pour mettre Sainte-Croix en lieu de seureté.

Il le fit emprisonner à la Bastille, en vertu d'une lettre de cachet, dans la pensée de faire par cet éloignement, sur l'esprit de sa fille, ce qu'il n'avoit pu faire ny par ses prières ny par ses menaces; mais l'événement n'a pas répondu aux sages desseins de ce père. Et plust à Dieu qu'il eust esté moins sensible à une injure dont la tolérance eust peut-estre épargné bien d'autres crimes qui ont dans la suite déshonoré et exterminé sa famille!

Sainte-Croix, étant sorty de la Bastille après une année de prison, recommence son commerce avec la dame de Brinvilliers, et tous deux se portent à cet autre crime plus horrible, de satisfaire leur vengeance à quelque prix que ce fust.

D'ailleurs, Sainte-Croix étant un homme sans biens, comme la dame de Brinvilliers n'en avoit guères plus que luy à cause de ses dissipations particulières et de celles de son mary, l'intérest vint au secours de leur ressentiment. Tout cela leur fit concevoir l'abominable dessein de faire périr messieurs d'Aubray père et ses deux fils, sans épargner mesme l'appelante, qui, après ces trois meurtres, luy devoit enlever un douaire considérable de huit mille livres de rente.

Mais d'attaquer à force ouverte toutes ces personnes constituées en dignité, le succez en étoit impossible; il falloit se servir du poison, cet ennemy secret et domestique, qui se coule parmy la joye et les festins, et qui fait, pour ainsi dire, avaler la mort mesme quand on ne pense qu'à la vie. Pour cela on ne manque pas de moyens. Un fameux jurisconsulte a dit qu'il est estrange que ceux dont nous admirons les secrets, comme les opérateurs ou distillateurs, soient de vrais empoisonneurs publics. Quoy qu'il en soit, que Sainte-Croix et la dame de Brinvilliers ayent esté eux-mesmes les funestes artistes de leurs poisons ou qu'ils ayent eu recours à d'autres, cela ne paroist pas dans les informations.

Tout ce qu'on y voit est que, pour exécuter leur pernicieux dessein, ils jettèrent la veue sur la Chaussée. Il étoit valet de Sainte-Croix ; mais aussi, comme cette qualité le pouvoit rendre suspect, la dame de Brinvilliers le fit prendre pour laquais à monsieur d'Aubray, conseiller en la cour, sans toutefois qu'il eust connoissance de son premier maistre. Cela est justifié par la déposition de Simon Cousté, secrétaire de feu monsieur le lieutenant civil, troisième témoin de la première addition d'information.

L'accusé s'en est voulu défendre, disant que c'est un laquais dont il ne sçait pas le nom qui luy procura cette seconde condition, et non pas la dame de Brinvilliers.

Cette vérité se justifie encore par le second interrogatoire de la Chaussée, dans lequel il dit qu'il quitta monsieur Hervart, son maistre, parce qu'il ne voulut pas le faire valet de chambre. Cependant il entra au service de monsieur d'Aubray en qualité de laquais.

Ce fidèle ministre de la passion du sieur de Sainte-Croix et de la dame de Brinvilliers commença à donner leur poison en présentant à boire à feu monsieur le lieutenant, le fils, dans un verre que ce scélérat avoit apporté de sa chambre. Monsieur le lieutenant civil, après en avoir bu, s'écria : « Ah! misérable, que m'as-tu donné? Je crois que tu veux m'empoisonner! » Et n'achevant pas de boire le reste, il ordonna à son secrétaire d'en goûter, lequel asseure par sa déposition qu'après en avoir tasté dans une cuillère il sentit beaucoup d'amertume et une odeur de vitriol.

La Chaussée se défend, et répond par ses second, cinquième et neuvième interrogatoires, que du Chesne, sommelier, luy a dit que c'étoit la Croix, valet de chambre de monsieur d'Aubray, conseiller, qui avoit pris une médecine dans le verre où il avoit donné à boire à monsieur le lieutenant civil.

Mais du Chesne, septième témoin, nie absolument ce fait comme une supposition; il l'a formellement dénié à l'accusé. Le sieur Cousté dépose qu'il querella mesme l'accusé de ce que de son chef il avoit apporté un verre sur le buffet.

La Chaussée convient, par son cinquième interrogatoire, que du Chesne l'avoit querellé pour le mesme sujet. Sa défense n'est donc pas véritable.

Le sieur de Sainte-Croix et la dame de Brinvilliers n'en demeurent pas là; ce premier poison, qui n'avoit pas esté bu avec toute la dose qu'ils avoient préparée, fut bientost suivy d'une seconde prise.

A Pasques, au commencement d'avril 1670, monsieur le lieutenant civil étoit allé en Beausse, à sa terre de Villequoy, passer les festes avec toute sa famille. Monsieur d'Aubray, son frère, conseiller en la cour, fut de la partie; il mena avec luy la Chaussée, seul de ses domestiques.

Entr'autres choses, un jour, dans un disner, l'on servit une tourte de béatilles; les personnes qui en mangèrent se trouvèrent le lendemain extremement malades; au contraire ceux qui n'en mangèrent point se portoient bien.

L'accusé demeure d'accord qu'en ce temps-là il estoit à Villequoy avec son maistre, et qu'il aidoit quelquefois au cuisinier, comme il paroist par son huictième interrogatoire.

Cela est aussi justifié par les dépositions de Cousté et de la dame le Comte, vingt-quatrième témoin de la première addition d'information ; de Jean Cadeau, vingt-cinquième témoin ; de la demoiselle Sursin, vingt-sixième témoin, et de Claude Cottereau, vingt-septième témoin de la mesme information.

L'accusé a dit, par son second interrogatoire, qu'il n'a point sceu que ceux qui mangèrent de la tourte eussent esté malades ; mais il est prouvé par les informations que monsieur le lieutenant civil et monsieur d'Aubray en furent incommodez par des vomissemens, lesquels ont continué jusqu'à la mort.

Et pour faire voir comme cet empoisonneur a trouvé des protecteurs jusque dans le cachot, c'est que, par le cinquième interrogatoire du 25 septembre, il a dit qu'il croit que madame de Neuchelles et quelques autres ont esté malades à Villequoy, et il l'a dit ainsi parce qu'ayant esté averty que quatre ou cinq témoins avoient déposé de la maladie de ceux qui avoient mangé de cette funeste tourte, il voulut sauver quelque contrariété de ses premiers interrogatoires avec la déposition des témoins.

Le 12 avril de la mesme année 1670, monsieur le lieutenant civil revint de Villequoy à Paris, malade, et avec le visage d'un homme qui avoit extremement souffert.

Le vingtième du mesme mois, la dame de Brinvilliers fait une promesse de dix mille écus au profit du sieur de Sainte-Croix : elle a esté trouvée après sa mort dans sa cassette ; et il n'y a personne qui ne se persuade facilement que c'étoit la récompense des bonnes instructions qu'il avoit données à la Chaussée.

Car, depuis ce temps-là, les vomissemens continuèrent à monsieur le lieutenant civil, avec un dégoust pour toutes les viandes et pour tous les bouillons qu'on luy présentoit. Ainsi il diminuoit tous les jours, et, quoyqu'il fust d'un tempéramment assez plein, il s'en apercevoit luy-mesme. Le sieur Voisins, son second secrétaire, le dépose ainsi, vingt-neufvième témoin de la première adition d'information. Enfin, après avoir longtemps languy et la nature se trouvant épuisée par l'effort du poison, il mourut, sans fièvre, le 17 juin 1670.

Le sieur Bachot, son médecin ordinaire, et le sieur de Vaux, chirurgien, premier et second témoins de l'adition d'information, firent l'ouverture de son corps ; ils ont asseuré qu'il est mort de poison.

Ledit sieur Bachot dépose aussi de la mort de monsieur d'Aubray, conseiller ; Cousté en rend le mesme témoignage. On ne peut douter que ce ne fust encore un coup de la mesme main et un effet des ordres exécutez par le mesme la Chaussée.

Aussi le sieur de Sainte-Croix, voyant que ses entreprises réussissoient comme il souhaitoit, donna avis à la dame de Brinvilliers, en sa maison de campagne, de l'extrémité de la maladie du sieur d'Aubray, son frère. Briancourt, second témoin de la première adition de l'information, et Jean le Roux, cinquième témoin de la seconde adition de l'information, témoignent cette vérité.

Les termes dont l'accusé se servoit quand on luy demandoit des nouvelles de la santé de son maistre, et ce qu'il a dit de sa mort, font assez connoistre que c'est par son ministère que messieurs d'Aubray ont péry, comme il est facile de voir par la lecture de la déposition de Louys Ridou, huitième témoin de la première adition d'information, laquelle contient que ce témoin a ouï la Chaussée répondre à une personne qui luy demandoit l'estat de la santé de son maistre : « Je ne sçay ; ce bougre-là languit bien ! Il nous fait bien de la peine ; je ne sçay quand il crèvera. » D'ailleurs, par la déposition de Jean le Roux, cinquième témoin de la seconde adition d'information, il y a preuve que la Chaussée a dit chez la dame de Brinvilliers, parlant du sieur d'Aubray, son maistre : « Le bougre est mort ; je viens de l'ensevelir et tourner; s'il estoit vivant, je ne l'aurois pas tourné de mesme. » Cependant monsieur d'Aubray estoit si méchant maistre qu'il avoit laissé à ce malheureux cent écus de récompense. La preuve en est au procez, par les dépositions de La Serre, dix-septième témoin, et de Crudebois, trente-deuxième de la première adition d'information. La Chaussée en est convenu par son deuxième interrogatoire, dans lequel il est aussi demeuré d'accord avoir dit à quelques personnes que son maistre avoit de l'amitié pour luy.

Tous ces crimes bien prouvez seroient néantmoins demeurez ensevelis avec messieurs d'Aubray, sans la mort de ce malheureux Sainte-Croix, arrivée au mois d'aoust dernier. On trouva, sous le scellé des effets de sa succession, une cassette remplie de plusieurs fioles et de quantité de pacquets, de beaucoup de secrets abominables, de trente-une lettres de madame de Brinvilliers, de sa promesse de dix mille écus, du 20 avril 1670, et d'une déclaration écrite et signée par Sainte-Croix, dans laquelle il ordonnoit qu'après sa mort la cassette fût rendue à madame de Brinvilliers.

En effet, le poison que la dame de Brinvilliers gardoit si précieusement dans son cabinet, tous les différens poisons de la cassette du sieur de Sainte-Croix qui luy appartenoient, ainsi qu'elle en est convaincue par les dépositions de Cluet, de Desqueux et de Piatot, et par les interrogatoires de la veuve Sainte-Croix, la déclaration de Sainte-Croix, et enfin cette petite boëte dans laquelle la dame de Brinvilliers disoit qu'il y avoit de quoy se venger de ses ennemis et avoir bien des successions, suivant la déposition d'Emée Huet, trente-troisième témoin de la première adition d'information, tout cela forme autant de preuves convaincantes des empoisonnemens commis par la dame de Brinvilliers.

A l'égard du commerce de la Chaussée avec le sieur de Sainte-Croix et avec la dame de Brinvilliers, qui avoit esté en quelque façon secret pendant la vie de messieurs d'Aubray, il est devenu public après leur mort. Les nommez Estienne Prevost, trentième témoin, Emée Huet, trente-troisième témoin, ont déposé avoir veu souvent la Chaussée avec madame de Brinvilliers en particulier dans son cabinet et qu'elle luy donnoit de l'argent, disant : « C'est un bon garçon ; il m'a rendu de bons services, » et le caressoit ; encore par les dépositions de Jean le Roux, cinquième témoin de la seconde adition d'information, de la damoiselle de Villeray, septième témoin de la mesme adition, laquelle a dit avoir veu la Chaussée en grande familiarité avec la dame de Brinvilliers, depuis la mort de monsieur le lieutenant civil, les avoir veu seuls, et qu'elle le fit cacher dans la ruelle de son lit deux jours après la mort de monsieur d'Aubray, conseiller en la cour, lorsque le sieur Cousté la vint voir ; comme aussi par la déposition de Briancourt, dixième témoin de la première adition d'information. La Chaussée convient de cette vérité par son second interrogatoire, où il dit « qu'il a porté une lettre à madame de Brinvilliers, de la part du sieur de Sainte-Croix, un jour après la mort du sieur d'Aubray, et qu'estant chez elle elle le fit cacher sur ce que le sieur Cousté survint. »

Le sieur de Sainte-Croix, après la mort de messire d'Aubray, en reconnoissance des bons services que la Chaussée avoit rendus, le mit en pension chez le nommé Gaussin, barbier du Roy, rue de Grenelle, à quatre cents livres de pension.

La Serre, tailleur du sieur de Sainte-Croix, servit de répondant à la Chaussée, à la prière du sieur de Sainte-Croix. Il a mesme payé sa pension de l'argent du sieur de Sainte-Croix, avec défenses de parler de luy et avec ordre de tirer quittance sous le nom de la Chaussée.

A plus forte raison, quand ce n'est pas seulement la coustume, mais encore qu'il n'est pas permis de porter avec soy du poison, particulièrement à un homme qui n'est point de profession de pharmacie, peut-on demander une conviction plus entière ?

Il y en a une raison particulière qui se tire de la singularité de ce crime, puisque, comme disent les jurisconsultes : « Un homme est plus coupable quand il empoisonne que quand il tue par le glaive. » Et la raison qu'en rend Denis Godefroy vient de ce qu'un crime de soy caché dans son exécution est plus grand que celuy qui est public et commis à force ouverte.

Ainsi, que restoit-il devant les premiers juges, pour la conviction des accusez, après l'évidence de leurs crimes pleinement et heureusement justifiez ? Il faut donc finir par l'observation d'un fameux praticien en matière criminelle. « Quelques docteurs, dit-il, ont cru qu'il faut bailler la question à l'accusé pour le faire parler; mais je n'en ai point veu d'exemples. Et puis, s'il l'enduroit sans parler, ce seroit revenir au premier inconvénient. »

Pourquoy donc remettre à l'incertitude d'une question le sort de tant d'honnestes gens, lorsqu'il y a des preuves suffisantes pour asseoir une condamnation définitive ?

Sur ces raisons de la dame Marie-Thérèse Mangot, veuve de feu messire Antoine d'Aubray, vivant lieutenant civil, appellante, arrest est intervenu à la Tournelle, le 24 mars 1673, par lequel la Chaussée a esté condamné, comme atteint et convaincu de l'empoisonnement dont il s'agit, à estre rompu vif et expirer sur la roue, préalablement appliqué à la question ordinaire et extraordinaire, et la dame de Brinvilliers à avoir la teste tranchée par contumace.

# DESCRIPTION

# DU CHATEAU DE MARLY.

# AVERTISSEMENT.

Le château de Marly n'offre plus aujourd'hui que des ruines. Devenu propriété nationale, le beau site qu'il occupait a été rendu à la culture : le laboureur a triomphé du Roi, l'industrie a détrôné l'art. Véritable palais enchanté, élevé par des génies, et de vrais génies, le château de Marly a eu le sort de ces fantastiques constructions qu'il n'est pas rare que l'Arabe rencontre vers le soir sur sa route de sable ; une splendide hospitalité l'y attend ; mais le matin, au premier rayon du jour, alors que l'homme, remis de toutes ses fatigues, ouvre les yeux, tout a disparu, les fées ont emporté ailleurs le magique palais : l'homme se retrouve seul en face du désert immense et vide. Ce qu'il doit éprouver alors, tous ceux-là l'ont éprouvé qui, pleins des souvenirs du grand siècle, ont parcouru les solitudes désolées où fut Marly. Cependant, si vous voulez, vous, homme du dix-neuvième siècle, vous égarer aussi dans ce frais Élysée de Louis XIV, qui en fut le dieu et le dieu créateur ; si vous tenez absolument à vous perdre dans ce dédale de pavillons symboliques, de mystérieux bosquets, de terrasses embaumées, de joyeuses cascades, de bassins mythologiques, de portiques verdoyants, de statues, de vases somptueux, de fleurs, de merveilles de toutes sortes ; si vous voulez tout connaître, tout voir, tout admirer, comme si le présent se reportât à un siècle pour vous, je sais un moyen, mais je n'en sais qu'un qui vaille la peine de vous être indiqué : ouvrez le livre de Félibien, second volume de *la Vie des Peintres*, et lisez. Mais nous vous éviterons cette peine ; contentez-vous de porter vos regards sur les feuillets suivants ; Félibien lui-même vous attend et s'offre à être votre complaisant et véridique *cicerone*.

# DESCRIPTION

# DU CHATEAU DE MARLY.

Marly est si proche de Versailles que la description de ce palais entre très naturellement dans le plan que je me suis fait.

Ce château est renfermé dans un parc qui tient à celui de Versailles.

Une cour ronde, où sont les corps-de-gardes et où aboutissent les cours destinées pour les écuries et les remises, se présente d'abord. Les grilles en sont entretenues par deux piliers de pierre qui sont ornés chacun d'un vase de même, par Jouvenet.

De cette cour on va au château par une avenue de cent quinze toises de long, environnée de terrasses bordées d'arbres. Au bout de l'avenue on trouve l'avant-cour, séparée du jardin par une grille dont les piliers qui sont aux extrémités sont pareillement ornés de vases de pierre, faits par Coustou. Dans cette avant-cour il y a deux pavillons ; dans l'un est la chapelle, décorée au dedans de pilastres d'ordre corinthien et ornée d'un tableau représentant saint Louis, et une Gloire d'Anges ; ce tableau, qui a neuf pieds de hauteur sur cinq pieds un pouce de largeur, a été copié, d'après le Moine, par Stiemart ; et dans l'autre on trouve la salle des Gardes au rez-de-chaussée, et les logemens qui sont au-dessus servent à loger plusieurs officiers de distinction.

Vis-à-vis ces deux pavillons il y en a deux autres de pareille structure, qui sont joints par un mur sur lequel il y a une perspective qui fait un très bel effet ; elle est de Rousseau. Ces deux derniers pavillons servent à loger de grands seigneurs. Sans le corps du château qui est au milieu, on verroit d'un coup d'œil ces quatre pavillons.

Le château consiste proprement en un grand pavillon isolé, qui en est comme le corps, et douze autres moins grands, qui sont séparés et distribués six d'un côté et six de l'autre.

Le grand pavillon a vingt et une toises en tout sens. La décoration extérieure est de peinture à fresque ; elle consiste en pilastres d'ordre corinthien, en trophées et en devises qu'on a mises entre les croisées de l'étage qui est au rez-de-chaussée.

Dans chaque face il y a un avant-corps aussi de peinture à fresque, couronné par un véritable fronton, dont la sculpture est de Jouvenet et de Mazeline.

Outre les perrons à pans qui sont dans les angles, et qui sont ornés de groupes d'enfans, il y a encore dans les quatre faces principales quatre perrons, sur chacun desquels il y a deux sphinx; ces groupes d'enfans et ces sphinx ont été sculptés par Coustou et Lespingola. Sur les perrons qui sont du côté de la chapelle et du côté des offices on a mis les quatre cassolettes de métail qui étoient à la Salle du Bal.

Ces perrons conduisent à des vestibules qui séparent les grands appartemens.

De ces vestibules on entre par quatre portes dans un parfaitement beau sallon de figure octogone, dont quatre cheminées ornées de glaces remplissent les petits pans.

Ce sallon est orné de seize pilastres d'ordre ionique, couronné de son entablement.

Au-dessus est un attique décoré par des cariatides en Termes, qui représentent les quatre Saisons et soutiennent de leurs mains une corniche architravée qu'elles portent sur leur tête et qui leur sert d'entablement.

Ce sallon n'est pas seulement éclairé par quatre croisées qui sont dans l'attique, et au bas desquelles sont quatre balcons dorés, soutenus par des aigles, il l'est encore par quatre autres fenêtres ovales, avec des guirlandes de fleurs portées par de petits Amours. Tous ces ornemens sont de Hutrelle, Vanclève et Coustou.

Dans les petits pans de l'attique, au-dessus de chaque cheminée, il y a un tableau qui représente une des quatre Saisons. L'Automne est désignée par Bacchus et Ariane, et ce tableau est de la Fosse; l'Hiver est représenté sous la figure d'un Vieillard nud : on y reconnoît la manière de Jouvenet, c'est-à-dire ces traits hardis et cette correction de dessin qu'on remarque dans tous ses ouvrages. L'Été est figuré par Cérès, et est de Boullongne le jeune; Antoine Coypel a représenté le Printemps par Zéphire et Flore. Tous ces tableaux ont huit pieds de hauteur sur six de largeur.

Pour revenir aux vestibules, ils sont plus longs que larges et ornés chacun de deux tables de marbre et de deux grands tableaux de Vandermeulen ou de quelqu'un de ses disciples; ils représentent ou des siéges que Louis XIV a faits, ou des villes qu'il a prises. Ils ont ordinairement sept pieds de haut sur six pieds deux pouces de large.

Dans le vestibule qui est du côté de la chapelle, c'est la prise du Luxembourg. Le maréchal de Créquy est sur un cheval blanc moucheté; il tient un bâton de commandement et montre des batteries à un officier habillé de rouge, monté sur un cheval blanc.

Luxembourg. Il y a un homme un genou en terre, et derrière un cheval soupe-de-lait et cinq autres chevaux auprès. Ces deux tableaux sont de Vandermeulen.

Dans le vestibule qui fait face à la grande allée du jardin, on voit Maëstrich. Le Roi est sur le devant de ce tableau, monté sur un cheval blanc et parlant à un officier; dans un coin il y a un page qui se botte. Par Vandermeulen; gravé par Robert Bonnart.

Cambray. Le Roi est sur un cheval tigré, et derrière paroît son camp. Par le même peintre.

Dans celui qui est du côté des cuisines et des offices il y a:

Tournay. Sur le devant de ce tableau on voit un fourgon et un carosse auprès, des soldats qui jouent aux cartes, et dans un coin un moine qui lit dans un livre et assis près d'une tente. Gravé par Nicolas Cochin.

Oudenarde. L'on voit dans ce tableau le Roi et monsieur de Turenne à cheval, etc. Ces deux sont de Vandermeulen. Ce tableau a été gravé, mais j'ignore le nom du graveur.

Dans celui qui est vis-à-vis la montagne on trouve Valenciennes. Le Roi est sur un cheval isabelle et montre ses gardes-du-corps qui sont plus éloignés.

Douay. Sur le devant on voit un équipage aux livrées du Roi et deux hommes qui déchargent un balot de dessus un cheval qui est tombé. L'un et l'autre ont été peints par Vandermeulen.

Dans l'antichambre de l'appartement de Sa Majesté on voit les deux tableaux suivans :

Un tableau de forme ovale, où l'on voit un vase d'or garni de fleurs et de guirlandes, qui a deux pieds sept pouces et demi de haut sur deux pieds onze pouces de large : il a été peint par Fontenay;

Un tableau qui représente un paysage où l'on voit trois chiennes noires et blanches qui arrêtent trois perdrix rouges. Ce tableau a quatre pieds onze pouces de hauteur sur cinq pieds onze pouces de largeur.

Autre tableau où l'on voit deux chiennes, l'une noire et blanche, l'autre blanche et couleur de vin, qui arrêtent deux faisans. Sa hauteur est de quatre pieds onze pouces sur six pieds onze pouces de largeur.

Un autre tableau où l'on voit une chienne blanche arrêtant deux perdrix grises. Hauteur de quatre pieds onze pouces sur quatre pieds six pouces de largeur.

Autre chienne blanche arrêtant deux faisans. Hauteur, cinq pieds cinq pouces, sur cinq pieds trois pouces et demi de largeur.

Une chienne noire et blanche qui tient un faisan en arrêt. Hauteur, cinq pieds six pouces, sur cinq pieds deux pouces et demi de largeur.

Une chienne blanche qui arrête deux perdrix rouges. Hauteur, cinq pieds trois pouces, sur cinq pieds six pouces de largeur.

Tous ces tableaux sont des dessus de portes et ont été peints par Desportes.

Dans la chambre du Roi, c'est Ypres. Sur le devant il y a des équipages qui arrivent. Ce tableau est de cinq pieds huit pouces sur cinq pieds quatre pouces de large. Par Vandermeulen.

Condé. Sur le devant, un homme dans un soufflet et des cavaliers qui suivent. Il a les mêmes dimensions que le précédent et est du même peintre.

Dans le cabinet, Salins. Sur le devant du tableau un hermite et deux hommes qui tiennent deux mulets chargés. Il est haut de cinq pieds sept pouces, sur cinq pieds trois pouces de large. Par Vandermeulen.

Joux. Sur le devant il y a des palfreniers qui tiennent trois chevaux, et dans le lointain de grandes montagnes. Il est haut de cinq pieds neuf pouces sur cinq pieds trois pouces de large. Par le même, et gravé par Antoine et François Baudoin.

Une chasse de cerf par Oudri, à qui le Roi ordonna, en 1728, de le suivre à la chasse, afin qu'il représentât d'après nature une chasse de cerf dans l'eau. On voit dans ce tableau treize personnes dont les portraits sont si ressemblans qu'on les reconnoît au premier coup-d'œil. Ces figures ont chacune treize ou quatorze pouces de hauteur.

Le Roi est au milieu de la scène du tableau, monté sur un cheval nommé le Brasseur. Sur le devant est le comte de Toulouse, grand-veneur de France, à qui le Roi parle. A la droite du Roi est le prince Charles de Lorraine, grand-écuyer de France, et à la gauche monsieur de Beringhen, premier écuyer de Sa Majesté. Derrière le Roi est le duc de Retz, capitaine des gardes en quartier. A la droite de ce principal groupe sont monsieur de Sorcy et monsieur de Lasmartre, dont le premier est commandant et l'autre gentilhomme de la vénerie.

A gauche et devant le Roi est monsieur de Nestier, écuyer cavalcadour, commandant l'équipage de la grande écurie du Roi. A côté est monsieur de Dampière, gentilhomme des plaisirs du Roi. A l'extrémité du tableau, à gauche, est le nommé Bonnet, coureur de vin, et auprès de lui est un valet de limier, nommé la Bretèche, tenant son chien tirant sur le trait.

Sur le devant et du même côté on voit un bateau de pêcheurs, dans lequel il y a un homme de l'équipage et le marinier, qui vont au devant du cerf. A l'autre bout, et à la droite du tableau, est un valet de chien, nommé Jean, tenant une garde de huit jeunes chiens, sur le bord de l'étang. A côté est le peintre, avec un portefeuille et le crayon à la main, dessinant l'action.

Le cerf est dans l'eau, assailli par une grande quantité de chiens, et qui va l'être par d'autres qui arrivent sur la voie; d'autres sont dans des roseaux et paroissent aboyer. Tout cela fait un grand fracas et une action très vive.

L'on voit dans le lointain la ville de Saint-Germain et une partie de la forêt, peintes d'après nature.

Un tableau de forme ovale représentant un vase d'or orné de fleurs. Hauteur, deux pieds onze pouces, sur deux pieds huit pouces de largeur.

Autre de forme ovale, représentant un vase d'or en bas-relief chargé de raisins. Mesures pareilles. Ces deux tableaux ont été peints par Fontenay.

On voit dans l'antichambre de la Reine:

Un tableau de forme ovale, représentant une urne remplie de tulipes, de pavots et d'autres fleurs. Il a deux pieds onze pouces de hauteur sur deux pieds huit pouces de largeur, et est de Fontenay.

Un tableau représentant Doësbourg, ville du duché de Gueldres, au quartier de Zutphen, et une de celles que Louis-le-Grand prit en 1672. Ce tableau est de Martin l'aîné, et a cinq pieds sept pouces de hauteur sur cinq pieds trois pouces de largeur.

Un tableau qui représente la ville d'Aire, ville d'Artois que le même prince prit sur les Espagnols en 1676 et laquelle nous est restée. Ce tableau est du même peintre et a les mêmes dimensions que le précédent.

Dans la chambre de la Reine :

Un tableau ovale représentant une urne remplie de roses, de pavots, etc. Il est de Fontenay, et a deux pieds onze pouces de hauteur sur deux pieds huit pouces de largeur.

Autre tableau ovale qui représente une urne dorée, couverte, ornée de guirlandes de fleurs. Il est du même peintre que le précédent et a les mêmes dimensions.

Auprès du lit de la Reine est attaché un petit tableau en miniature qui représente l'enfant Jésus avec saint Jean-Baptiste et son agneau. Cette peinture est dans une bordure de cuivre ciselé, et a sept pouces et demi de hauteur sur six pouces de largeur, et a été peinte par mademoiselle Château ou par le sieur Davigeon.

Dans l'appartement de S. A. S. madame la duchesse douairière on voit les tableaux suivans :

Dans l'antichambre :

Le fort de Schenk. Sur la droite de ce tableau est un commandant accompagné de plusieurs officiers et suivi d'un équipage qui enfile la chaussée du fort. Ce tableau, qui est de Martin le jeune, a cinq pieds cinq pouces de hauteur sur cinq pieds deux pouces de largeur.

Wesel sur le Rhin. On voit des soldats au pied d'un arbre, qui jouent aux cartes sur une caisse de tambour. Ce tableau est du même peintre que le précédent et a les mêmes dimensions.

Autre tableau dans lequel est représenté un globe terrestre orné de guirlandes de fleurs. Hauteur, deux pieds onze pouces, sur deux pieds huit pouces de largeur.

Autre tableau représentant un masque, un tambour de basque, un papier de musique et un basson orné de guirlandes de fleurs. Ce tableau, de même que le précédent, est de Fontenay et a les mêmes dimensions.

Dans l'appartement du duc d'Orléans, dans l'antichambre :

Un tableau de Fontenay, qui représente un casque, un bouclier, une hache, et est orné de guirlandes de fleurs. Hauteur, deux pieds onze pouces, sur deux pieds huit pouces de largeur.

Un tableau qui représente Culembourg. On y voit aussi des chevaux qui boivent et des hommes qui tiennent un cheval de bât. Hauteur, cinq pieds cinq pouces, sur cinq pieds six pouces de largeur. Il est de Martin le jeune.

Un autre qui représente la ville de Santen. On voit auprès un officier vêtu de bleu et des cavaliers qui le suivent. Il est du même peintre que le précédent, et a cinq pieds sept pouces de hauteur sur cinq pieds deux pouces de largeur.

Un tableau ovale, où Fontenay a représenté une urne remplie d'œillets, de pavots et autres fleurs. Il a deux pieds onze pouces de hauteur sur deux pieds sept pouces et demi de largeur.

Autre, où le peintre a représenté une lyre et un arc

orné de guirlandes de fleurs. Il a les mêmes dimensions que le précédent.

Dans la chambre, il y a un tableau de Fontenay qui représente une éguière d'or renversée et une pique ornée d'une guirlande de fleurs et de raisins. Mesures pareilles à celles du précédent.

Un tableau où est une vue de la ville de . . . . . . et dans lequel on voit un soldat qui tient un chien en lesse et a son fusil sur l'épaule. On y voit aussi un palfrenier tenant deux chevaux de main, l'un blanc et l'autre bai, et étant monté sur un cheval roux. Hauteur, cinq pieds six pouces, sur cinq pieds trois pouces de largeur.

Vue de la ville de Burick sur le Rhin. On voit aussi deux capucins à cheval et un cheval chargé sur lequel est une couverture rouge. Sur le devant du tableau est un homme qui tient un cheval roux et blanc. Hauteur, cinq pieds quatre pouces, sur cinq pieds trois pouces de largeur.

Vue de la ville de Zutphen. On voit auprès un commandant vêtu de bleu, monté sur un cheval soupe-de-lait, et plusieurs cavaliers qui sont autour de lui. Hauteur, cinq pieds six pouces, sur cinq pieds trois pouces de largeur.

Vue de la ville de Rhenberg. On voit ici, de même que dans le tableau précédent, un commandant monté sur un cheval soupe-de-lait, parlant à un officier. Hauteur, cinq pieds deux pouces, sur cinq pieds six pouces de largeur.

Ces quatre derniers tableaux ont été peints par Martin le jeune.

Dans le cabinet, ce sont Wesel et le fort Schenk, par Martin l'aîné.

Au-dessus de ces quatre grands appartemens il y en a plusieurs autres qui sont au premier étage, et qu'on ne donne qu'à des personnes du premier rang ou de la première faveur. Tous ces appartemens sont ornés de tableaux qui ont environ quatre pieds deux pouces de haut sur deux pieds deux pouces de large, et représentent des enfans, des fleurs et des fruits. Ils ont été peints par Damoiselet, Huliot, Huart et Fontenay.

Les autres pavillons ne sont ni aussi grands ni auss magnifiquement ornés que celui que je viens de décrire.

Au reste, tous ces pavillons sont joints les uns aux autres par des berceaux qui vont se terminer à deux petits pavillons de treillage qui sont derrière le château.

C'est ici qu'on voyoit cette grande cascade, la plus belle qu'il y eût. C'étoit proprement une rivière qui, en tombant de fort haut sur soixante-trois marches ou degrés de marbre, formoit des nappes d'eau d'une beauté que rien n'égaloit en ce genre-là. Le temps et le séjour que le Roi Louis XV a fait à Paris pendant sa minorité ayant causé le délabrement de ce superbe morceau, on résolut de le détruire, à cause des sommes considérables qu'il auroit fallu pour le rétablir et pour l'entretenir. En la place de cette cascade on y a mis, en 1728, un grand tapis de verdure.

Au bas de ce même tapis vert on a posé, au mois de juillet 1738, un groupe de marbre blanc qui représente la jonction des deux mers; l'Océan est figuré par un vieillard qui tient un aviron, et la Méditerranée par une femme forte et robuste, ayant auprès d'elle un enfant qui désigne une rivière. Chacune des deux figures principales est accompagnée d'un monstre marin qui jette de l'eau qui se perd dans celle qui coule en abondance d'une urne qui est entre l'Océan et la Méditerranée. L'Océan s'appuie sur cette urne, et la Méditerranée croise son bras sur le sien, pour désigner le canal de Languedoc. Au-dessous de l'urne il y a un mascaron coëffé d'une volute qui accompagne l'urne, et est posé sur un piédestal semé de glaçons. Ce groupe a dix-huit pieds de large sur seize ou dix-sept pieds de hauteur, et les figures ont neuf pieds et demi de proportion. Il a été sculpté par Coustou, et l'on sait que cet habile artiste étoit dans sa profession au-dessus des éloges qu'on pourroit lui donner.

Au bas de ce même tapis il y a plusieurs bassins coloriés en bronze, soutenus par des Tritons de même, et plusieurs groupes qui ont été sculptés par différens sculpteurs. Les deux premiers, où l'on voit le triomphe de Neptune et celui d'Amphitrite, sont de Coyzevox. Un peu plus bas il y a deux dragons ailés, aussi coloriés en bronze, de même que deux groupes d'enfans qui en sont proches.

Presqu'au milieu du parterre qui est entre la rivière et le grand pavillon il y avoit un grand bassin en demi-lune, de trente-sept toises de large sur vingt-deux de long. Les effets d'eau en étoient admirables et faisoient de cette pièce une des plus belles de Marly. Il n'en reste plus rien que la tablette, où l'on a fait deux escaliers, et sur laquelle on voit des vases qui ont été sculptés par Dedieu, Slodtz, Barrois et Flamen, et plusieurs groupes de marbre blanc. Les deux premiers représentent deux chasseurs, dont l'un tue un sanglier et l'autre un cerf. Ils sont de Coustou et ont été posés en 1706.

Les trois qui sont du côté de la chapelle représentent Flore qui se repose, une Nymphe qui est dans la même attitude, et un berger qui joue de la flûte et a auprès de lui un petit Satyre. Ces groupes sont de Coyzevox.

Les trois du côté des offices sont : Adonis qui se repose et tient un dard; Vénus est vis-à-vis, tient un carquois rempli de flèches, et a auprès d'elle un petit Amour qui tient un arc; une Nymphe qui se repose et a un oiseau sur sa main. Ces trois sont de Coustou.

Quant aux huit vases qui sont distribués dans le parterre, ils sont de Bertin.

L'on revient au grand pavillon, aux côtés duquel il y a des salles d'ormes et de charmilles.

Dans la première salle, qu'on trouve à main droite en descendant, on voit un bassin revêtu de carreaux de porcelaine, autour duquel règne une balustrade de fer doré. On l'appelle le Bassin des Carpes, parce qu'on en voit plusieurs dans l'eau qu'il contient. Au milieu de ce bassin on voit, sur un piédestal fort orné, une statue de marbre qui représente Hypomènes qui court, et tient ces pommes d'or que Vénus lui avoit données, dont l'une lui fit vaincre à la course Atalante, fille de Schenée. Elle est de Coustou le jeune.

Dans la Salle Verte, qui vient ensuite, il y a un bassin semblable, au milieu duquel on voit sur un piédestal une statue d'Apollon sculptée par Coustou le jeune. Dans celle d'après il y a un bassin à la tête duquel on voit une autre statue de marbre appuyée sur une urne de laquelle sort une rivière. Cette figure est une des plus gracieuses qu'on puisse voir, et rien n'est mieux jeté que le bout de la draperie qui est sur l'urne. Cette statue est de l'ouvrage de Poirier.

Dans la première Salle Verte, des deux qui sont à main gauche, on trouve un bassin orné de même que le précédent, avec lequel il fait symétrie. On y voit aussi des carpes, et au milieu une statue d'Atalante, qui est également légère et gracieuse. Elle fut sculptée, en 1704, par le Pautre.

Dans la salle qui est au-dessous on voit un bassin orné de même que celui avec lequel il fait symétrie ; et sur le piédestal qui est au milieu est Daphné qui court pour se dérober aux poursuites d'Apollon. Cette statue est de Coustou l'aîné.

Dans la salle qui vient ensuite il y a, de même que dans celle qui est vis-à-vis, dont j'ai déjà parlé, un bassin à la tête duquel on voit une statue de Vénus, qui a été sculptée par Prou.

En face du grand pavillon il y a un parterre orné de huit vases de marbre blanc, travaillés par Bertin.

On est ici enchanté par l'étendue de la vue, par la quantité et par la variété des objets que l'on découvre. C'est un paysage qui, avec tous les embellissemens et toutes les beautés que la peinture la plus ingénieuse peut donner, a encore une force, une vérité et un arrangement qui ne peut venir que de la nature elle-même.

Sur la tablette du perron par lequel on descend dans un autre parterre, il y a deux beaux groupes de figures de métail coloriés en bronze ; l'un représente deux bergers et l'autre deux bergères. Ils sont de Coustou l'aîné.

Dans le second parterre on remarque quatre statues de marbre blanc. Les deux qu'on voit à main droite, c'est Bacchus, copié à Florence, d'après Michel-Ange, par Foggini, et un Narcisse bas antique. Les deux qu'on trouve à gauche sont un Faune, copié à l'Académie de Rome, d'après l'antique, par Hurtrelle, et une Bacchante.

*Fontaine des Quatre-Gerbes.*

Au milieu du parterre qui suit il y a un fort beau bassin avec plusieurs jets; on l'appelle la Fontaine des Quatre-Gerbes. On voit ici, de même qu'en plusieurs autres endroits de ce parc, plusieurs vases de métal coloriés en bronze.

*Grande Pièce d'eau.*

Après la fontaine des Quatre-Gerbes on trouve une grande pièce d'eau entourée d'allées et de glacis de gazon.

Après cette pièce d'eau, en descendant toujours, l'on trouve deux bassins ornés de rocaille et de quatre groupes de marbre blanc qui représentent des Rivières et des Nymphes : la Seine et la Marne, par Coustou ; le second, la Loire et Loirette, par Vanclève ; le troisième et le quatrième, des Nymphes, par Flamen et Hurtrelle.

L'eau de ces deux bassins forme des nappes qui tombent à plusieurs chutes dans une pièce d'eau qui est au-dessous.

Avant que d'arriver à la balustrade qui termine ce magnifique jardin l'on descend par deux escaliers, sur lesquels on voit quatre vases de marbre blanc, faits par Mazeline.

Il faut présentement revenir aux deux bosquets qui sont aux côtés de cette grande allée, et les reprendre aux salles de verdures ornées de bustes, où nous les avons quittés.

A droite en descendant, immédiatement après le second cabinet, on en trouve un autre au milieu duquel on voit un parfaitement beau jeu de portique de marbre blanc, fort proprement travaillé par Deschamps, marbrier de Sa Majesté;

Dans les deux qui viennent ensuite on voit Jupiter, antique, et un Mercure d'après l'antique, qui est à la Vigne de Ludovisio;

Une Muse qui tient un rouleau de papier, et une Julie, fille d'Auguste, veuve de M. Vipsanius Agrippa, et mariée en secondes noces à Tibère. Cette statue est antique et d'une grande beauté; la draperie surtout est parfaitement bien jettée, et n'est point maniérée comme sont celles de beaucoup d'antiques.

### I. Salle Verte.

La Salle Verte, qui est à main droite et dans le second parterre, est ornée de plusieurs statues.

On y voit une petite Diane antique, qui étoit autrefois à Vincennes;

Une Faustine antique;

Un Groupe de deux hommes qui luttent, copié d'après l'antique qui est à Florence dans le palais du Grand-Duc, par Magnier;

Une Vénus, copiée d'après celle de Médicis, par Coyzevox;

Un jeune Sacrificateur qui a à ses pieds une urne servant aux sacrifices, copié d'après l'antique.

Cette salle est vis-à-vis une allée fort longue, qu'on appelle l'Allée des Boules, laquelle est vis-à-vis une autre qui porte le même nom. Sur quoi il faut remarquer qu'au-dessous de ces Allées des Boules il y en a deux autres qui font symétrie, l'une à droite et l'autre à gauche. On les appelle les Allées des Portiques. Ce sont les choses les plus galantes qu'on trouve en aucun endroit en fait de jardinage. Il ne faut pas oublier qu'à la tête de l'Allée des Boules qui est de ce côté (c'est-à-dire à main droite), il y a deux statues antiques, savoir: Agrippine, mère de Germanicus, et une Muse.

Au-dessus de six pavillons qui sont du côté de Lucienne il y a un bosquet qui renferme plusieurs morceaux et plusieurs fontaines. Le premier est disposé en amphithéâtre; sur le haut il y a un Mercure antique entre deux vases, de Cornu, et plus bas deux figures antiques, qui sont: Tibère tenant un sceptre d'une main et un globe de l'autre, et un Germanicus. Au bas il y a une fontaine de marbre blanc entre deux vases de même.

Dans la même salle on voit un Bacchus restauré par Girardon, et Sylène, qui est antique.

Fort près de là il y a un petit bois découpé de plusieurs petites allées, au milieu duquel on trouve une rotonde soutenue par huit colonnes, avec des chapiteaux d'ordre ionique. Le tout peint par Fontenay.

### Cascade Rustique.

Cette cascade est dans le même bosquet que la rotonde dont je viens de parler. Au haut d'une montagne fort rapide il y a un grand bassin, du milieu duquel s'en élève un petit de métal doré, porté par trois Tritons de même, sculptés par Coustou.

Au haut de la cascade il y a un Fleuve et une Nayade

de marbre blanc. Le Fleuve est de Coustou, et la Nayade de le Moine. Les deux tablettes de la rampe de cette cascade sont ornées de six statues de marbre blanc, posées alternativement avec quatre vases de métail doré et quatre buires de même. Ces figures sont sculptées : Pan, par le Lorrain ; Vertumne, par Slodtz ; l'Air, par Bertrand ; l'Eau, par Thierry ; Flore, par Fremin, et Pomone, par Barrois.

### Fontaine d'Agrippine.

La Fontaine d'Agrippine a pris ce nom d'Agrippine, qui paroît sortir du bain et qui est assise sur un siége posé dans une cuve de fonte. Cette figure est antique et a été gravée par Mellan.

Au bas de cette cascade il y a quatre statues, qui sont :

Faustine antique, dont les bras ont été restaurés ;

Lucrèce, moderne, et deux autres qui sont antiques, et quatre vases.

Dans la Salle des Muses on voit Clio, Thalie, Apollon, Melpomène et Erato. Toutes ces statues sont antiques et ont été restaurées. Au-dessous de cette salle il y en a une autre au milieu de laquelle on voit une fontaine au milieu d'un grand bassin, et quatre Nayades assises, et sculptées par Hardy et Thierry.

Au bout d'un berceau qui termine ces bosquets on voit un Hercule antique, d'après celui qui est au palais Farnèse. Il est entre deux groupes d'enfans qui soutiennent des cassolettes ; ils sont de Lerambert.

Et dans un cabinet qui fait face à l'entrée de ce bosquet il y a un Faune antique.

Voilà tout ce qui regarde la disposition de l'aile droite ; il ne reste plus qu'à parcourir celle qui est à gauche.

Vis-à-vis le cabinet qui est dans l'aile droite, dans lequel il y a un jeu de portique, il y a à gauche un pareil cabinet.

Dans celui qui vient ensuite on trouve une statue de femme qui d'une main tient un bout de sceptre : elle est antique ; et un Apollon, qui est moderne et tout gracieux, copié d'après l'antique par Fremery.

Dans le suivant on voit un Mercure, d'après Anguier, par Dominique le Fèvre, et Pandore, d'après le Gros, par le même le Fèvre. Ce cabinet est encore orné d'une fort belle table de marbre blanc, faite par Deschamps.

## II. *Salle Verte.*

Dans la Salle Verte qui est au-dessous, et qui fait symétrie avec celle qui est à main droite, on voit plusieurs statues antiques : un jeune homme qui tient des raisins et un lapin ; une Diane restaurée par Girardon ; un Sanglier copié, d'après l'antique qui est à Florence, par Foggini, et trois autres statues antiques.

A la tête de l'Allée des Boules il y a encore deux statues antiques : ce sont Apollon et Drusus.

A la tête de l'allée qui est entre le Mail on trouve un groupe de marbre blanc qui représente le Temps qui tire le Mérite de l'obscurité et le couronne : ce groupe est moderne et a été apporté de Gênes ; Vénus aux belles fesses, copiée d'après l'antique par Barrois, et une femme échevelée.

On a placé dans un petit enfoncement de la même allée un jeune Faune qui joue de la flûte, et qui a été copié, d'après celui qui étoit dans le palais de la Reine de Suède, par le Pautre.

Dans une salle verte qui est au dessus et vis-à-vis, on voit un groupe de marbre qui est d'un grand prix; il représente deux enfans qui jouent avec un bouc. Ce groupe fut sculpté par Sarrasin en 1640.

. Dans la palissade de cette allée on a mis deux parfaitement belles tables de marbre, qui sont de l'ouvrage de Liski et Tarlé, marbriers du Roi.

Un peu plus bas on voit un grand bassin, autour duquel règne une balustrade de fer doré, et au pourtour il y a quatre statues antiques qui représentent autant de sénateurs. Au bout il y a une Pallas antique.

Dans celle qui est au-dessus de celle dont je viens de parler, on remarque les statues suivantes:

Un jeune homme avec une médaille à son col; elle est antique, et représente le fils de L. Tarquinius, cinquième Roi de Rome, à qui son père donna une robe bordée d'écarlate et une médaille d'or en récompense de ce qu'à l'âge de treize ans il avoit blessé dans une bataille un des ennemis de l'État.

Euridice. Aristé en fut passionnément amoureux, et, pour se dérober à sa passion, elle prit la fuite et courut avec si peu d'attention qu'elle fut piquée au talon par un serpent qu'elle venoit de fouler. Cette statue est de Bertin.

Vénus tenant des roses et ayant un dauphin à ses pieds; antique.

Méléagre, antique; restaurée par Guérin, de même que celle d'Apollon.

A l'autre extrémité de ces bosquets, c'est-à-dire du côté de l'abreuvoir, on y trouve une statue de Diane de marbre blanc, par Anselme Flamen. Elle est sur un piédestal de rocaille posé au milieu d'un bassin aussi de marbre. Un arbre artistement taillé semble lui servir de parasol, et l'eau tombe de dessous la plinte comme si le poids de la statue l'en faisoit sortir.

Ce bosquet est terminé par la même allée de traverse qui termine celui qui est du côté de Lucienne. Elle a ici à son extrémité un très beau cabinet de treillage, dont l'entrée est ornée de deux groupes de métail; ce sont des enfans qui portent des cassolettes et qui ont été sculptés par Mazeline.

Avant que de finir, il faut observer qu'au-dessus de ce bosquet il y a un belvéder, qu'on appelle le Jardin Haut, lequel, outre les embellissemens qu'on se peut imaginer, est encore orné de quatre groupes de bronze qui sont d'un grand prix.

Le premier représente l'Enlèvement de Pandore par Mercure. Ce groupe a été modelé et jetté en bronze par Jean de Boulogne. La reine Christine en fit présent à monsieur Servien, et monsieur de Sablé, son fils, en vendant Meudon à monsieur de Louvois, s'accommoda de ce groupe avec monsieur Colbert, qui le fit transporter à Sceau, où il étoit quand monsieur de Seignelay, toujours magnifique et toujours attentif à tout ce qui pouvoit faire plaisir au grand Roi qu'il avoit l'honneur de servir, pria Sa Majesté de vouloir bien l'accepter.

Le second est Laocoon, jetté en bronze par les Kellers, d'après l'antique qui se voit dans la cour du jardin du belvéder.

Le troisième, c'est Hercule qui tue l'Hydre. Il vient de feu monsieur le duc de Richelieu, qui le donna au Roi. On ne sait pas le nom de celui qui l'a fait.

Le quatrième représente Diane. Il a été jetté en fonte

par les Kellers, d'après la Diane antique qui est dans la grande galerie du château de Versailles.

Après la mort du Roi Louis XIV, ceux qui avoient soin de l'embellissement des maisons et des jardins royaux, trouvant que les deux chevaux de marbre blanc faits par Coyzevox, et placés à l'abreuvoir de Marly, n'étoient pas d'un assez grand volume pour remplir la place qu'ils y occupoient, les firent transporter au fer à cheval des Tuileries, où ils convenoient infiniment mieux, et l'on chargea en même temps Coustou le cadet de travailler à deux chevaux de marbre blanc plus proportionnés au grand espace qu'ils devoient remplir à Marly, où ces deux chevaux furent transportés par eau, le 24 juillet 1745, et où ils font l'effet que les connoisseurs en avoient attendu (1).

(1) *Le Siècle des Beaux-Arts et de la Gloire*, ouvrage moderne fort remarquable que nous devons à la plume de M. Ossude, est écrit avec une intention manifeste de partialité, ou, si l'on aime mieux, de réhabilitation pour ce qui regarde les sommes énormes que Louis XIV aurait enfouies dans ses constructions gigantesques. Toutefois l'auteur nous paraît y établir sur des chiffres savamment discutés ses assertions les plus bienveillantes. Ceci nous détermine à mettre à la suite de la description de Marly le passage suivant de l'ouvrage de M. Ossude, qui a plus particulièrement trait à l'importante question des dépenses occasionnées par ce caprice du grand Roi, caprice dont il ne reste plus aujourd'hui que ce qui reste d'un rêve.

« Lemontey a dit, et ses échos l'ont répété, que plus de 150 millions avaient été enfouis dans le seul Marly. On a vu que, de 1679 à 1691, c'est-à-dire pendant les onze premières années de sa construction, ce château a coûté 4,500,000 livres. Tout le monde sait que, quand il est question de grandes constructions, et il s'agit ici de treize pavillons et de beaucoup de bâtiments, c'est la maçonnerie qui entraîne les plus grands frais; c'est donc dans les premières années que cette sorte de dépense a dû être plus considérable. Ainsi, quand on supposerait que les frais des vingt-cinq années suivantes auraient absorbé 8,000,000, ce château ne serait jamais revenu qu'à 12,500,000 livres, ce qui est loin du chiffre imaginé par Lemontey. D'ailleurs le château de Versailles, avec ses eaux, ses jardins magnifiques et ses parcs immenses, n'ayant coûté que 60,000,000, encore en y comprenant Saint-Cyr et Trianon, il serait difficile que Marly, qui n'était qu'un palais en miniature comparé à Versailles, eût entraîné trois fois plus de dépenses que cette dernière habitation royale, la plus étendue et la plus coûteuse de toutes celles du dix-septième siècle. »

# DESCRIPTION

# DE LA MACHINE DE MARLY.

Cette machine (1), la plus belle et la plus extraordi-

---

(1) Nous renvoyons au savant ouvrage de M. Ossude, *le Siècle de la Gloire et des Beaux-Arts*, le lecteur désireux de trouver sur la Machine de Marly un travail critique d'après les données modernes de l'art hydraulique, et en même temps une justification de cette grande entreprise de Louis XIV, justification résultant de la comparaison faite par l'auteur des frais qu'a entraînés la construction de cette huitième merveille du monde, comme on l'a longtemps appelée, et les services incontestables qu'elle a rendus pendant longtemps aux habitants du département de Seine-et-Oise. M. Ossude

naire dont on ait entendu parler jusqu'à présent, est située sur un bras de la rivière de Seine, entre Marly et le village de la Chaussée. La grosseur de ce volume suffiroit à peine pour en décrire la construction, les mouvemens et les effets. Peu de gens sont d'ailleurs capables de les comprendre, puisque monsieur de Ville assure qu'il n'a presque trouvé que feu monsieur le maréchal de Vauban qui, en voyant ce merveilleux ouvrage, en ait connu la plupart des effets. Je me bornerai donc à la faire un peu connoître à ceux qui ne la voient qu'en passant, et ce peu ne laissera pas de donner une grande idée de la magnificence du Roi et du génie de celui qui est l'inventeur de cette surprenante machine.

Elle est composée de quatorze roues, sept sur le de-

---

reproduit, mais pour en faire la critique, une description de la Machine de Marly que nous devons à M. de Prony. Cette description, qu'on trouvera du reste dans la *Biographie universelle*, article *Rannequin Swalem*, ne se montre pas très favorable à l'administration de Louis XIV, pour laquelle M. Ossude prend parti; en outre, le biographe reconnaît dans le charpentier liégeois Rannequin, dont le vrai nom est Swalm Renkin, le véritable inventeur en même temps que le constructeur de la machine. M. Ossude, lui, et en cela il est d'accord avec Félibien et l'abbé de Choisy, assure et essaie de prouver que c'est au seul chevalier français Deville, ingénieur militaire le plus renommé de son temps, « que nous sommes redevables des bonnes eaux que nous buvons à Versailles. » Nous n'adjugerons ni à l'un ni à l'autre, du Liégeois ou du Français, le brevet d'invention qu'ils se disputent de part et d'autre avec beaucoup de savoir et d'habileté; le lecteur décidera après avoir lu dans M. Ossude le chapitre intitulé : *Discussion sur un fait historique* (page 211), et cet autre : *Description de l'ancienne Machine de Marly* (page 243).

La Machine de Marly est aujourd'hui remplacée par une pompe à feu.

vant et autant sur le derrière ; la première est sur le devant, la seconde sur le derrière, et ainsi des autres de suite.

Ces roues ont chacune deux manivelles qui sont attelées à treize grandes chaînes, à sept petites, et à huit équipages qui mènent soixante et quatre corps de pompes sur la rivière, soixante et dix-neuf à mi-côte, et quatre-vingt-deux au puisart supérieur. Ces deux cens vingt-cinq corps de pompes font monter les eaux sur une tour distante de la rivière de six cens dix toises et de cinq cens pieds plus haut que le bout des tuyaux aspirans qui sont dans les courcières.

Des sept roues de devant il y en a six qui mènent chacune par une de leurs manivelles un équipage de huit corps de pompes, qui font quarante-huit; et par les autres manivelles ces mêmes roues mènent chacune une chaîne, savoir : cinq de petits chevalets et une de grands. La première roue de devant mène deux chaînes de petits chevalets.

Des sept roues de derrière, la quatorzième et dernière mène par chacune de ses manivelles huit corps de pompes sur la rivière, qui font seize corps. Les six autres roues mènent chacune deux grandes chaînes.

Les soixante et quatre pompes qui sont sur la rivière aspirent l'eau du fond des courcières de treize pieds ou environ de haut, et la refoulent par le même mouvement de la même pompe qui l'a aspirée, et la font monter par cinq conduites de fer de huit pouces, qui sont raccordées à ces pompes jusqu'au puisart de mi-côte, qui est éloigné de la rivière de cent toises, et de cent quarante-huit pieds plus haut que le fond des courcières.

L'eau que les soixante-quatre pompes de la rivière

ont levée jusqu'à mi-côte est conduite par un tuyau de fer de dix-huit pouces de diamètre dans un réservoir d'où elle est distribuée dans les deux puisarts par deux conduites de plomb d'un pied, et est relevée par soixante et dix-neuf pompes refoulantes et renversées, qui la poussent jusqu'au puisart supérieur par quatre conduites de huit pouces et trois autres de six pouces. Ce puisart est distant de celui de mi-côte de deux cens vingt-quatre toises, et de cent soixante et quinze pieds plus haut que le dessous des pompes de mi-côte.

Des soixante et dix-neuf corps de pompes qui sont à mi-côte, il y en a quarante-neuf qui sont menés par les sept petites chaînes qui ne passent point les puisarts, et qui sont attelées chacune de sept corps de pompes. Les trente autres sont menées dans le puisart à côté par cinq grandes chaînes qui sont attelées chacune de six corps de pompes et passent jusqu'au puisart supérieur.

Il faut remarquer que les sept petites chaînes relèvent, avec vingt-huit pompes aspirantes, les eaux des sources de mi-côte et celles de Prunet, par les équipages qui sont attelés entre la rivière et mi-côte, parce que ces eaux sont plus basses que mi-côte.

L'eau que les soixante-dix-neuf pompes de mi-côte ont montée jusqu'au puisart supérieur est conduite dans un réservoir par deux conduites d'un pied, et relevée par quatre-vingt-deux pompes renversées et refoulantes, qui la font monter jusques sur la tour par six conduites de fer de huit pouces. La tour est distante du puisart de deux cens quatre-vingt-dix toises, et plus haute de cent soixante et dix-sept pieds que le fond de ces pompes.

Comme les pompes de mi-côte n'étoient pas toutes employées pour enlever l'eau que les pompes de la rivière y avoient conduite, pour les occuper l'on a fait venir les eaux de la Selle par un aqueduc de douze cens toises de long, dans lequel on a fait conduire aussi les eaux qu'on a ramassées au-dessus de Lucienne et dans le même village.

L'eau étant dans la tour, elle entre dans l'aqueduc, qui a trois cens trente toises de longueur, et de là elle est conduite par deux tuyaux de fer de dix-huit pouces jusqu'aux réservoirs de Marly, qui en sont distans de trois cens cinquante toises.

Des réservoirs de Marly on envoye l'eau au réservoir de Lucienne, d'où l'on peut l'envoyer à Versailles par le grand aqueduc et la Butte, et aux Chenais, et de là à Roquencourt, Chevreloup et Trianon.

Il n'y a que les réservoirs de Marly et de Lucienne qui fournissent de l'eau à Marly.

Les réservoirs de Marly ont de surperficie dix-huit mille sept cens toises et quinze pieds de hauteur.

Celui de Lucienne a de superficie vingt-quatre mille cinq cens toises et quinze pieds de hauteur.

Ceux du Chenais, de Roquencourt, de Chevreloup et de Trianon n'en fournissent qu'à Trianon.

Quand la machine est dans sa force, c'est-à-dire quand les eaux de la rivière sont hautes, elle donne en vingt-quatre heures trois pouces de hauteur d'eau dans les réservoirs de Marly, ce qui fait sept cens soixante et dix-neuf toises un sixième cube, qui valent vingt-un mille trente-sept muids et demi d'eau, qui, réduits en pouces, valent trois cens vingt-trois pouces deux troisièmes, suivant la règle établie qu'un pouce d'eau doit fournir en vingt-quatre heures soixante-cinq muids. Quand les eaux sont basses, elle donne environ la moitié moins.

Tous les mouvemens de cette machine merveilleuse agissent jour et nuit, et il y a environ cinquante-cinq hommes, sous la conduite de monsieur Delespine, contrôleur des bâtimens du Roi, qui est préposé pour en avoir soin et faire réparer sur-le-champ ce qui viendroit à y manquer.

DES

# BAISERS D'ÉTIQUETTE.

(Breteuil, 1699, page 358 à 368.)

# DES
# BAISERS D'ÉTIQUETTE

DONNÉS

## PAR LE ROI, LES REINES

ET

## LES FILLES DE FRANCE,

A PROPOS DE LA RÉCEPTION DE L'AMBASSADRICE
DE HOLLANDE.

---

Madame Hemskerke, femme de l'ambassadeur de Hollande, étant de retour d'un voyage de six mois qu'elle avoit été faire en son pays, vint, le lundi 22 mars 1700, faire sa cour à Versailles, au souper du Roi. Sa Majesté, que j'en avois avertie, lui fit un compliment et la baisa, et sa fille aussi. Dans le moment que Sa Majesté alloit se mettre à table j'étois auprès de l'ambassadrice, et je la présentai à Sa Majesté, qui, pendant son souper, parla plusieurs fois à l'ambassadrice du voyage qu'elle venoit de faire. Elle étoit assise sur un tabouret auprès de l'ambassadrice de Venise, qui étoit sur le premier des tabourets du côté où Sa Majesté vint se mettre à table.

Madame Hemskerke ayant été baisée par le Roi, il falloit qu'elle le fût pareillement de madame la duchesse de Bourgogne, et il falloit que sa fille, qu'elle avoit amenée avec elle, saluât cette princesse à la suite de sa mère, et elle étoit très certaine de n'en être pas baisée, quoiqu'elle l'eût été à la première audience de cette princesse.

L'ambassadrice ne s'apperçut de l'embarras où elle s'étoit jetée qu'après avoir vu le Roi, et elle auroit bien voulu l'éviter en me persuadant que sa fille s'étoit trouvée fort mal pendant la nuit, et qu'elle ne pouvoit pas se trouver à la toilette de madame la duchesse de Bourgogne; mais je lui répondis que, si mademoiselle sa fille étoit malade, il falloit qu'elle différât à un autre jour à faire la révérence à madame de Bourgogne, ou qu'il falloit qu'elle y amenât sa fille une autre fois, n'étant pas possible qu'après avoir salué le Roi en cérémonie sa fille se dispensât d'aller faire la révérence à madame de Bourgogne.

L'ambassadrice auroit pu éviter tout cet embarras si elle n'eût point voulu saluer le Roi en cérémonie et qu'elle se fût venue présenter seulement à son souper pour faire sa cour; mais comme, en partant pour la Hollande, elle avoit pris congé du Roi en cérémonie et en avoit été baisée aussi bien que sa fille, je l'avois persuadée que ce seroit perdre une distinction due au caractère de son mari si, à son retour, elle se présentoit devant le Roi sans lui faire une révérence en cérémonie, et je l'avois fait dans la vue de profiter de cette occasion, sans que l'ambassadrice s'en apperçût, pour effacer authentiquement, par la manière dont mademoiselle Hemskerke seroit reçue de madame de Bourgogne, la faute qui avoit été faite de la lui laisser baiser à la première audience qu'elle donna à sa mère, et de marquer dans la même personne que cette erreur ne pouvoit ni ne devoit jamais avoir de suite. L'ambassadrice vint donc le lendemain, 23 mars, à la toilette de madame la duchesse de Bourgogne, et y amena sa fille. L'ambassadrice, en approchant de madame de Bourgogne, se baissa pour lui baiser sa robe, et à l'instant madame de Bourgogne, qui étoit à son miroir, se leva et baisa l'ambassadrice. Dans le même instant elle se remit dans son fauteuil pour achever de se coiffer, et, aussitôt qu'elle s'y fut remise, mademoiselle Hemskerke baisa la robe de cette princesse, qui lui fit une inclination de tête, sans la baiser et sans se lever.

La faute qui se fit au sujet de mademoiselle Hemskerke m'oblige à marquer les différens changemens qui sont arrivés depuis Henri IV sur les baisers des Reines et des filles de France.

Anciennement nos Reines baisoient les princes du sang, les ducs et tous les officiers de la couronne, et par conséquent leurs femmes; mais Marie de Médicis, venant épouser Henri IV, lui fit demander qu'il trouvât bon qu'elle suivît la coutume d'Italie, qui ne permet pas non-seulement aux souveraines, mais même aux autres dames, de baiser aucun homme en les saluant; sur quoi Henri IV dit à ses courtisans que c'étoit une grace qu'il lui paroissoit qu'un mari ne pouvoit pas refuser à sa femme. Ainsi Marie de Médicis fut la première qui a retranché les baisers que les Reines faisoient l'honneur de donner aux personnes que j'ai ci-devant nommées, lorsqu'elles venoient les saluer.

Anne d'Autriche, venant épouser Louis XIII, suivit l'exemple de sa belle-mère et ne baisa que Monsieur, frère du Roi; mais quand Monsieur fut marié et qu'il eut des filles, elle les baisa aussi.

Marie-Thérèse d'Autriche, venant à Saint-Jean-de-Luz épouser le Roi, non-seulement suivit l'exemple des deux Reines précédentes, mais elle prétendit ne pas baiser les petites-filles de France. Mademoiselle eut beau faire du bruit, elle ne put l'obtenir, et aussi ne se fit-elle point présenter à Saint-Jean-de-Luz, disant qu'elle lui avoit fait sa première révérence dans la foule des autres, le jour de l'entrevue des deux Rois dans l'île de la Conférence. Mais comme madame de Valois et mademoiselle d'Alençon, ses sœurs, devoient porter la robe de la Reine le jour de son mariage, elles ne purent éviter de l'aller saluer et de baiser sa robbe, sans en être baisées. Madame (princesse fort haute et fort glorieuse, qui étoit demeurée à Paris à cause qu'elle étoit dans sa première année de deuil de monsieur Gaston de France) en fut si piquée qu'elle dit qu'elle n'iroit point voir la Reine si elle ne baisoit ses filles, en sorte qu'on convint que, la première fois que Madame verroit la Reine, Mademoiselle et mesdemoiselles ses sœurs se trouveroient à la suite de Madame, et que la Reine, après avoir baisé Madame, les baiseroit toutes trois. Ainsi le baiser des Reines pour les petites-filles de France fut rétabli.

Dans tous les temps que je viens de dire, les filles de France baisoient non-seulement tous les officiers de la couronne et leurs femmes, mais encore toutes les femmes et filles de qualité, sans distinction de rang, qui leur étoient présentées, et Madame, qui vit aujourd'hui (1699), les a baisées dans les premières années de son mariage, à l'exemple de feue Madame, première femme de Monsieur, Philippe de France, et de feue Madame douairière.

Mais madame la Dauphine étant venue en France en 1680, le Roi régla qu'elle ne baiseroit que les femmes dont elle baisoit les maris, c'est-à-dire les princesses du sang, les duchesses, et les femmes des officiers de la couronne, et qu'elle ne baiseroit aucune autre femme ni fille, de quelque qualité qu'elles fussent.

Sur quoi Monsieur, qui prétendoit que Madame devoit, en toute action de cérémonie, faire la même chose que madame la Dauphine, et ne rien faire de plus ou de moins, voulut que Madame cessât de baiser les femmes et filles de qualité; et quoique le Roi dit que cette distinction ne devoit être que pour celle qui devoit un jour être Reine, et que, s'il avoit des filles, elles baiseroient toutes les filles et femmes de qualité, Monsieur demanda cette égalité avec tant d'instance qu'enfin il l'emporta, en sorte que dès lors Madame ne baisa plus aucune femme que celles des officiers de la couronne.

Cet usage étant introduit pour Madame, il ne pouvait pas y avoir de difficulté, quand madame la duchesse de Bourgogne est venue en France, de faire la même chose pour elle.

Et comme les ambassadeurs ne peuvent prétendre pour leurs filles un traitement plus honorable que celui qu'on fait aux fils des ducs et pairs et des autres officiers de la couronne, il est constant que leurs filles ne sauraient prétendre à l'honneur d'être baisées par madame la duchesse de Bourgogne ni par Madame.

Pendant que je parle du baiser, je ne dois pas omettre que ce n'est que depuis fort peu de temps que le Roi ne baise plus toutes les femmes et filles de qualité qu'on lui présente, et que ce n'est pas même une règle que le Roi s'est faite, ayant seulement dit par galanterie qu'il étoit désormais trop vieux pour baiser les dames. Je l'ai vu, les jours qu'il partoit pour l'armée ou qu'il en revenoit, baiser toutes les femmes et filles, sans aucune distinction, qui se trouvoient dans la chambre de la Reine, et je l'ai vu baiser toutes les chanoinesses de Maubeuge, un jour qu'il y arriva. Je ne doute pas même que, s'il s'agissoit de quelques cérémonies ou de quelque distinction, le Roi ne fît encore la même chose, d'autant plus qu'il continue à baiser les ambassadrices, non-seulement les jours de cérémonie, mais quand elles vont prendre congé de lui pour aller faire des voyages de cinq ou six mois dans leur pays.

Ce qui a fait interrompre au Roi l'usage du baiser en allant et en revenant de l'armée, c'est le nombre infini de femmes qui se rendaient exprès de Paris à Saint-Germain ou à Versailles ces jours-là.

DE LA SOIRÉE ET DU LENDEMAIN

# DE LA PREMIÈRE NUIT

QUE

M. LE DUC ET M<sup>me</sup> LA DUCHESSE DE BOURGOGNE

ONT PASSÉ ENSEMBLE.

# DE LA SOIRÉE ET DU LENDEMAIN

## DE LA PREMIÈRE NUIT

QUE

M. LE DUC ET M<sup>me</sup> LA DUCHESSE DE BOURGOGNE

ONT PASSÉ ENSEMBLE.

---

*Note du manuscrit.* Quoique les cérémonies du mariage ne soient point de mon emploi, cependant je crois devoir mettre dans mes Mémoires toutes les cérémonies ou actions sujettes à cérémonies qui se passeront désormais à la cour, parce qu'il me paroît qu'un introducteur des ambassadeurs doit être instruit de toutes ; et pour me rendre compte à moi-même de ce qui s'est passé hier 22 octobre, je crois ne pouvoir mieux faire que de faire ici copier la lettre que je viens d'écrire à un de mes amis.

---

A Versailles, vendredi matin, 23 octobre 1699.

Enfin monseigneur le duc de Bourgogne, en arrivant hier au soir de Fontainebleau, coucha pour la première fois avec madame la duchesse de Bourgogne. La chose s'est faite sans aucune sorte de cérémonie ni de concours ; il y a même longtemps que je n'ai vu la cour moins grosse. Madame la duchesse de Bourgogne, qui soupa chez madame de Maintenon, s'alla coucher dès dix heures, et si inopinément qu'hors sa première femme de chambre les autres femmes et la plupart de ses domestiques ne s'y trouvèrent pas; et monseigneur le duc de Bourgogne, qui soupa avec le Roi, s'alla d'abord après souper déshabiller dans son nouvel appartement, qu'on a bâti pour lui pendant le voyage de Fontainebleau, tenant d'un côté à l'antichambre du Roi et de l'autre au grand cabinet de l'appartement de madame la duchesse de Bourgogne. Dès qu'il fut déshabillé il passa chez madame la duchesse de Bourgogne, et tout cela se dépêcha si vite que le Roi, qui leur avoit dit qu'il iroit seul par les derrières de leur appartement les voir dans le lit, y arriva trop tard et n'entra point. Monseigneur le duc de Bourgogne avoit la tête fort frisée, et la magnificence de son déshabillé et sa toilette sentoient la noce. Il partit de son appartement avec un air courageux et assez enjoué, et comme j'avois l'honneur de lui tenir son bougeoir, je le conduisis jusqu'à la porte du champ de bataille. Pour madame de Bourgogne elle versa beaucoup de larmes toute la soirée chez madame de Maintenon; et le Roi nous a dit, à son petit coucher, qu'il y avoit déjà quatre ou cinq jours que sa pudeur alarmée avoit commencé à la faire pleurer.

Comme il est à la mode, depuis plusieurs années, d'éviter à notre cœur toutes sortes de cérémonies et tout ce qui peut avoir l'air d'une fête, monsieur de La Rochefoucault, que vous savez qui les hait souverainement, loua fort le Roi à son coucher d'avoir passé cette soirée sans aucun bruit ni appareil, et Sa Majesté répondit que, monsieur et madame de Bourgogne étant mariés depuis deux ans, il lui sembloit que tout appareil devoit être banni, et qu'il falloit les laisser coucher ensemble pour la première fois sans y donner plus d'attention que s'ils eussent commencé d'y coucher dès le jour de leurs noces.

Le matin, dès huit heures et demie, monseigneur le duc de Bourgogne a passé dans son appartement. On a été à son lever à l'ordinaire, avec pourtant un peu plus d'empressement de la part des vieux courtisans. Comme ce prince est d'une santé fort délicate, il avoit les yeux fort battus et paroissoit fatigué ; tirez-en vos conséquences. Pour madame la duchesse de Bourgogne, dès qu'elle a été hors du lit, c'est-à-dire sur les neuf heures, elle est montée en carrosse pour aller à Saint-Cyr joindre madame de Maintenon, qui y est allée dès le grand matin à son ordinaire ; elles n'en reviendront que ce soir sur les sept heures, dans le temps que le Roi reviendra de Marly, où il est allé voir les nouvelles beautés qu'on y a faites pendant son séjour à Fontainebleau.

Il n'y aura ce soir ni comédie, ni appartement, ni aucune autre sorte de divertissement. Monseigneur le duc de Bourgogne couchera dans son appartement, sa délicatesse ne permettant pas qu'on le laisse coucher tous les jours dans le lit de madame de Bourgogne.

*Note du manuscrit.* Il y a eu tant de bals, de fêtes et de divertissemens, pendant tout le carnaval de cette année, que madame de Bourgogne a réparé avec une grande usure le peu d'appareil de la soirée dont il est parlé dans cette lettre.

(Breteuil, année 1699, p. 227 à 230.)

# LE DÉTAIL DE LA FRANCE.

1695.

# AVERTISSEMENT.

Le *Détail de la France*, qui parut en 1695, sans nom d'auteur, est généralement attribué à Pierre Lepesant, sieur de Bois-Guillebert, lieutenant général au bailliage de Rouen. Le Père Lelong, dont la critique éclairée en matière de bibliographie est rarement mise en défaut, assure positivement, dans sa *Bibliothèque de France*, que ce *bon ouvrage*, comme il le qualifie, est de l'auteur ci-dessus désigné. Dans l'examen bibliographique que nous avons dû faire de ce livre, nous n'avons rien trouvé qui ne confirme l'opinion émise par le Père Lelong.

A son apparition, le *Détail de la France* ne paraît pas avoir préoccupé beaucoup l'attention publique; c'est un ouvrage sérieux, utile, plein de nouvelles mais graves considérations. Or, à cette époque, le public lisant, il faut bien le dire, se laissait peu prendre à ce genre de lecture; le moindre roman dans le genre de ceux de mademoiselle Scudéry faisait bien mieux son affaire. Le *Détail de la France* voulait être étudié, médité; or, on ne consentait à étudier que les matières théologiques. Un livre dans lequel apparaissaient pour la première fois, sous une forme abrégée, les premières notions claires de l'économie politique, qui, à une époque de misère, de ruine générale, avait la prétention d'apporter un moyen de doubler les revenus du Roi en triplant ceux de la nation, valait cependant bien la peine qu'on y prît garde; mais il n'en fut pas ainsi. La science économique n'était pas à l'ordre du jour, tant s'en faut. A part Colbert, ce n'était même pas par elle que brillaient nos hommes d'Etat. Bois-Guillebert, confiant dans son œuvre, essaya vainement de corriger, de compléter son livre dans deux éditions subséquentes, 1696, 1699; personne n'y prit garde. Il tint bon cependant, et, usant d'un peu de charlatanisme, il conquit enfin des lecteurs en donnant une quatrième édition sous ce titre piquant: *Testament de M. de Vauban*, 2 vol. in-12, Bruxelles, 1712. Le *Détail de la France* fut alors seulement apprécié de tous ceux qui le lurent, et l'économie politique compta enfin quelques disciples en France. Quoi qu'il en ait été, ce livre devançait son époque; c'est pour nous, hommes plus sérieux du dix-neuvième siècle, juges plus compétents de son mérite, qu'il a été écrit, nous que deux siècles de plus d'expérience et d'instruction ont suffisamment mûris, qui consentons volontiers à nous mêler de nos affaires, et enfin à chercher toutes les vérités utiles, toutes les applications fécondes sous les formes qui les cachent. La science économique, qui semble née d'hier, est vraiment une science mère aujourd'hui; nul qui ne comprenne tout ce qu'il y a de vérités pratiques, d'importantes et curieuses révélations, d'enseignements profonds dans son rude et laconique langage; tous savent jusqu'à quel point philosophie, industrie, politique, histoire, tout ce qui constitue, en un mot, la science sociale, relève d'elle. En vertu de ces rapports nombreux et essentiels qu'a la science économique avec l'histoire prise dans sa plus large acception, avec tous ses attributs, *le Détail de la France* devient à nos yeux un monument historique trop précieux, d'un trop haut et trop grave intérêt, pour qu'il ne nous vienne pas en pensée de le faire revivre de sa cendre. Nous en donnerons la première édition, celle de 1695, comme la plus abrégée. Selon ses propres vues, on sera libre d'apprécier celles que l'auteur développe dans ces pages. Mais ce qui recommande ce dernier à l'attention de tous, ce sont les faits importants sur lesquels il base son système, ce sont ses données précieuses et exactes sur la richesse nationale, les revenus de la couronne, la valeur des terres, la répartition des impôts, leur mode de perception, l'état de la production, de la consommation sous Louis XIV, et même aux diverses époques de la monarchie; ce sont ses précieuses révélations sur les vices de l'administration financière au temps où il vivait, avec toutes leurs conséquences énergiquement traduites par des événements, des erreurs déplorables que l'auteur signale et décrit; enfin, c'est la sombre et dramatique histoire des souffrances, des misères du peuple, qui vient, comme pièce justificative, se mêler à ses développements théoriques.

Bois-Guillebert est encore l'auteur d'une traduction de l'*Histoire de Dion Cassius, de Nicée, abrégée par Xiphilin*, Paris, 1674; d'une autre traduction de l'*Histoire d'Hérodien*, ibid., 1675 ; de *Marie Stuart*, nouv. histor., Paris, 1675. On le soupçonne fort d'être encore le véritable auteur de *la Dixme royale*, ouvrage attribué au maréchal de Vauban. Dans la préface de ce dernier ouvrage l'auteur du *Détail de la France* est cité avec éloge.

# LE
# DÉTAIL DE LA FRANCE,

LA CAUSE DE LA DIMINUTION DE SES BIENS, ET LA FACILITÉ
DU REMÈDE, EN FOURNISSANT EN UN MOIS TOUT
L'ARGENT DONT LE ROY A BESOIN,
ET ENRICHISSANT TOUT
LE MONDE.

## PREMIÈRE PARTIE.

### CHAPITRE PREMIER.

De tous les pays du monde dont les peuples ne sont pas tout-à-fait barbares, il n'y en a presqu'aucun dont la richesse ou l'indigence ne soient l'effet de sa situation naturelle, participant à ces deux états plus ou moins selon que son climat et sa terre se rencontrent propres à produire les choses nécessaires à la vie ou avec lesquelles on se les peut procurer. Il n'y a que l'Espagne et la Hollande qui dérogent absolument à une règle si générale d'une manière bien opposée : celle-ci, ne produisant presqu'aucunes commoditez, les a en abondance, à meilleur marché que dans les lieux où elles croissent, ainsi que des peuples les plus riches de la terre ; et l'autre, avec un excellent terroir et un climat heureux, ne peut subsister sans des secours étrangers.

Bien que la France soit le plus riche royaume du monde, on peut dire toutefois qu'elle n'est pas tout-à-fait exempte des désordres de l'Espagne, et qu'elle ne répond pas autant qu'elle le pourroit aux avances que la nature semble avoir faites en sa faveur, puisque, sans parler de ce qui pourroit être, mais seulement de ce qui a été, on maintient que le produit en est aujourd'hui à cinq ou six cens millions moins par an dans ses revenus, tant en fond qu'en industrie, qu'il n'étoit il y a trente ans, que le mal augmente tous les jours, c'est-à-dire la diminution, parce que les mêmes causes subsistent toujours et reçoivent même de l'accroissement, sans qu'on en puisse accuser celui des revenus du Roy, lesquels n'ont jamais si peu haussé qu'ils ont fait depuis 1660, qu'ils n'ont augmenté que d'environ un tiers, au lieu que depuis deux cens ans ils avoient toujours doublé tous les trente ans. Ce fait va être établi dans la première partie de ces Mémoires, ainsi que la diminution présente des biens de la France ; dans la seconde on découvrira les causes de ces désordres, et dans la troisième on établira la facilité du remède, en fournissant quantité d'argent comptant au Roy et lui augmentant ses revenus ordinaires, parce qu'on en fera autant de ceux de ses sujets, qui en sont le principe, les uns ne pouvant aller sans les autres, en leur faisant racheter la cause de la diminution de leurs biens; ce qui produira tous ces effets à l'égard de Sa Majesté et de ses peuples, et cela sans nul mouvement extraordinaire qui pût troubler la certitude du présent pour un avenir incertain, mais remettant seulement les choses dans un état naturel, qui est celui où elles étoient autrefois, et où elles seroient encore si un mécompte presque continuel, causé par des intérêts indirects, ne les en avoit tirées en causant à tous momens des surprises à messieurs les premiers ministres, qui n'avoient que de bonnes intentions.

## CHAPITRE II.

Quelque surprenans que soient les effets de la France dans cette présente guerre, l'étonnement sera encore plus grand de voir par ces Mémoires qu'elle produit tous ces prodiges avec la moitié de ses forces, l'autre étant suspendue par une puissance supérieure qui arrête d'une manière indirecte des causes qui sembleroient devoir aller trop loin.

Sa puissance vient de ce que, produisant toutes sortes de choses nécessaires à la vie en assez grande abondance, non-seulement pour nourrir une grande quantité d'habitans qu'elle renferme, mais encore pour en faire part à ceux qui en manquent, elle se trouve en même temps environnée de voisins qui, n'ayant pas le même avantage, épuisent leurs contrées pour trouver quelque chose de propre aux délices et au superflu, afin d'échanger avec elle contre le nécessaire; et cela ne suffisant pas encore à leurs besoins, ils se voyent contraints de se faire ses voituriers, et de luy aller chercher dans les contrées les plus éloignées de ce même superflu, pour en tirer le même nécessaire.

Comme les quatre élémens sont les principes de tous les êtres et que c'est d'eux dont ils se forment tous, de même tout le fondement et la cause de toutes les richesses de l'Europe sont le bled, le vin, le sel et la toile, qui abondent dans la France, et on ne se procure les autres choses qu'à proportion que l'on a plus qu'il ne faut de ceux-ci. Et ainsi tous les biens de la France étant divisez en deux espèces, en biens en fonds et en biens de revenu d'industrie, ce dernier, qui renferme trois fois plus de monde que l'autre, hausse ou baisse à proportion du premier; en sorte que l'excroissance des fruits de la terre fait travailler les avocats, les médecins, les spectacles et les moindres artisans, de quelqu'art qu'ils puissent être, de manière qu'on voit très peu de ces sortes de gens dans les pays stériles, au lieu qu'ils abondent dans les autres.

## CHAPITRE III.

Par tout ce qu'on vient de dire de la France on auroit peine à comprendre de quelle façon les revenus en peuvent être diminuez d'une aussi grande somme

comme cinq cens millions par an, tant ceux en fonds
que ceux d'industrie, la même terre, le même climat et les mêmes habitans, à fort peu près, y étant
encore, et n'y ayant ni avocat, ni médecin, ni artisan
qui ne soit disposé à gaigner tout autant comme il faisoit il y a trente ans. Cependant toutes ces choses ne
sont pas à la moitié, de notoriété publique, et leur diminution, qui a commencé en 1660 ou environ, continue tous les jours avec augmentation, parce que la
cause en est de même, qui est la diminution des revenus des fonds, qui ne sont pas, l'un portant l'autre, à
la moitié de ce qu'ils étoient en ce temps-là. Et si quelques-uns n'ont pas souffert un si puissant déchet, c'est
parce qu'appartenant à des personnes élevées en dignité, des receveurs, riches d'ailleurs, les ont pris à ferme
avec perte de leur part, pour acheter, en quelque manière, une protection qu'ils destinoient à d'autres usages. D'autres fonds d'ailleurs ont beaucoup plus baissé,
y en ayant plusieurs qui ne sont pas au quart de ce
qu'ils étoient autrefois. Ainsi ceux qui avoient mille livres de rente en fonds, n'en ayant plus que cinq cens,
n'employent plus des ouvriers que pour la moitié de ce
qu'ils faisoient autrefois, lesquels en usent de même à
leur tour à l'égard de ceux desquels ils se procuroient
leurs besoins, par une circulation naturelle qui fait
que, les fonds commençant le mouvement, il faut que
l'argent qu'ils forment, pour faire sortir les denrées
qu'ils produisent, passe par une infinité de mains auparavant que, son circuit achevé, il revienne à eux; de
manière que, ne faisant ces passages que pour autant
qu'il en est sorti la première fois, on peut dire qu'une
diminution de cinq cens livres par an en pure perte
dans un fonds en produit une de plus de trois mille li-

vres par an au corps de la république, et par conséquent préjudicie extrêmement au Roy, qui ne peut jamais tirer autant d'impôts de sujets pauvres comme de riches.

## CHAPITRE IV.

Si la diminution des revenus des fonds, qui a causé celle des revenus d'industrie, est une chose si certaine que personne n'en doute, la cause ne l'est pas moins, quoiqu'on n'y fasse point de réflexion et que l'on mette sur le compte de l'augmentation des revenus du Roy ce qui n'en est point du tout l'effet. Les fonds sont diminuez de moitié pour le moins, parce que le prix de toutes les denrées est à la moitié de ce qu'il étoit il y a trente ans, et les denrées souffrent cette diminution parce qu'il s'en consomme beaucoup moins. Par exemple, les boucheries donnent bien moins, les foires des villes où il se débitoit des boissons ne sont pas au quart pour la quantité de ce qu'elles étoient, et le prix même en est bien moindre. Ainsi il faut que les fonds qui les produisoient souffrent une pareille diminution, provenant non-seulement de celle du prix dans la vente des denrées, mais encore dans l'excroissance; parce que, n'y ayant aucun fruit de la terre qui ne demande de la dépense dans sa culture, qui produit plus ou moins selon que l'on fait des avances pour mettre les choses dans leur perfection, lesquelles sont toujours les mêmes indépendamment du débit que l'on en aura, lequel venant à ne pas répondre à ce qu'on a mis fait que l'on néglige ces mêmes avances dans la suite, et réduit le produit non-seulement à la moitié de ce qu'il étoit, mais même à rien, y ayant des terres entièrement abandonnées qui étoient autrefois en grande valeur, qui est une perte qui se répand sur tout le corps de l'Etat; en sorte qu'un pareil destin arrivé à un village d'auprès Cherbourg en fait ressentir des effets jusqu'à Bayonne, par une liaison imperceptible, mais très réelle, que toutes les parties d'un Etat ont les unes avec les autres.

## CHAPITRE V.

La perte de la moitié des biens en général de la France estant constante par les raisons qu'on vient de traiter, quoique la réduction de cette perte ou estimation à un prix certain soit une chose indifférente en elle-même, cependant on en a bien voulu faire la supputation par une très longue et très exacte recherche, afin d'en tirer deux avantages : le premier, de la rendre plus sensible, et le second, afin de faire toucher au doigt et à l'œil quel intérêt le Roy a, indépendamment de celui du public, à changer la situation des choses, puisque s'il est vray, comme on le va montrer, qu'il y ayt cinq cens millions moins de revenu qu'il n'y avoit il y a trente ans, il est certain qu'étant rétabli, ce qui est très aisé, Sa Majesté fera une des plus grandes conquêtes qu'elle puisse jamais faire, non-seulement sans répandre de sang ni sans sortir de ses Etats, mais même en enrichissant tout le monde, dont il aura nécessairement sa part.

On maintient donc que la diminution est de cinq cens millions par an, parce qu'elle est de la moitié des biens du royaume, et que ces mêmes biens, seulement en fonds, tant réels, comme les terres, que par accident, comme les charges, les greffes, les péages et les moulins, alloient autrefois à sept cens millions par an. Ainsi ces mêmes biens, quand ils ne seroient que doublez par les biens d'industrie, feroient plus de quatorze cens millions par an; de sorte que, tout étant diminué de moitié, s'il y a de l'erreur dans cette supputation, c'est de ne pas porter le déchet assez loin.

## CHAPITRE VI.

Il reste à faire voir que cette perte n'est point l'effet de l'augmentation des revenus du Roy depuis trente ans, puisque, n'ayant jamais si peu reçu de hausse en pareil espace de temps depuis deux cens ans ou environ, les revenus des peuples, au lieu de diminuer comme ils ont fait, doubloient pareillement en semblable espace de temps, ce qui étoit cause de l'augmentation de ceux du Roy. Et l'un et l'autre étoient causez par l'abondance des espèces d'or et d'argent, que la découverte du Nouveau-Monde avoit rendu et rend tous les jours plus communes. Tout ceci n'est qu'une question de fait que l'on va établir, en commençant à la mort de Charles VII, arrivée en 1457. Philippes de Comines, qui passe pour l'autheur le plus assuré du siècle passé et qui ne parle que des choses qu'il a vues, dit que tout le revenu du Roy, à la mort de ce monarque, n'alloit qu'à dix-huit cens mil livres par an, et que, quand Louis XI mourut, en 1487, la France produisoit au Roy quatre millions sept cens mil livres. La minorité de Charles VIII, qui lui succéda, adoucit un peu les choses, et Louis XII, apelé Père du peuple, qui le suivit, les continua à peu près sur le même pié. Mais François I$^{er}$ étant arrivé à la couronne en 1515, les guerres qu'il eut à soutenir luy ayant fait mettre les affaires sur le même pié que du temps de Louis XI, son revenu, en 1525, alloit à près de neuf millions, ce qui est le double de ce qu'il étoit trente-cinq ans auparavant. Cela continua à peu près jusqu'à la mort de Henri II. Sous la minorité de ses enfans il se trouva que les revenus de la couronne alloient à seize millions, c'est-à-dire qu'ils avoient pareillement doublé en pareil espace de temps. Enfin, sous Henri III, en 1582, ces mêmes revenus vont à trente-deux millions, comme on peut voir dans l'Histoire de Mézeray. Les guerres civiles vinrent ensuite, qui suspendirent l'état des choses. Henri IV commençoit à les rétablir quand sa mort imprévue donna lieu à une minorité peu propre à augmenter les affaires du royaume ; de manière que les revenus de la couronne n'alloient qu'à trente-cinq millions à l'arrivée du cardinal de Richelieu au ministère, qui les laissa à sa mort à soixante-dix millions, en sorte qu'ils doublèrent de tous points. Et il semble qu'ils auroient suivi cette gradation, puisqu'en 1660, qui est l'année où les biens des particuliers, tant en fonds qu'en industrie, étoient au plus haut point où ils furent jamais, et depuis lequel temps ils ont toujours diminué, ceux du Roy avoient encore augmenté, quoique l'on fût en guerre au dehors et assez souvent au dedans. Depuis ce temps-là on ne trouvera pas que les revenus du Roy ayent augmenté que d'environ un tiers, même en y comprenant les conquêtes du Roy, qui font un dixième sur tout le royaume, et ceux des peuples sont diminuez au moins de la moitié.

## CHAPITRE VII.

Bien que la France soit plus remplie d'argent qu'elle n'a jamais été, que la magnificence et l'abondance y soient extrêmes, comme ce n'est qu'en quelques particuliers, et que la plus grande partie est dans la dernière indigence, cela ne peut pas compenser la perte que fait l'Etat dans le plus grand nombre ; ou plutôt, à parler proprement, comme la richesse d'un royaume consiste en son terroir et en son commerce, on peut dire que l'un et l'autre n'ont jamais été dans un si grand désordre, c'est-à-dire les terres si mal cultivées et les denrées si mal vendues, parce que la consommation en a été entièrement anéantie à l'égard des étrangers et beaucoup diminuée au dedans par des intérêts personnels, qui ont fait que l'on a surpris messieurs les ministres en obtenant des édits également dommageables au Roy et au peuple, comme on fera voir dans la seconde partie de ces Mémoires. Mais pour ne rien anticiper et finir ce premier point de la diminution présente des biens de la France, on dira que, bien que les revenus de Sa Majesté, quant à la somme, soient au plus haut point qu'ils ont jamais été, cependant il y a deux choses incontestables à remarquer : la première, qu'il s'en faut beaucoup, ainsi qu'on l'a dit, que cette augmentation soit proportionnée à celle des espèces d'or et d'argent, et à la hausse qu'elles apportent tous les jours au prix de toutes choses dans l'Europe et dans les autres parties du monde ; et la seconde, que, lorsqu'en 1582 la France rapportoit au Roy trente-deux millions, il étoit bien plus riche qu'il n'est aujourd'hui, parce que, comme il y a un dixième d'augmentation au domaine de la France, c'étoit sur le pié de trente-cinq millions, lesquels, eu égard au prix des choses de ce temps-là et à celui de présent, répondent à cent soixante-quinze millions aujourd'hui, attendu que, comme l'or et l'argent ne sont et n'ont jamais été une richesse en eux-mêmes, ne valant que par relation et qu'autant qu'ils peuvent procurer les choses nécessaires à la vie, auxquelles ils servent seulement de gage et d'appréciation, il est indifférent d'en avoir plus ou moins, pourvu qu'ils puissent produire les mêmes effets. Ainsi, comme en 1250, on trouve, par des anciens registres, qu'un ouvrier dans Paris, qui gagne aujourd'hui quarante ou cinquante sols par jour, ne gagnoit en ce temps-là que quatre deniers, c'est-à-dire la centième partie de ce qu'il fait à présent ; toutefois il vivoit avec autant de commodité, parce que toutes choses y étoient proportionnées ; il avoit ses besoins avec ses quatre deniers comme font ceux du même métier aujourd'hui avec leur cinquante sols ; et il s'ensuit qu'un homme qui avoit mille livres de rente dans ce siècle étoit plus riche qu'un qui en a cent mille à présent. Or, bien que sous Henry III les choses ne fussent pas en cet état et que les denrées eussent beaucoup haussé de prix, cependant ce n'étoit pas en un point qui pût faire que le Roy, avec les revenus de ce temps-là, ne s'en procurât pas beaucoup davantage qu'il ne feroit aujourd'hui. En effet, les trente-cinq millions d'Henry III étant environ le tiers des revenus de la couronne de ce temps, les denrées n'étoient qu'en un cinquième du prix d'à présent, et la mesure du blé, qui donne le prix à tout, qui vaut maintenant quarante sols, n'en valoit que huit en ce temps-là, comme cela se justifie par les appréciations qui en restent; ce qui montre incontestablement que les revenus de la couronne étoient sur le pié de cent soixante-quinze millions d'aujourd'hui. Cependant la France n'étoit pas ruinée comme elle est, toutes ses terres étant cultivées autant bien qu'elles le pouvoient être, et ses denrées au plus haut prix qu'elles eussent été, sans qu'on les vit devenir inutiles, tandis que ses voisins ne demandoient pas mieux que de les prendre, comme on voit à présent. Les particuliers se pouvoient ruiner, ou par trop de dépense, ou par d'autres causes ordinaires; mais le corps de l'Etat n'en souffroit point, et les terres, qui sont le principe de tous les biens, tant réels que d'industrie, changeant de maître, c'étoit sans aucune diminution de leur juste et première valeur, parce qu'il n'y en avoit aucune ni dans la quantité des denrées qu'elles produisent, ni dans le prix, ni dans la facilité du débit. De manière qu'on peut dire que, bien que le Roy tirât de la France sur le pié de cent soixante-quinze millions, et que ces mêmes revenus ne soient guères qu'à cent douze ou cent quinze millions à présent, cependant il levoit beaucoup moins sur les peuples que l'on ne fait, parce que toute la France contribuoit au payement des impôts autant qu'il étoit à son pouvoir, au lieu que présentement il n'y a que la moitié qui soit utile, l'autre étant entièrement ou abandonnée, ou beaucoup moins cultivée qu'elle ne le pourroit être, ou plutôt qu'elle ne l'a été, par des causes qui ne sont rien moins que l'effet du hazard, ainsi que l'on va faire voir.

# SECONDE PARTIE.

## CHAPITRE PREMIER.

Bien que la cause de la diminution des biens de la France dût être une chose aussi constante que la diminution même, cependant, quoique tout le monde convienne de l'un, il s'en faut beaucoup que ce soit la même chose de l'autre. Les commissaires du premier ordre envoyez par tout le royaume, pour trouver les moyens de rétablir ce qui étoit défectueux, étoient une marque certaine qu'on n'étoit pas persuadé que tout fût dans sa perfection, et comme cette tentative a été sans suite, on veut croire que c'est que l'on ne convint pas aisément de la cause du mal, et par conséquent du remède. Les uns ont prétendu dire que c'étoit qu'il n'y avoit plus de commerce : mais c'étoit apporter pour cause du désordre le désordre même ; les autres ont avancé qu'il n'y avoit plus d'argent : mais on vient de voir, dans le changement des espèces, combien ils se sont mécomptez ; et les autres enfin ont allégué l'augmentation des revenus du Roy, pour ne pas dire des impôts, ce qui eût ôté toute espérance de changement, étant difficile de diminuer une chose dont les causes demandent de l'augmentation et jamais de diminution. On a assez fait voir, dans la première partie de ces Mémoires, le peu de fondement d'un pareil raisonnement ; c'est pourquoi on n'en parlera pas davantage, pour passer aux véritables causes de ces désordres.

## CHAPITRE II.

On a prouvé la diminution de tous les revenus de la France par celle du produit des fonds, tant dans le prix de la vente des denrées que dans la quantité de leur excroissance, et que l'un et l'autre étoient l'effet du défaut de consommation, qui étoit pareillement diminuée de moitié, tous les biens du monde étant inutiles à moins qu'ils ne soient consommez. Ainsi, pour trouver les causes de la ruine de la France, il ne faut que découvrir celles de la ruine de la consommation. Il y en a deux essentielles, qui, bien loin d'être l'effet de quelque intérêt public, ne sont au contraire produites que par quelques intérêts particuliers très aisez à faire cesser ou changer, sans presque aucune perte de leur part.

La consommation a cessé parce qu'elle est devenue

absolument défendue et absolument impossible, le premier par l'incertitude de la taille, qui, étant entièrement arbitraire, n'a point de tarif plus certain que d'être payée plus haut. Plus on est pauvre, et plus on fait valoir des fonds appartenans à des personnes indeffendues et plus bas; plus on est riche, et plus on a des receptes considérables, qui portent avec elles le pouvoir de faire payer la taille aux malheureux, parce que l'on tient les terres à plus haut prix pour acheter en quelque manière cette licence, par la protection de ceux à qui elles appartiennent; en sorte qu'il n'est point extraordinaire de voir, dans une même paroisse, une recepte de trois à quatre mille livres de rente ne contribuer que pour dix ou douze écus à la taille, pendant qu'une autre qui ne tient que pour trois ou quatre cens livres de fermage en payera cent pour sa part. Et, comme ni l'un ni l'autre n'ont de titre pour souffrir et faire ce désordre, ils n'y sont maintenus que par une infinité de circonstances dont on parlera dans la suite, infiniment plus dommageables à eux et à tout le corps de l'Etat que la taille même en toute son intégrité. Enfin la consommation est devenue impossible par les aides et par les douanes sur les sorties et passages du royaume, qui ont mis toutes les denrées à un point que non-seulement elles ne se transportent plus au dehors au quart de ce qu'elles faisoient autrefois, mais même elles périssent dans les lieux où elles croissent, pendant qu'en d'autres tout proches elles valent un prix exorbitant; ce qui ruine également les deux contrées, parce que tout pays qui ne vend point ses denrées ne tire point celles des autres. C'est ce que l'on traitera en particulier après avoir parlé des tailles.

## CHAPITRE III.

La taille, qui n'a commencé en France à être ordinaire que depuis que l'Eglise, sous prétexte de dévotions et de fondations pieuses, a si fort surpris les Rois et les Princes qu'elle s'est fait donner généralement tous leurs domaines, qui étoient si considérables qu'ils se passoient aisément de rien lever sur leur peuple, hors les occasions extraordinaires, a toujours doublé tous les trente ans, ainsi qu'il a été dit, depuis son institution, qui est environ le règne de Charles VII, jusques en 1651. Et bien que depuis ce temps-là elle ayt toujours diminué, cependant elle a cent fois plus ruiné le monde qu'elle n'avoit fait auparavant; car bien qu'elle ne soit qu'à trente-six millions par an, et qu'on l'ayt vue à quarante-huit millions en 1650 et 1651, on peut dire toutefois que la misère est trois fois plus grande dans les campagnes qu'elle n'a jamais esté. Et avec tout cela on soutient, comme on le va faire voir présentement, qu'elle pourroit doubler, non-seulement sans incommoder personne, mais même sans empêcher que chacun ne s'enrichît, ce qu'elle ne fait pas présentement. En effet, on peut dire qu'il n'y a pas le tiers de la France qui y contribue, à sçavoir les plus foibles et les plus misérables, et qui ont moins de fonds; en sorte qu'étant trop forte à leur égard, elle les ruine absolument, pour, après qu'ils sont devenus inutiles aux contributions publiques, en aller ruiner d'autres à leur tour; outre qu'une personne ruinée ne consommant plus rien, les denrées de ceux qui se sont exemptés leur devenant inutiles par ce moyen, ils sont bien plus ruinés que s'ils avoient trois fois payé la taille de ceux qui ne sont accablés que par leur crédit ou par celui de leurs maîtres. Et c'est ce qui se comprendra bien mieux par la description que l'on va faire de la manière que les tailles se départissent : d'abord par élection et par paroisses, par messieurs les commissaires départis dans les généralités ; ensuite la façon dont les collecteurs, qui sont élus par les paroisses, l'assoient sur chaque particulier; celles dont ils se servent pour se la faire payer et les autres pour s'en défendre ; et enfin les divers intérêts des receveurs, des juges et des sergens, que le tout se fasse d'une manière ruineuse; en sorte que l'on va faire demeurer d'accord qu'une guerre continuelle seroit bien moins à charge au peuple qu'un impôt exigé d'une pareille façon.

## CHAPITRE IV.

La taille, qui étoit d'abord départie par les élus, puis par les trésoriers de France, et enfin par les commissaires envoyez du conseil, ne produisoit d'abord aucuns des pernicieux effets que l'on voit à présent ; au contraire, la tradition porte que, comme la plus haute taille étoit une marque d'opulence et de distinction, les particuliers se piquoient d'en payer davantage que leurs voisins, pour les préférer aux honneurs, comme on voit arriver aux rétributions de l'Eglise, où l'on voit que les riches veulent se signaler par-dessus les pauvres. Mais aujourd'hui c'est justement le contraire, et lorsque la somme à laquelle une généralité est arrêtée est venue du conseil, tout le monde fait sa cour à messieurs les intendans afin que leurs paroisses soient favorablement traitées, indépendamment du pouvoir où elles peuvent être de payer plus ou moins de taille; en sorte qu'il n'est pas extraordinaire de voir une paroisse de cent feux et du contenu de quinze cens arpens de terre payer beaucoup moins que la paroisse voisine, qui n'en contiendra que la moitié. Mais celui qui cause ce soulagement, qu'on peut appeler une ruine, a pour sa récompense l'exemption de ses fermiers ou receveurs, qui sont à rien ou très peu de chose; mais, par une espèce de contre-échange, ils luy payent la taille, et si les autres fermiers ou détenteurs de fonds à louage tiennent les terres à huit livres l'arpent, ceux des seigneurs les prennent à dix et à onze livres. Quoique quelques intendans bien intentionnez ayent voulu arrêter ce désordre, cependant, comme il étoit impossible que ce fût d'une manière générale, qui ôtât toute jalousie, parce que, de très grands seigneurs se trouvant dans cette espèce, on ne pouvoit pas commencer par eux, comme il eût été de nécessité, pour montrer l'exemple et arrêter tout-à-fait le désordre, ainsi ils ont tous abandonné ce projet dès les commencemens; et cette conduite a passé et passe imperceptiblement d'une condition à l'autre, jusqu'aux personnes qui sembleroient être les moins privilégiez, parce qu'il n'a jamais été constant à quel degré il falloit commencer d'arrêter un si grand mal; en sorte qu'aujourd'hui une des plus agréables fonctions de messieurs les intendans des provinces est cette répartition, parce que, comme l'usage n'est pas que la justice seule en décide, on a recours à tous les moyens qui peuvent être utiles à se faire considérer, un homme étant respecté dans le pays à proportion que ses paroisses sont favorablement traitées par messieurs les intendans. Ce mauvais exemple dans le département des paroisses authorise en quelque façon une pareille conduite dans l'assiette particulière des contribuables de chaque lieu, d'une manière surprenante; en quoy les autres collecteurs ou asseyeurs, outre la pente naturelle qu'on a à suivre les mauvais exemples, se trouvent merveilleusement secondez, ou plutôt forcez, par des intérêts indirects des receveurs des tailles, tant généraux que particuliers, comme l'on le justifiera par la suite.

## CHAPITRE V.

Les départemens étant envoyez dans chaque paroisse, elle élit aussitôt des personnes pour asseoir et cueillir l'impôt, que l'on appelle communément collecteurs; sur quoy il sera dit en passant, ou plutôt par avance, que cette seule fonction, dont il ne revient pas un denier au Roy, coûte plus au peuple, et par conséquent à l'Estat, que la taille même. Les collecteurs élus en plus ou moindre quantité selon que la taille de la paroisse est forte, y en ayant jusqu'à sept dans les lieux considérables, ils se font faire la cour à leur tour pour l'asseoir sur leurs concitoyens; mais c'est de la manière que gens qui croyent que la misère autorise tout peuvent faire; c'est-à-dire qu'on commence par se venger de ceux de qui on croit être blessez en pareille occasion, ce qui se substitue jusqu'à la troisième génération; après quoy on a soin de ses parens et amis riches ou pauvres, ce qui n'est presque d'aucune considération. Ce n'est pas que les moindres collecteurs, parce qu'on en fait de tous les degrez, ont un intérêt plus fort que tous ceux-là, qui est le soulagement de leur pauvreté, à laquelle cette commission donne quelque remise pour la graver d'une manière plus violente : c'est que, comme la taille s'assied à la pluralité des voix, ils prennent de l'argent des riches pour leur vendre leur suffrage, et la moindre corruption est d'en recevoir des repas ; en sorte qu'ayant peine quelquefois à convenir, ils sont des trois mois de temps à s'assembler tous les jours sans rien déterminer, ce qui est autant de temps perdu pour des personnes en qui il compose le principal revenu, outre les autres dépenses, toutes les assemblées ne se faisant d'ordinaire qu'au cabaret. D'ailleurs, la collecte étant en retardement, et par conséquent l'apport des deniers en recepte, les receveurs des tailles, qui ont érigé en revenu ordinaire les courses d'huissiers et les contraintes qu'ils exercent contre les paroissiens faute de payement dans les temps prescrits, ne manquent pas de jouer leur rôle ; de façon qu'autrefois, dans les grands lieux, par où les collecteurs commençoient, c'étoit de prendre de l'argent en rente, en leur propre et privé nom, un seul pour le tout, pour payer le premier quartier de la taille, sauf à racquitter à la fin de la recepte. Mais comme la plus grande partie ne s'asseoit que sur les misérables, ainsi qu'il a esté dit et qu'on en va encore toucher un mot, se trouvant extrêmement des mauvais deniers, et le recours sur la paroisse étant une chose d'une trop longue discussion, et dont l'on ne peut jamais retirer le tiers de ce qu'on y met et de ce qu'il faut avancer pour y parvenir, ils aiment mieux le perdre, et l'on en a vu plusieurs avoir été décrétez pour ces sortes de dettes. Mais pour continuer dans la manière de l'assiette, après avoir fait ce que l'on vient de dire, on épargne ou l'on considère, qui est le mot en usage, les fermiers du seigneur de la paroisse à proportion que l'on croit qu'il s'est employé luy-même auprès de messieurs les intendans pour faire considérer la paroisse; on a le même égard pour les gentils-hommes qui sont de quelque considération, pour ceux qui appartiennent à des personnes de justice, jusqu'à des procureurs et des sergens; en sorte que tout le fardeau tombe sur les artisans ou marchands, qui n'ont autre fonds que leur industrie, à proportion que l'on voit que l'on en pourra être payé; de manière que c'est à ces sortes de gens, qui sont toute la richesse d'un État, à se tenir les plus couverts qu'ils peuvent, et même ils aiment mieux tout abandonner que de se voir exposez en proye à leurs ennemis ou à leurs envieux, ou bien ils se retirent avec le peu qu'ils peuvent avoir amassé dans les lieux francs, où, n'étant pas faits au commerce du lieu, ils n'en ont d'autre que de vivre d'épargne, et par conséquent ne font aucune consommation, au lieu que, s'ils avoient demeuré dans les endroits de leur naissance, ils auroient continué à s'enrichir et enrichir les autres, ce qui est inséparable l'un de l'autre, comme ils avoient commencé; ou bien enfin ils font leurs retraites en des pays étrangers. Il n'y a pas cinquante ans qu'au bourg de Fécamp, sur la côte de Normandie, il y avoit cinquante bâtimens terre-neuviers, c'est-à-dire qui alloient à la pesche des morues en Terre-Neuve, et faisoient par conséquent chacun sur le lieu pour sept à huit mille livres de consommation. Ils n'avoient autre occupation qu'une simple maison pour une femme et leurs enfans, et pour eux lorsqu'ils n'étoient point en mer. Cependant on les a si bien fatiguez par des tailles exorbitantes, qu'on leur faisoit payer aussi fortes que s'ils avoient eu des receptes de dix mille livres, sans nulle protection, qu'ils se sont tous retirez, et il n'en restoit pas trois avant le commencement de la guerre. Les uns ont tout-à-fait quitté le commerce, quelques-uns se sont établis ailleurs, et la plus grande partie, étant de la nouvelle religion, a passé en Hollande, où ils ont acquis des richesses immenses. Le rôle étant enfin achevé de la manière que l'on vient de dire, il en faut faire la collecte, et c'est où les désordres ne sont pas moindres que dans l'assiette.

## CHAPITRE VI.

Comme ce recouvrement est une corvée des plus désagréables que l'on se puisse imaginer, les collecteurs, en quelque nombre qu'ils soient, ne le veulent faire que tous unis ensemble et marchant par les rues conjointement ; de manière qu'aux endroits où il y en a sept, au lieu de se relever, on voit sept personnes marcher continuellement par les rues; et d'autant que la taille ne se tire pas dans une année, à beaucoup près, on voit les collecteurs de l'année présente marcher ou plutôt saccager d'un côté, pendant que ceux de la précédente en usent de même d'un autre. Et lorsqu'il y a quelque estape ou quelques ustenciles à cueillir, comme il faut de nouveaux collecteurs, cela forme une nouvelle brigade sur le modèle des autres, lesquelles jointes ensemble, sans parler de la collecte du sel, qui se fait de la même manière en plusieurs endroits, composent une espèce d'armée; lesquels tous pendant une année perdent entièrement leur temps à battre le pavé, sans presque rien recevoir que mille injures et mille imprécations; et cela parce que, comme, lors de l'assiette, l'intérest des particuliers imposables et qui ne comptent sur aucune protection est de cacher toutes sortes de montre d'aisance, par une cessation entière de tout commerce et de toute consommation, lors de la collecte ils en ont un autre, qui est de ne payer que sol à sol, après mille contraintes et mille exécutions, soit pour se venger des collecteurs de les avoir imposés à une somme trop forte, en retardant par là leur aport en recepte et leur faisant souffrir des courses d'huissiers, ou pour rebuter ceux de l'année suivante de les mettre en une pareille somme, par les difficultés des payemens; de manière qu'après avoir marché une semaine toute entière ils ne remportent souvent que des malédictions, pendant que d'un autre côté ils sont accablés de frais par les receveurs des tailles, qui ont érigé ces sortes de contraintes en revenant-bon de leurs charges; de sorte que lorsque des paroisses, à l'aide de quelques personnes qui leur peuvent prêter de l'argent, payent à jour nommé sans souffrir de courses, elles sont assurées d'avoir de la hausse l'année suivante, parce qu'aux départemens les receveurs sont assez les maîtres, sous prétexte qu'ils sont garands du recouvrement. Ainsi il faut que toute l'année tous les collecteurs soient chaque jour sur pied, et tel les fait venir cent fois en sa maison, pour avoir payement de sa taille, qui a de l'argent caché. Et comme on s'est engagé de montrer que la collecte coûte plus au peuple que ce qui revient de la taille au Roy, attendu la manière dont les choses se font, le tout par son incertitude et son inégalité, qui attire l'obligation d'une cessation entière de tout commerce et de toute consommation, ce qui est la ruine entière d'un Etat, on continuera le détail dont on vient de parler. Lorsqu'après les injures et les imprécations, par lesquelles les contribuables ont jetté une partie de leur bile et de leur colère, il faut enfin venir au payement, voici comme les choses se traitent : les collecteurs n'oseroient trop pousser les taillables, de peur de souffrir un pareil traitement à leur tour. Ainsi, bien qu'ils puissent exécuter eux-mêmes les meubles et les emporter faute de payement, il faut néanmoins qu'ils ayent souffert eux-mêmes forces contraintes de la part des receveurs auparavant que d'en venir à ces extrémités, c'est-à-dire plusieurs courses d'huissiers et de sergens; lesquels d'abord qu'ils sont arrivés il les faut régaler dans des cabarets, afin qu'ils ne fassent qu'une simple course et non une exécution, et leur donner de l'argent indépendamment de celui qu'il leur faut pour leur course, et auquel ils n'ont que la moindre part. Tout cela pourtant dans les commencemens, car dans les fins ce sont toutes exécutions : on amène les besteaux de la paroisse en général, sans s'informer si ceux à qui ils appartiennent en particulier ont payé tout-à-fait leur taille ou non, ce qui est fort indifférent. Il faut encore de l'argent à l'huissier afin qu'il n'amène point les bestes saisies bien loin et qu'il ne les fasse pas vendre sitôt. Et puis, quand l'année va expirer, il n'est plus question de courses ni d'exécutions, mais ce sont des emprisonnemens; et il faut encore de l'argent aux huissiers afin qu'au lieu de mener les collecteurs dans les prisons, qui sont souvent éloignées, ils les mettent en arrêt dans une hôtellerie voisine, où ils vivent aux dépens de leurs confrères. Que si le geôlier les réclame ou a mérité les bonnes graces du receveur par son sçavoir-faire, il les faut mener en prison, où il coûte trois sols quatre deniers par tête chaque jour pour coucher sur la paille; et il faut que leurs femmes ou enfans, éloignés quelquefois de trois ou quatre lieues, leur portent à manger; et comme c'est souvent dans les temps froids, et que les prisons de campagne sont mal conditionnées, ils reviennent presque toujours malades de fatigues et de misères. De plus, à chaque fois que les collecteurs vont en recepte, il ne faut pas oublier un présent à monsieur le receveur des fruits du terroir, quoi qu'ils puissent coûter; autrement, quelque mal que l'on souffre, ce seroit encore davantage. Enfin, considérant la manière dont la taille se départit, s'impose et se paye, et comme la vengeance du trop à quoi l'on croit avoir été imposé se perpétue de père en fils, il faut demeurer d'accord qu'elle est également la ruine des biens, des corps et des ames. On oublioit encore un article, qui est les procez qu'elle cause, s'étant trouvé des paroisses où, dans le premier mois de la taille, il s'étoit donné jusqu'à cent exploits, c'est-à-dire deux cens personnes avoient été occupées à aller plaider l'une contre l'autre en des lieux éloignés, en quittant leur travail et leur commerce par une pure animosité, leur intérest au fond n'étant pas le plus souvent d'un écu, pour lequel ils en perdent le plus souvent plus de cinquante. Ainsi, toutes ces choses jointes ensemble, on répète encore que la moindre incommodité que la taille apporte au peuple est les sommes qui en reviennent au Roy, et la perfection est que, tant ceux qui en sont accablez par l'injustice de leurs sommes que ceux qui exemptent leurs terres, sont également ruinés, parce qu'outre la raison générale, qu'on a marquée plusieurs fois, que ceux qui, pouvant aider à porter la taille, sont ruinez à chaque moment, faute de protection, et surtout par la collecte, lorsqu'ils y passent à leur tour, le nombre des taillables diminue tous les jours; en sorte qu'il faut payer à trente ce que l'on étoit soixante à payer autrefois. D'ailleurs la consommation ne se fait point, et parce que l'on ruine les consommans, et parce qu'aussi ceux qui en auroient le pouvoir n'oseroient, à cause de la conséquence et l'envie que cela leur attireroit dans la répartition. De manière que tous les biens étant diminuez de moitié par cette seule raison, et non par la quantité des impôts, les personnes qui s'exemptent ont bien plus perdu que les autres, y ayant une infinité de grandes receptes, comme de vingt à trente mille livres par an, qui sont diminuez de moitié sans qu'on en puisse accuser la taille, dont ils n'ont jamais rien payé; en sorte que ces personnes, qui n'eussent pas autrefois voulu contribuer d'un vingtième pour un impôt général, et dont l'institution est d'être porté également par tout le monde à proportion de ses facultés, ne font nulle réflexion qu'ils sont punis de leur injustice par la perte de plus de la moitié de ces mêmes biens qu'ils vouloient exempter tout-à-fait; ce qui ne les empêche point de continuer dans la même conduite par ce raisonnement qu'à moins que le contraire ne soit général il ne produiroit aucun effet à leur égard; de manière que ce sera leur rendre un très grand service que de les obliger à faire prendre par leurs receveurs leur véritable part de la taille. Et il n'y a pas de doute que, la seule cause de la diminution étant ôtée, leurs terres ne reprennent leur ancien prix; en sorte qu'ils y gagneront au quadruple, et le Roy et le peuple de même, comme l'on montrera dans la troisième partie de ces Mémoires.

## CHAPITRE VII.

Quoique le chapitre précédent n'ait que trop fait voir les sinistres effets de la taille arbitraire et du pouvoir où chacun est, par son moyen, de ruiner son ennemi ou celui à qui il porte envie, lorsqu'il se trouve sans défense, cependant il ne sera pas hors de propos d'en faire encore remarquer quelques-uns qui, venant comme en sous-ordre, ne sont pas moins déplorables. Premièrement, tous habitans de campagne taillables ne doivent point posséder aucun fonds, depuis que tous ceux qui en avoient de cette espèce les vendirent en 1648 et les années suivantes, parce que, les tailles ayant alors doublé, les riches commencèrent à faire pratiquer l'injustice dans la répa---- ----, en la renvoyant presque toute entière sur le--- ----s, ce qui les mit dans l'obligation et dans la nécessité de vendre tout ce qu'ils avoient de bien. Quoique l'augmentation des tailles eût une cause très juste, qui étoit celle des biens, tant en fonds qu'en industrie, qui avoient doublé le prix où ils étoient trente ans auparavant, on vit alors beaucoup de personnes de campagne vouloir payer autant de taille comme ils avoient de revenu, et se rétraindre à leur simple industrie pour vivre eux et leur famille, sans pouvoir être écoutez, ce qui se pratique encore aujourd'hui quand l'occasion s'en présente; en sorte qu'il n'y a point d'autre ressource pour ces gens-là que de vendre leur bien à vil prix, le plus souvent au seigneur de la paroisse, qui, le réunissant à ses autres biens du même lieu et le couvrant du commun manteau de sa protection, empêche que ses receveurs ne payent pas plus de taille pour cette nouvelle augmentation qu'ils faisoient auparavant; ce qui retourne en pure perte sur toute la paroisse et par contre-coup sur le seigneur, par les raisons qu'on a dit tant de fois. Ainsi les petits fonds ne pouvant plus être ni achetez ni possédez par des particuliers taillables, ils sont baillez dans l'occasion pour rien, faute de marchands, qui est une perte à la masse de l'Estat qui se communique insensiblement aux grandes terres, lesquelles, autour de Paris comme ailleurs, ne se vendent que la moitié de ce qu'elles faisoient autrefois; ce qui ruine une infinité de monde, parce que les hipotèques contractées sur l'ancien prix, comme les partages et autres semblables, qui se payoient aisément dans la première valeur des terres, ne pouvant plus être acquittées à cause du déchet, il en faut venir à des licitations où, la diminution et les frais de justice et le déchet emportant tout, les créanciers et les débiteurs se trouvent également ruinez. L'autre pernicieux effet est qu'un particulier qui possède un petit fonds y applique ses soins et y fait des améliorissemens, soit à planter ou à engraisser les terres, bien plus considérables que non pas lorsque ce même fonds est confondu dans une grande recepte, où à peine le fait-on valoir la moitié, et rien du tout à l'égard de la taille. Et cela est si véritable qu'un fonds de quatre ou six arpens sera baillé aisément à cinquante livres et payera vingt livres de taille, et lorsque par le sort commun il vient aux mains du seigneur ou de quelque puissant, on ne le compte que sur le pié de la moitié et ne fait point augmenter la taille du receveur. Et enfin le troisième et dernier effet de cette incertitude d'impôt est que, comme il faut éviter toute montre de richesse, par les raisons ci-devant traitées, et que l'ame de l'agriculture et du labourage est l'engrais des terres, ce qui ne se peut faire sans besteaux, on n'oseroit presque en avoir la quantité nécessaire quand même on le pourroit, de peur de le payer au double par l'envie des voisins; en sorte qu'il est ordinaire de voir des paroisses où il y avoit autrefois de mille ou douze cens bêtes à laine n'en avoir pas le quart présentement, ce qui oblige d'abandonner une partie des terres dont les fonds ne sont pas très bons naturellement, parce qu'ayant besoin d'améliorations on ne peut ou on n'oseroit les y faire ; ce qui est une perte générale pour l'Estat, qui n'a pas d'autres biens que la culture de ses terres.

## CHAPITRE VIII.

De si grands désordres auroient cessé il y a longtemps si personne n'avoit intérêt à leur maintien ; mais comme les receveurs des tailles, tant généraux que particuliers, se trouvent dans cette situation, ils se sont toujours opposez indirectement au remède qu'on y a voulu apporter ; car comme cette incertitude est le principe de tout le mal, c'est elle-même qui fait une partie de leurs revenus et ce qui les fait agir de la sorte, en quoi ils se trouvent secondez par les élus et les cours des aides. En effet, les receveurs particuliers, outre cet intérêt de frais et de courses d'huissiers et d'exécutions dont on a parlé ci-dessus, et dont ils ont une partie, et les présens que cela leur attire, en ont encore un qui leur est commun avec les receveurs généraux, qui est la remise que le Roy leur fait pour le recouvrement de la taille, qui est présentement de neuf deniers pour livre, et qui étoit autrefois bien plus considérable, ayant été jusqu'à six sols pour livre. Le principe et la cause de cette remise est la difficulté de faire le recouvrement de la taille dans les temps qu'il est nécessaire de la fournir à Sa Majesté; en sorte qu'on suppose que cette gratification leur est faite pour les dédommager des sommes qu'ils sont obligez d'avancer de leurs propres deniers, ce qu'ils ne font assurément point présentement; mais lorsque les particuliers taillables ne sont pas en état de s'acquitter, les collecteurs le font pour eux, ou il leur faudroit périr dans les prisons. De manière qu'anciennement, lorsque les tailles se payoient aisément et à l'envi par les peuples, les receveurs, tant généraux que particuliers, n'avoient que leurs gages, qui sont très considérables; mais ensuite l'injustice s'étant introduite avec la hausse dans la répartition des tailles, en sorte qu'on accabloit les pauvres pour soulager les riches, cela produisoit la difficulté des payemens et l'occasion au receveur de demander des remises pour le dédommager des avances. Ainsi il est de leur intérêt que la taille ayt toujours une montre de difficulté de payement, ce qui ne seroit pas étant justement répartye; car bien loin de ruiner personne de cette sorte, elle est beaucoup au-dessous de ce qu'elle pourroit être sans faire la moindre peine. Il n'en faut point d'autre marque que les lieux taillables, comme les petites villes, qui ont obtenu du Roy le pouvoir de mettre leur taille en tarif, c'est-à-dire, au lieu d'une capitation très injuste et telle qu'on l'a décrite ci-devant, la faculté de la mettre sur les denrées qui se consomment sur le lieu, par où toute injustice est évitée ; car bien que de cette manière elle double le prix précédent, parce qu'outre qu'il faut que celui qui prend ce droit à ferme y gaigne et qu'il luy coûte des frais pour faire ce recouvrement, à cause que cela se perçoit à des portes et qu'il ait besoin de commis, c'est que cette permission, qui est très difficile à obtenir, ne s'accorde qu'à des conditions onéreuses, comme de faire quelqu'ouvrage considérable, outre le prix de la taille, ainsi qu'à Honfleur et au Pont-Eaudemer, où à l'un et à l'autre le tarif a été accordé à condition de bâtir un port. Cependant, avec tout cela, cette concession n'a pas été sitost faite que ces lieux très misérables, où on laissoit tomber les maisons, ont reparu tout d'un coup remplis de richesses et d'abondance, de façon qu'on y a plus rebâti et réparé depuis quatre ans que l'on n'avoit fait trente ans auparavant ; ce qui est aisé à croire, puisque, quoiqu'il se lève le double régulièrement de ce qui se payoit au Roy, toutefois, comme cela fait cesser tous les désordres dont on a parlé, le peuple y gagne vingt pour un. Mais il s'en faut bien que ce soit la même chose des receveurs ni des juges des tailles ; car bien que par une maxime générale la campagne ne vaille qu'autant que les villes tirent et consomment, et que ceux qui se retirent des champs pour les habiter ne le fassent pour faire plus de consommation, on met toutefois dans la concession des tarifs que nul de la campagne ne se pourra retirer dans lesdits lieux dont la taille est mise en tarif, non pas même ceux qui, en étant originaires, n'en seroient sortis qu'un an auparavant; ce qui met hors de doute que, bien loin que cela intéresse la campagne, qu'au contraire c'est ce qui l'a fait valoir, par les raisons que l'on vient de dire. Cependant ceux qui s'y opposent par des intérêts indirects ont la hardiesse d'avancer que les tarifs ruinent la campagne, bien qu'assurément ils sçavent fort bien le contraire, et il ne faut, pour en demeurer d'accord, que comparer les lieux voisins de ceux qui sont en tarif de ceux qui en sont éloignez. Et le manque de bonne foy sur cet article, dans les personnes intéressez, a été si loin que l'on a vu des officiers de la cour des aydes rapporter à leurs confrères qu'entr'autres bonnes affaires qu'ils avoient faites pour le bien de la compagnie, ils avoient empêché plusieurs lieux qui demandoient la concession de mettre leur taille en tarif de l'obtenir, quoiqu'ils fissent des offres très avantageuses à Sa Majesté. Cependant ils n'avoient pas allégué ces raisons-là à messieurs les ministres, mais toutes opposées, sçavoir l'intérest de la campagne. Ce qu'il y a d'épouvantable dans cette conduite est que ce que ces personnes se ménagent d'intérêt, en s'opposant à un si grand bien causé au peuple, n'est que comme un, qui leur en revient, à mille; ce qui est impossible qui ne retombe ensuite sur eux, pour peu qu'ils ayent de fonds d'héritages; et on conviendra aisément de cette supputation pour peu qu'on fasse de réflexion à ces Mémoires. Ainsi des lieux où il se feroit un très grand commerce, si il ne leur étoit pas absolument deffendu par la taille arbitraire, sont contraints de demeurer dans la dernière misère, et ne peuvent obtenir une grace qui semble être de droit naturel, qui est que tout débiteur se puisse libérer en la manière qui lui est plus commode, sans faire de tort à personne; et c'est ce qu'on traitera plus amplement dans la suite, en parlant de la facilité des remèdes du désordre.

On finit l'article de la taille, dans lequel on croit avoir assez fait voir ce qu'on avoit avancé d'abord : que la consommation étoit anéantie parce qu'elle étoit absolument deffendue par la manière dont la taille est imposée et cueillie. Il reste à montrer que, si la consommation est deffendue, elle n'est pas moins impossible, par les raisons que l'on va dire, en sorte qu'on croiroit que les désordres dont on vient de parler seroient sans exemple et plus que suffisans pour réduire les choses au point où elles sont aujourd'hui, c'est-à-dire à une perte de la moitié de tous les biens, sans que personne en aye profité, si ceux qui vont suivre dans ces Mémoires n'étoient encore plus surprenans et plus ruineux, étant en quelque manière la cause des premières, qui, réduisant les peuples dans la dernière pauvreté, les ont comme contraints d'user d'injustice dans la répartition des tailles.

## CHAPITRE IX.

Le meilleur terroir du monde ne diffère en rien du plus mauvais lorsqu'il n'est pas cultivé, comme il arrive à l'Espagne; mais on peut dire en même temps que, quelque gras et quelque cultivé qu'il soit, lorsque la consommation des denrées qu'il produit ne se fait point, non-seulement il n'est pas plus utile au propriétaire que s'il n'y croissoit rien, mais même il le met dans une plus mauvaise situation, parce que, n'y ayant point de culture qui ne demande des frais, ils tournent en pure perte avec les fruits lorsque la consommation ne se fait point. C'est l'état où les aides et les douanes sur les sorties et passages du royaume ont tellement réduit les meilleures contrées de la France qu'on ne craint point de dire qu'elles ont fait et font tous les jours vingt fois plus de tort aux biens en général qu'il n'en revient au Roy, de la manière qu'elles sont disposées ; ce qui se justifiera parfaitement par la description du détail de ce qui se passe en la perception de ces deux droits, et ne laissera qu'un étonnement, que le mal ne soit pas encore plus grand, ayant des causes si pernicieuses. Mais avant que de passer plus avant on établit pour principe que consommation et revenu sont une seule et même chose, et que la ruine de la consommation est la ruine du revenu ; de manière que, lorsque dans la suite on dira que tel impôt, ne rapportant au Roy que cent mille livres, diminue la consommation sur le prix ou sur la quantité de deux millions, cela signifiera réellement et de fait deux millions de diminution dans le revenu. On parlera d'abord des aydes et ensuite des douanes sur les sorties.

## CHAPITRE X.

Ce qu'on appelle ayde est un droit qui se perçoit tant

sur le vin qui se vend en détail que celuy qui entre en des lieux clos ; il est fort ancien et a succédé au vingtième qui se prenoit sur toutes sortes de denrées vendues par le propriétaire, après sa provision prise, et ce droit de vingtième avoit succédé à la dixme royale de tous les fruits de la terre, qui faisoit autrefois tout le revenu des princes, ayant été de tout temps la redevance la plus certaine de la royauté, l'Ecriture sainte et l'histoire romaine faisant mention également que les Roys la percevoient. Ce droit d'ayde n'a pas toujours été égal, mais s'est perçu tantôt dans un pays sur le pied du seizième, du douzième, du huitième, et tantôt, dans un autre, sur le pied du quatrième denier de la vente en détail des liqueurs, comme en Normandie, où il est partout sur ce pied ; à quoy ajoutant quelques nouveaux droits, tels que le quart cy-dessus, le droit de jauge, cela va presqu'au tiers. Et comme le principal débit se fait dans les villes et lieux clos, les droits d'entrées pour le Roy, pour les hôpitaux et pour les villes, même à cause des charges publiques, composent des sommes, lesquelles, jointes avec tous ces droits de débit, font un capital qui excède beaucoup le prix de la marchandise, surtout dans les petits crus, s'étant trouvé des années où les droits ont été vingt fois plus forts dans le détail que le prix en gros de la denrée ; ce qui anéantit si fort la consommation qu'il faut que les pauvres ouvriers boivent de l'eau, les liqueurs dans le débit étant en un prix exorbitant, ou qu'ils vendent leurs manufactures beaucoup plus cher, ce qui anéantit le commerce étranger, parce que les horsains, trouvant les marchandises trop chères, ont établi des manufactures dans d'autres royaumes où les ouvriers ont passé et passent tous les jours, ce qui se justifieroit par une infinité d'exemples. Ainsi, par une conséquence nécessaire, les fruits de la terre deviennent à rien, et l'on en abandonne absolument la culture. Il y a une infinité d'arpens de vignes, vendus autrefois des mille livres, qui sont aujourd'huy laissez en friche ; ce qui, après avoir ruiné les propriétaires et leurs créanciers, ruine ensuite, par le raisonnement traité dans la première partie, tous les revenus d'industrie, qui n'ont d'être et de mouvement qu'autant qu'ils en reçoivent des revenus en fond ; en sorte qu'une pareille diminution se multiplie dix fois sur tout le corps de l'Etat, jusque-là que quoiqu'en Normandie le naturel du pays rende la dernière chose susceptible des effets de la misère, cependant, aux lieux dont la principale richesse consistoit en vins et en boissons, toutes les charges de judicature et ses dépendances ne sont pas à la sixième partie de ce qu'elles étoient autrefois ; ce qui diminuant également la part que le Roy prend dans ces sortes de fonctions, comme le papier timbré, les amendes et les contrôles d'exploits, on peut dire qu'il rachète au triple l'augmentation qu'on a prétendu luy procurer dans celle des droits d'aydes, qui sont presque seuls cause de la ruine générale.

## CHAPITRE XI.

Les aydes se recevant autrefois comme les tailles n'étoient point en party, et le premier bail général qui s'en trouve est fait en 1604, par cinq cent dix mille livres;

et quoiqu'il fût pour dix ans, au bout de deux ou trois seulement le fermier se fit bailler une hausse sous main, avec une prolongation de trois à quatre ans; ce qui ayant continué de la même manière, ceux qui les tenoient continuant ce jeu pour faire perdre la trace du profit qu'ils y faisoient, en moins de quinze ans la ferme se trouva à quatorze cent mille livres, et de cette manière le bail a si bien haussé que les aydes sont à dix-neuf millions ou environ aujourd'huy. On a fait ce détail pour établir deux choses : que, depuis 1604 jusqu'en 1619, les fermiers de ces droits gagnèrent des sommes exorbitantes, et que, depuis ce temps-là jusqu'en 1670, il n'y en a eu presque aucuns qui n'ayent profité considérablement; ce qui est la cause de tout le mal, parce que les hausses des baux n'étant point sans l'adition de quelque nouveau droit, quoique ceux qui étoient établis produisissent déjà une grande diminution à la consommation, et par conséquent au revenu de la France, cependant la quantité des fortunes que cela produisoit (ce qui étoit inséparable des hautes protections) ôtoit toute espérance que le mal pût recevoir de remède. Et ce qu'il y a de plus merveilleux est que, tandis que d'un côté l'on diminuoit les tailles, dont la quantité n'étoit point du tout la cause de la misère des peuples, on haussoit les aydes, qui faisoient tout le désordre, et cela parce que la taille ne cause point de ces grandes fortunes à ceux qui s'en mêlent, et les aydes au contraire ont toujours produit les hautes élévations que l'on a vues jusqu'icy. En effet, les douze millions de diminution aux tailles, depuis l'année 1651, n'est justement que ce que les aydes ont souffert d'augmentation depuis ce même temps; et ce qu'il y a de plus fâcheux, c'est que, lorsque le produit des fermes n'a pu enrichir des fermiers d'une façon directe par la consommation ordinaire et qui se pouvoit faire, ils ont eu recours à des moyens indirects que l'on ne pourroit pas croire si on ne les voyoit tous les jours de ses yeux.

## CHAPITRE XII.

Les droits des aydes ayant été mis sur un pied exorbitant, il a fallu de deux choses l'une : ou abandonner tout-à-fait à vendre des liqueurs en détail, ou tromper les fermiers sur la quantité du débit. On a fait l'un et l'autre en partie, c'est-à-dire cette sorte de consommation a été réduite au quart de ce qu'elle étoit auparavant, ce qui est déjà une perte inestimable pour l'Etat, et pour le peu que l'on n'a pu se dispenser de vendre, il a été nécessaire d'user de fraude ; ce qui se fait par le moyen de caves inconnues dans lesquelles on reposte des liqueurs sous des noms empruntez, et d'où l'on tire la nuit, pour remplir les futailles que l'on a déclarées en vente, ce qui en est sorti pendant le jour, à quelque chose près; sans quoi le cabartier perdroit considérablement sur la marchandise, quand même il donneroit sa peine pour rien. Et comme il étoit impossible aux fermiers des aydes d'empêcher ce désordre par des voyes ordinaires, en vérifiant la fraude par témoins, ils ont obtenu des édits et déclarations qui portent que les procez-verbaux de leurs commis, quels qu'ils soient, feront foy dans tout leur énoncé ; et comme il ne s'en fait aucune enqueste de vie et de mœurs lors de leur réception, et qu'ils ont d'ailleurs le tiers des amendes et confiscations jugées en conséquence de leurs procez-verbaux à leur profit particulier, ils sont absolument juges et parties, et ont en leur disposition les biens de tous les hôteliers de leur distric ; et s'ils ne les font pas périr tous dès l'entrée de leur bail, c'est qu'il n'est pas de leur intérêt de le faire qu'à la fin, après qu'ils ont gaigné quelque chose. Ils usent d'une autre manière pour faire leur compte, également dommageable au corps de l'Etat, qui est que, comme par le moyen de leurs procez-verbaux ils sont maîtres de tous les biens des hôteliers, ils ne souffrent vendre qu'à ceux qu'il leur plaît, c'est-à-dire à ceux qui achètent des liqueurs d'eux seuls, à tel prix qu'ils y mettent, tous les commis en faisant marchandise, ce qui étoit anciennement défendu par les ordonnances ; et comme ils y mettent un prix exorbitant, le vendant trois fois ce qui leur coûte, pour faire que les hôteliers le puissent débiter d'une façon proportionnée, ce qui ne seroit pas si chacun étoit en pouvoir ou de vendre ou d'en faire sa provision, ils ont grand soin d'empêcher l'un et l'autre par les moyens que l'on vient de dire, et auxquels on en va encore ajouter d'autres. Car premièrement, comme ils ne pourroient pas aisément avoir des commis dans tous les lieux écartés pour tenir l'œil qu'il ne se fît point de fraudes dans le débit, en visitant trois ou quatre fois le jour les caves, pour voir de combien les futailles sont diminuées, ce qui consommeroit tout le produit, ils ont de coutume d'en faire périr dans les lieux éloignés autant qu'il s'en veut élever ; ce qui a si bien banni cette sorte de consommation dans les campagnes que, lorsque ce n'est pas dans une grande route, on fait des sept à huit lieues de chemin sans trouver où apaiser la soif ; de manière que, tous les cabarets étant dans les villes et gros lieux, les commis sont maîtres de toute la consommation en détail, dont ils ne peuvent tirer aucune utilité en leur particulier qu'en la réduisant à la sixième partie de ce qu'elle étoit autrefois, comme on peut dire qu'elle est aujourd'hui, non-seulement à l'égard des hôteliers, mais même en ce qui regarde les particuliers. Car comme il faut aller querir le vin dans les lieux où il croît, le plus souvent par charoy, il y a des édits qui portent qu'il faudra faire des déclarations avant que d'entrer dans les lieux clos du passage et payer de certains droits, et à d'autres montrer seulement les congez de passer que l'on a pris au premier bureau. Comme ce sont presque toujours les mêmes fermiers qui font valoir les droits, l'intérêt des commis étant que personne qu'eux ne fasse le commerce des vins et qu'il y aye moins de monde qui se puisse qui en fasse sa provision, afin de réduire dans la nécessité d'aller au cabaret, ils font les choses d'une manière que, quand on a une fois fait cette route, il ne prend point envie d'y retourner; car premièrement, avant que de se mettre en chemin, il faut aller faire sa déclaration au bureau prochain, prendre une attestation de la quantité de vins qu'on voiture, et, si l'on est éloigné du bureau, perdre une journée à attendre la commodité de monsieur le commis, qui n'est jamais le temps de l'arrivée du voiturier. Ainsi il faut qu'ils jeûnent ou qu'ils aillent manger au cabaret. Ensuite s'étant mis en chemin, il faut au premier lieu clos s'arrêter à la porte pour aller pareillement porter sa déclaration et voir si elle est conforme et si les futailles sont de jauge déclarée. Monsieur le commis n'est souvent pas au logis, ou n'y veut être, ni le jaugeur non plus, pendant lequel temps il faut que les chevaux soyent au vent et à la pluye, n'y ayant hôtelier assez hardi pour leur donner le couvert que tout ne soit fait. Que si les jaugeurs ne se rapportent pas, comme cela peut arriver, il n'y va pas moins que de la confiscation de la marchandise et des chevaux, ou bien il faut se racheter par une honnêteté à monsieur le commis, qui excède trois fois le profit que l'on peut faire sur sa voiture. Que si encore les chevaux se sont déferrez en chemin et qu'on n'aye pu atteindre le lieu de déclaration qu'un peu tard, on dit que l'on n'en reçoit point après soleil couché ; de sorte qu'il est nécessaire d'employer une fois plus de journées pour faire ce chemin qu'il ne faudroit sans ces désordres. Et comme les hôtelleries sont d'une cherté effroyable, à cause du prix exorbitant des boissons, les hôteliers déclarant qu'à quelque prix qu'ils mettent le vin ils y perdent encore, attendu les grands droits, et qu'ainsi il faut qu'ils se sauvent sur les autres denrées, qu'ils vendent quatre fois leur prix ordinaire, par cette raison il s'ensuit qu'une seule couchée dehors de plus emporte tout le profit, quand même tous les inconvéniens qu'on vient de dire n'y seroient pas. De plus, comme il y a des droits à payer par avance, soit que le vin que l'on voiture se conserve ou se gâte, comme cela arrive fort souvent, cela retarde encore extrêmement cette sorte de commerce et rompt celuy qui se pourroit faire par échange de marchandise en marchandise, attendu qu'il faut de l'argent comptant. D'ailleurs, les droits se prenant sur tout le contenu en la futaille, et étant ce qu'il y a de plus cher que ces droits, qui excèdent de beaucoup ce qui peut revenir au propriétaire, pour les sauver en partie on tire les liqueurs à clair ; en sorte que n'étant plus nourris par leur lie, surtout les sidres en Normandie, ils s'aigrissent aisément et causent des maladies à ceux qui sont dans la nécessité d'en boire, comme sont tous les pauvres, outre que cela diminue encore extremement cette sorte de consommation.

## CHAPITRE XIII.

Quelque évident que ce soit ce qu'on a dit dans le chapitre précédent, pour peu que l'on aye l'usage du monde, il ne sera pas néanmoins mal à propos de le fortifier de quelques preuves réelles et éloquentes de la première classe, afin de montrer jusqu'à quel point les aides ont poussé cet intérêt de ruiner la consommation, et par conséquent le pays, pour une utilité particulière qui ne va pas à la millième partie du mal qu'ils font au corps de l'Etat, ce qui est la source générale dont le Roy tire tous ses revenus. Bien que la Normandie, généralement parlant, ne soit pas un pays de vins, cependant le voisinage de la mer du Nord, où il est tout-à-fait inconnu, fait que le peu qui y croît, ou qui y croissoit, les trois quarts des vignes ayant été arrachés depuis trente ans, se vendoit parfaitement bien, et c'est dans ce même canton qu'il y a eu des arpens de vignes vendus des mille livres, ainsi que l'on a dit, et depuis entièrement abandonnées, le terroir, ordinairement cailloueux, n'étant bon à rien après que la vigne est arrachée. C'est tout le canton qui se trouve depuis Mante jusqu'au Pontdelarche, ce qui pouvoit faire autrefois environ vingt mille arpens en vignes seulement. Bien que ce soit un fort petit cru, eu égard au vin de Champagne, et même de ceux qui sont au-dessus de Mante, cependant c'étoit un revenu très certain pour les propriétaires qui prenoient très grand soin à faire ménager leurs vignes, y ayant différence de plus de moitié entre les bien accommoder ou les négliger. Mais depuis qu'on a mis le droit de sept francs pour muids de toutes sortes de vins qui passeroient les rivières d'Eure, Seine, Andelle et Iton, pour aller aux provinces de Normandie et Picardie, où il n'en croît point, cet établissement, qui n'eut, à ce que porte la tradition, depuis trente ans, qu'un principe d'intérêt particulier de faire valoir quelque contrée de la Champagne, en mettant la Picardie dans l'obligation de ne se fournir de vins que dans cette province, coûte depuis ce temps-là plus de quinze millions par an aux provinces de Picardie, Normandie et Isle-de-France; et à l'égard du Roy, pour quatre-vingt mille livres que cela lui porte, qu'on est bien assuré qu'il ne voudroit pas avoir à ce prix, quand même son intérêt ne se rencontreroit pas contraire, sur la seule élection de Mante on a été dans l'obligation de diminuer les tailles de quinze mille livres, et ce qui en reste est payé avec bien plus de difficulté que n'étoit le total autrefois, sans qu'on en puisse coter d'autres raisons de notoriété publique que la naissance de ce droit. En effet, depuis ce temps les vignes sont venues en non-valeur, et ç'a été un très bon ménage, en quantité d'endroits, de les arracher, puisqu'après avoir fait les frais de la culture et de la récolte, et que les vignerons s'étoient endettés pour ce sujet, on avoit le malheur de voir gâter le vin dans les caves sans en pouvoir trouver le débit, par les raisons traitées ci-dessus; en sorte qu'on montrera des procès dans lesquels des marchands de fustailles, les ayant vendues à crédit avant la récolte, n'ont pas voulu pour leurs payemens les reprendre avec le vin dont elles étoient remplies, dont néanmoins on ne leur demandoit rien, quoique ce même vin, à dix ou douze lieues de là, valût un prix exorbitant.

## CHAPITRE XIV.

Bien que ce désordre des aydes ne soit pas général en un si haut point dans toute la France, cependant, outre qu'il y a eu des contrées qui en soient tout-à-fait exemptes, on peut dire qu'il suffit qu'une diminution considérable se fasse ressentir sur telle partie des denrées que ce soit pour communiquer ce mal à toutes les espèces, par une participation nécessaire de cherté ou d'avilissement de prix que toutes les marchandises de même sorte ont les unes avec les autres à l'égard du prix du marchand, surtout dans un même État. De même qu'il suffit qu'il se rencontre deux sacs de blé plus qu'il ne faut pour la consommation ordinaire, et que le marchand est obligé de vendre à quelque prix que ce soit, pour apporter une extrême diminution au prix des blés dans ce marché, et s'il en arrive de même dans les marchés suivans ce mal va toujours en augmentant, et, après s'être communiqué à la contrée, il gagne les pays les plus éloignés, ainsi les vins qui se consommoient autrefois par le transport qui s'en faisoit aux pays où ils manquoient, et les autres marchandises qu'on en rapportoit en contr'échange, pour faire au moins valoir la voiture du retour, ne pouvant plus passer par les raisons traitées ci-dessus, non-seulement deviennent en pure perte au propriétaire, mais encore ruinent celle des voisins qui les eussent pu faire consommer sur le lieu, parce que, le prix en étant avili par cette grosse abondance, il ne peut pas même suffire pour les frais des façons, qui sont toujours les mêmes, comme les journées d'ouvriers, gages de valets, qui ne baissent jamais lorsqu'ils ont une fois gagné un prix certain, y ayant une espèce de pacte tacite parmi ces sortes de gens d'aimer mieux mendier ou jeuner que de rien rabattre de leur prix ordinaire, l'abondance étant très propre à les maintenir dans cette fierté, parce que, l'avilissement des denrées leur faisant gagner en une journée ou deux leur nourriture de toute la semaine, ils tirent de là avantage pour contraindre leurs maîtres de ne leur rien diminuer, dans la nécessité où ils sont, ou de tout abandonner, ou de faire faire leurs besongnes à quelque prix que ce soit; ce qui ruine les fermiers des terres dans la suite, et par conséquent leurs maîtres et leurs créanciers, par une gradation qui va jusqu'à l'infini, et qui doit tout son principe à la cessation de la consommation; en sorte que, les terres venant à être licitées, sont données presque pour rien, ce qui se communique aux autres provinces; de manière qu'en Bretagne, où ce désordre d'ayde et de taille est inconnu, les terres ne laissent pas d'être diminuées de la moitié de leur ancien prix, par la contagion de la proximité de la Normandie. Et il en va de même, à plus forte raison, des autres provinces qui ne jouissent pas de si grands priviléges que la Bretagne; et c'est un si grand coup d'État de ne laisser pas baisser le prix une fois contracté par des marchandises, par les conséquences qu'on a traitées, que les Hollandois, à qui la pratique a appris tout ce qui se pouvoit sur le commerce, bien loin de les avilir pour tout un Estat par un intérêt particulier, au contraire, lorsqu'il s'en rencontre trop, comme du poivre, parce que l'année a été trop abondante ou que la consommation n'a pas répondu, ils le jettent dans la mer, par ce premier principe que, pour conserver l'harmonie d'un Estat, il faut que toutes ses parties contribuent à sa richesse, ce qui ne se peut dès lors que les proportions sont levées, et ce qui arrive dans la situation dont on vient de parler.

## CHAPITRE XV.

Il reste à traiter des douánes qui se payent sur ce qui sort du royaume, qui cause à peu près les mêmes effets que les aydes, avec cette différence que les désordres en sont d'autant plus déplorables qu'au lieu que le plus grand mal des aydes tombe sur le dedans du royaume, ce qui est aisé à rétablir, quand on voudra ne pas sacrifier l'intérêt général à celui de quelque particulier, le désordre des douanes, au contraire, en diminuant absolument le revenu du Roi, a banni les étrangers de nos ports, et les a obligez d'aller chercher dans d'autres pays, à meilleur compte, des denrées qu'ils venoient autrefois quérir chez nous; et cela pour enrichir les commis et directeurs de ces droits, les principaux fermiers y perdant aussi bien que le Roy; en sorte qu'un si petit intérêt a causé tous les désordres que souffre un Estat qui ne trouve plus le débit de ses marchandises. On appelle communément douanes le droit qui se tire des denrées qui s'enlèvent hors le royaume ou qui sont apportées du dehors, ou même celles qui ne font que passer d'une province en l'autre, quoique souvent le chemin qu'elles font ne soit que très peu considérable. Tant qu'elles ont été modérées, elles n'ont fait aucun désordre; mais aussitost qu'elles ont été portées à un prix exorbitant, elles ont été également dommageables et au Roy et à l'Estat, puisqu'elles ont banni tout commerce étranger, les peuples du dehors ayant été contraints d'apprendre nos manufactures, en attirant nos ouvriers, et d'aller chercher à meilleur compte nos denrées d'excroissance, comme nos bleds et nos vins, en d'autres pays, qui se sont enrichis à nos dépens, et ont appris à devenir bons ménagers depuis que nous avons cessé de l'être. Et il semble qu'on devroit être moins tombé dans ce désordre que dans les autres, après ce qui étoit arrivé du temps d'Henri IV au sujet des douanes, dont le récit, qui se trouve dans un historien contemporain, prouve plus que tout ce qu'on pourroit apporter sur ce sujet. A la paix de Verveins, bien qu'un des articles du traité portât que les droits d'entrée et de sortie des marchandises dans les Estats des Rois d'Espagne demeureroient dans la situation où ils avoient toujours été, sans pouvoir être haussez réciproquement, cependant Philippe III, nouvellement arrivé à la couronne, étant peut-être malcontent de la paix, voulut y donner atteinte par quelque infraction; il haussa dans ses ports extrememement tous les droits d'entrée et de sortie. La France en ayant fait autant comme par représaille, bien qu'on n'eût point augmenté le prix de la ferme, cependant les fermiers firent banqueroute entièrement et ne purent satisfaire à leur bail, à cause de cette grande diminution que cela apporta à la consommation et au commerce; et il n'y a pas longtemps que la même chose arriva en une ville de France, où, l'impôt sur l'enlèvement des eaux-de-vie pour l'Angleterre étant excessif, celui qui avoit sous-fermé les aides de cette ville, comme cela arrive quelquefois, n'ayant eu aucun produit de cet article la première année de son bail, à cause du prix exorbitant, ces mêmes étrangers ayant pris un autre style, qui étoit d'envoyer de très petites barques au bas des rochers de la côte, au haut desquels les pauvres gens transportoient de nuit des barriques d'eau-de-vie, et puis avec des cordes les descendoient dans ces barques, en sorte que le fermier n'en recevoit rien du tout, il fit sçavoir, l'année suivante, qu'il se contenteroit de la moitié du droit permis par son bail; ce qui lui fit un produit considérable et remit l'abondance dans le pays, le commerce n'étant jamais le même lorsqu'il se conduit en cachette comme quand il se fait ouvertement.

Mais pour venir davantage aux causes du désordre, il faut descendre au détail. Tous les édits faits au sujet des douanes et passages portent, par un style général, obligation de déclarer, avant l'ouverture des ballots, à l'égard de ceux qui arrivent, la qualité, quantité, poids, mesures, diversité des marchandises que l'on veut transporter ou qui arrivent, le tout à peine de confiscation et de grosses amendes. Si, après l'ouverture, la vérification qui s'en fait ne se trouve conforme à la déclaration qui a été mise par écrit, article par article, le tout est confisqué, sans qu'on soit reçu, pour éviter cet inconvénient, d'abandonner la marchandise à la visite, pour payer tels droits qu'on voudra demander; et ces confiscations se partagent en trois parts, sçavoir : le tiers aux moindres commis qui agissent à la garde, le tiers au directeur ou receveur, et le tiers au fermier, avec cette différence que ce dernier est à la discrétion du directeur, qui se met peu en peine de lui pourvu qu'il fasse sa fortune, qui lui est immanquable du moment que les droits de douane sont en un point si exorbitant que toute la consommation et le commerce en soient ruinés. Car si ce qu'on paye sur les denrées est une chose aisée, qui n'interrompe point le trafic et par conséquent la richesse du pays, le Roy en tire à la vérité bien davantage de cette sorte, mais jamais le directeur ne fera de fortune, ni tous ceux qui sont employez à la levée de cet impôt. C'est ce qu'on va faire voir par des faits si certains et si constans qu'il sera impossible de ne pas convenir de cette vérité; mais auparavant on dira que ces places de receveurs ou directeurs sont les premières commissions que les princes ne méprisent pas de demander pour leurs créatures, en sorte que ce sont gens d'une haute protection, et lorsque la main dont ils tiennent leurs emplois n'est pas publiquement visible, c'est marque qu'ils ne prêtent que leur ministère à d'autres personnes puissantes qui en tirent ce qu'il y a de plus utile. Il est encore à remarquer que ceux qui nomment à ces conditions, pour faire valoir l'obligation qu'ils veulent qu'on leur en ayt, disent une chose qui paroît assez extravagante, si tout le monde n'en étoit témoin, qui est que cet employ rapportera cinq ou six mille livres de rente, quoiqu'ils n'ayent bien souvent que douze cens livres de gages, sur quoi il faut payer le bureau, les lettres et autres menus frais. C'est par où ceux de ces commis qui ont quelque conscience sauvent leur scrupule, en prétendant recevoir par là une permission tacite de tromper le Roy, le public et leurs maîtres.

## CHAPITRE XVI.

Les droits de douane, principalement sur les sorties du royaume, étant une fois mis sur un pied exorbitant, après que le commerce des denrées qui se transportent en est extremement diminué, la partie qui reste ne peut subsister que de la manière que l'on va dire : ou il faut frauder tout-à-fait la douane par des transports secrets pendant la nuit, ou s'accommoder avec le directeur pour tromper les maîtres. Dans l'un et l'autre cas il fait son compte; car si on hazarde en tâchant de frauder, comme il est impossible de n'être pas quelquefois pris, de plein droit il appartient le tiers de la confiscation au directeur; mais bien souvent il ne fait point éclater la chose, et traite de la part de son maître, le marchand y gagnant encore assez, quand il la perdroit toute entière, de sauver les autres suites d'une confiscation. L'autre manière leur est pour le moins aussi avantageuse, qui est de s'adresser d'abord à eux et de traiter de bonne foi de la remise qu'ils veulent faire, moyennant une honnêteté à leur profit, des droits de leur maître, et par conséquent du Roy, en quoy ils se montrent honnêtes gens et de composition. Ainsi, d'une manière ou d'autre, il faut que les droits soient grands ; c'est à quoy leurs protecteurs ont soin de veiller, et de faire périr plutôt tout un pays que de souffrir les douanes à un point que les marchandises les puissent supporter sans obliger de recourir à un de ces deux expédiens. Et dans la crainte que l'excez des droits ne suffise pas pour arriver à leurs fins, ils ont surpris des édits de messieurs les ministres qui mettent les biens du marchand à leur discrétion, qui est que, bien que par toutes les loix du monde c'est au demandeur à établir sa demande, dans la douane c'est tout le contraire ; ainsi qu'on l'a montré au chapitre précédent, le marchand doit enseigner au receveur ce qu'il luy faut, article par article, et ce qui est rédigé par écrit par une partie qui a intérêt qu'on se méprenne. Que si cela arrive par mégarde, étant presque impossible que cela soit autrement, ils disent, pour raisons d'un procédé si injuste, que s'ils se méprenoient on ne les radresseroit point. Mais pour montrer que c'est un piége qu'ils veulent tendre, en faisant naître un procez où ils sont juges et parties, il ne faut que répondre que c'est à eux à sçavoir leurs édits et leurs attributions, et par conséquent ce qui leur appartient, et non pas au marchand, qui n'en peut rien apprendre que par eux. En second lieu, s'ils appréhendoient si fort de se méprendre, ils n'ont qu'à faire comme tous les vendeurs, à demander beaucoup plus qu'il ne faut ; assurément le marchand les radressera, ou ils n'y perdront pas ; mais de vouloir faire établir une diminution par le défendeur, qui la doit moins sçavoir, sous peine de tout perdre s'il se méprend, au lieu que l'erreur dans le demandeur ne seroit que très peu de chose, supposé même qu'il s'y en rencontrât, c'est la dernière des injustices, qui n'a d'exemple que dans l'inquisition d'Espagne, qui passe pour le tribunal le plus violent du monde. On passe sous silence les autres manières qu'ils apportent pour fatiguer les marchands, étant quelquefois six ou sept jours sans trouver le temps de recevoir les livraisons des marchandises, soit pour tirer une contribution de leur diligence, ou même qu'ils ayent été déjà salariez pour apporter du retardement au transport. De quelque manière que les choses se passent, on n'en peut avoir aucune justice, parce qu'ayant de fortes protections ils ne reconnoissent aucuns des juges ordinaires, mais en ont de particuliers qu'ils nomment eux-mêmes. C'est de cette sorte que les directeurs des douanes se sont enrichis à mesure que le commerce, tant du dedans qu'au dehors du royaume, s'est diminué, les mêmes désordres se pratiquant tant dans le transport d'une province à l'autre qu'au sortir du royaume.

## CHAPITRE XVII.

Il s'enlevoit autrefois une quantité de bleds en France, surtout en Normandie, pour les pays qui en manquoient, et comme elle en produit plus, étant bien cultivée, qu'elle n'en peut consommer, elle est ruinée du moment que le transport ne s'en fait plus. C'est ce qui est arrivé par l'impôt de soixante-six livres sur chaque muids qui sortoit le royaume ; de sorte que les étrangers sont allez s'en pourvoir à Dantzic et à Hambourg, et la trop grande quantité qui en est demeurée dans le pays a fait cesser à labourer les médiocres terres et négliger en plusieurs endroits les meilleures, et par ce moyen mettre une famine à l'argent non moins préjudiciable au corps de l'Etat que celle qui arrive au bled. Car comme, quand cela advient, c'est que la proportion étant ôtée entre ce qu'on veut avoir, qui est le bled, et ce qu'on baille en contr'échange, qui est l'argent, tout le commerce demeure, le même désordre se rencontre lorsque, les bleds étant à vil prix, il en faut beaucoup plus pour avoir de l'argent ; ce qui produit le même effet à l'égard de la république, qui, ne pouvant s'entretenir que par un commerce et une circulation continuelle où les proportions sont absolument nécessaires, tout cesse à même temps qu'elles ne se rencontrent plus, quoi que ce soit qui en soit cause; de manière que, comme au Pérou on meurt de faim au milieu de l'argent, on est très misérable en France dans l'abondance de toutes les denrées nécessaires à la vie. Et ce qui est plus déplorable, c'est que ces malheurs, qui arrivent souvent ailleurs par nécessité, ne se trouvent en France que par une forte méprise, ou plutôt par des intérêts indirects dont il ne revient rien au Roy, outre que les années stériles ne pouvant être secourues par les abondantes, qui ne sont plus d'un rapport à l'accoutumé, on a vu depuis trente ans, ou le bled hors de raison, ce qui faisoit périr les pauvres, ou à vil prix, ce qui ruinoit également et les riches et les pauvres, ces premiers ne pouvant fournir de travail à ceux-cy, qui ne peuvent subsister que de ce seul revenu. Et on ne doit point objecter que cette obligation de laisser les grains dans un pays soit un remède certain contre la famine, puisqu'outre que l'expérience a fait voir le contraire, les bleds ayant été à un prix excessif quatre fois depuis trente ans, au lieu que dans l'espace de cent ans auparavant la même chose n'étoit pas arrivée, c'est qu'une année stérile n'étoit jamais guère secourue que par la précédente, ou au plus par celle d'auparavant, les bleds en France n'étant pas, généralement parlant, gardez plus longtemps, et le surplus est consommé à vil prix par des engrais ou par l'impatience des maîtres qui veulent être payez de leurs fermiers, ou parce qu'on n'a pas de lieu propre pour les garder et remuer souvent comme il seroit nécessaire. Et bien loin qu'un impôt qui a causé une ruine si générale ait apporté quelqu'utilité au Roy, c'est tout le contraire, puisque, n'en ayant jamais reçu un sol, il a perdu les droits d'entrée sur les marchandises que ces mêmes étrangers apportoient en venant querir nos bleds. Il y avoit autrefois une fort bonne manufacture de chapeaux fins en Normandie, qui valoit une très grande somme au Roy, soit par droit d'entrée des matières qui venoient du dehors, ou par la sortie lorsqu'elles étoient ouvragées ; on doubla ce droit, et aussitôt les ouvriers passèrent aux pays étrangers, où ayant étably des manufactures de chapeaux fins à eux jusqu'alors inconnues, les droits du Roy furent réduits à la sixième partie de ce qu'ils étoient auparavant.

Les cartes à jouer se fabriquoient en France, surtout à Rouen, pour toute l'Europe et même pour tout le Nouveau-Monde des Espagnols ; un impost de rien, qui servoit seulement d'occasion aux directeurs de fatiguer les marchands, a fait pareillement transporter cette manufacture en une infinité d'endroits.

Le papier s'enlevoit pareillement en une très grande quantité, et il a reçu le même sort des mêmes causes.

Les pipes de tabac, qui se fabriquoient en quantité, ont pris la même route par de pareilles raisons.

Les baleines à accommoder les habillemens ont été longtemps uniquement apprêtées à Rouen pour toute la terre où l'on en use, et comme les douanes pour l'entrée de la matière haussoient à tous momens, pour les éviter on faisoit faire à cette sorte de marchandise quatre ou cinq cens lieues dans les terres plus qu'il n'eût été nécessaire, afin d'esquiver les entrées de Rouen. Mais enfin la subtilité de messieurs les directeurs, en donnant leurs avis propres à ruiner tout pour s'enrichir, a triomphé de celle des commerçans, en sorte qu'ils ont surpris tant d'édits de messieurs les ministres qu'ils ont contraint ce trafic de prendre le chemin des autres; et on ajoutera, en faveur de ceux qui leur donnoient leur protection, qu'on est fort persuadé qu'il s'en falloit beaucoup qu'ils sçussent au juste ce qu'elle devoit coûter au Roy et au peuple.

Les vins se levoient aussi en quantité aux foires de Rouen pour les pays étrangers, qui fournissoient au Roy des sommes considérables pour la sortie même des moindres crûs; on a haussé l'impôt, et ces mêmes étrangers ont été s'en fournir ailleurs.

En effet, ce qui coûte pour la sortie des plus petits vins allant à vingt-cinq livres par muids, qui n'est pas souvent vendu vingt livres sur le lieu distant d'une journée ou deux, il n'est pas étonnant qu'un pareil droit en ayt entièrement anéanti le commerce; et ce qu'il y a de merveilleux est que, pendant que l'on haussoit tous ces droits, qui ruinoient également et le Roy et les particuliers, sans que la découverte de l'erreur en l'un pût faire changer de conduite à l'égard des autres, on diminuoit les tailles de trois fois plus que n'étoit cet impost, bien que ce ne fût pas la quantité des tailles qui incommodât les peuples, ainsi qu'on a dit et que l'on fera encore remarquer davantage lorsqu'on parlera des remèdes.

---

## CHAPITRE XVIII.

On est persuadé que la simple narration de tous ces faits aura amplement satisfait à l'obligation contractée au commencement de ces Mémoires de découvrir la cause de la grande diminution des revenus de la France sans que l'augmentation de ceux du Roy y ayent aucune part ni qu'on puisse en accuser le manque des espèces d'or et d'argent, qui sont en bien plus grande abondance dans le royaume que lorsque les revenus en étoient plus considérables; et quoique cette vérité soit très constante, cependant elle pourroit passer pour paradoxe à l'égard de ceux qui ont accoutumé de dire, lorsqu'ils voyent l'opulence diminuer dans un pays, qu'il n'y a plus d'argent. Ainsi il est à propos, pour l'éclaircissement de ces Mémoires, de dire un mot de la nature et des qualitez de l'or et de l'argent, tant monnoyé qu'en essence, et quel rang il tient dans le monde. Il est très certain qu'il n'est point un bien de luy-même, et que la quantité ne fait rien pour l'opulence d'un pays en général, pourvu qu'il y en ayt assez pour soutenir les prix contractez par les denrez nécessaires à la vie; de façon qu'il ne peut empêcher les lieux d'où on le tire d'être très misérables; en sorte qu'un homme qui n'a que deux écus en ces contrées-là à dépenser par jour, passe sa vie avec plus de peine qu'un autre qui est en Languedoc et n'a que six sols pour son entretien ; et même on peut dire que plus un pays est riche plus il est en état de se passer des espèces, puisqu'alors il y a plus de monde à l'égard desquels elles peuvent être représentées par un morceau de papier, sous le nom de billets de change.

L'argent est donc un gage incorruptible que tous les hommes sont convenus de se bailler et de se prendre les uns des autres réciproquement sur le pié courant pour se procurer pour autant de denrées dont ils ont besoin, parce que celui qui reçoit l'argent est certain qu'il produira le même effet à son égard pour les choses dont il a besoin, personne au monde ne le recevant pour le consommer ou en faire magazin, à moins que ce ne soit pour en attendre une plus grande quantité et en produire un plus grand effet tout à la fois ; de manière que, si toutes les denrées nécessaires à la vie avoient comme l'argent un prix certain, et que le temps ne les altérât pas, ou que les divers degrés, plus ou moins, de perfection qu'elles ont chacune en particulier, n'en dérobassent pas la véritable estimation, en sorte qu'elles eussent un prix courant toutes les fois que l'on a besoin, on peut dire que l'or et l'argent ne seroient pas plus recherchés que tous les autres métaux les plus communs, et qu'ils leur céderoient même, étant moins propres aux autres usages de la vie, parce que l'échange se feroit immédiatement, comme elle se faisoit au commencement du monde et qu'elle se fait encore à l'égard de quelques marchandises en gros, après qu'elles sont apprêtées.

De ces principes il s'ensuit une conséquence : que, dans la richesse, qui n'est autre chose que le pouvoir de se procurer l'entretien commode de la vie, tant pour le nécessaire que pour le superflu, étant indifférent au bout de l'année, à celui qui l'a passée dans l'abondance, de songer s'il s'est procuré ses commoditez avec peu ou beaucoup d'argent, l'argent n'est que le moyen et l'acheminement, et les denrées utiles à la vie sont la fin et le but, et qu'ainsi un pays peut être riche sans beaucoup d'argent, et celui qui n'a que de l'argent est très misérable s'il ne le peut échanger que difficilement avec ces mêmes denrées; de manière que les flottes d'Espagne ne sont pas si tost venues en Europe qu'il faut porter presque tout l'argent au pays d'où on a tiré les denrées pour porter en celuy où les mines sont situées, et cet argent y étant arrivé produit, par une révolution continuelle, les mêmes effets qu'il a produits dans sa naissance, faisant plus ou moins de tours et retours selon qu'il change plus ou moins souvent de maître, c'est-à-dire qu'il se fait plus ou moins de commerce ou de consommation. Les pays comme la France, qui produisent les denrées nécessaires à la vie, ont cet avantage, sur ceux d'où on tire l'argent, que le change se fait d'une manière bien désavantageuse, attendu que l'argent, ne se consommant point par l'usage, produit des utilitez sans bornes et sans fin aux pays où on le porte, et les denrées que l'on donne en contre-échange ne sont utiles qu'une seule fois, périssant par l'usage. Et pendant que l'argent a une qualité d'être inaltérable par le temps et les accidens, il a en même temps celle de ne point augmenter par la garde, comme les autres marchandises; et quand il produit de l'utilité, ce n'est point dans le coffre, mais en le gardant le moins possible. Et comme c'est la consommation, dont il n'est que l'esclave, qui mène sa marche, du moment qu'elle cesse il s'arrête aussitôt, et demeure comme immobile dans les mains où il se trouve lorsque le désordre commence à se faire sentir; de façon que si la plus mauvaise situation d'un marchand, lorsque le commerce va, est d'avoir son argent inutile dans son coffre, parce qu'il ne lui produit rien, c'est son avantage, lorsqu'il ne va pas, qu'il ne soit pas dehors, attendu que, s'il ne gagne rien, il ne perd rien, ce qu'il courroit risque de faire par les banqueroutes inséparables de la cessation du commerce. Et ce qui est dit du marchand l'est également de toutes les personnes qui vivent de leurs rentes, soit en fonds de terre ou rentes constituées, lesquels recevant des raquits ne les peuvent reconstituer pour ne trouver aucune sûreté, parce que, les affectations les plus ordinaires étant sur les terres, le produit en diminue tous les jours à vue d'œil, par l'anéantissement de la consommation. Ainsi ils aiment mieux perdre l'intérêt que de hazarder à perdre le capital, se réduisant à faire moins de dépense, ce qui est un surcroit de mal pour le corps de la république; de façon que tous les revenus d'industrie cessent tout-à-fait, et l'argent, qui forme pour autant de revenu qu'il fait de pas, ne sortant point des fortes mains, arrête entièrement son cours ordinaire, ce qui met le pays dans une paralysie de tous ses membres et fait qu'un État est misérable au milieu de l'abondance de toutes sortes de biens. Ce sont des effets que les pauvres ressentent les premiers, ce qui se communique ensuite imperceptiblement à tous les autres membres de l'État, même les plus relevez, ainsi que l'on a fait voir par ces Mémoires; ce qui les devroit intéresser aux moyens d'arrêter un si grand désordre, où le Roy participe assurément à proportion du rang qu'il tient dans l'État.

## CHAPITRE XIX.

Il est aisé de voir par tout ce qu'on vient de dire que, pour faire beaucoup de revenu dans un pays riche en denrées, il n'est pas nécessaire qu'il y ayt beaucoup d'argent, mais seulement beaucoup de consommation, un million faisant plus d'effet de cette sorte que dix millions lorsqu'il n'y a point de consommation, parce que ce million se renouvelle cent et cent fois, et fera pour autant de revenu à chaque pas qu'il fera, et les dix millions restez dans un coffre ne sont pas plus utiles à un Etat que si c'étoient des pierres. Et ce qui fait plus de mal au corps de la France est que c'est sur le menu peuple que le désordre des tailles et l'excès du prix des liqueurs en détail agissent davantage, parce que c'est luy qui a moins de défenses et qui fait moins de provisions, et cependant c'est luy en même temps qui fait plus de consommation, parce qu'il est en plus grand nombre. En effet, un journalier n'a pas plus tôt reçu le prix de sa journée qu'il va boire une pinte de vin, étant à un prix raisonnable; le cabaretier vendant son vin en rachète du fermier ou du vigneron; le vigneron en paye son maître, qui fait travailler l'ouvrier et satisfait sa passion ou à bâtir, ou à acheter des charges, ou à consommer de quelque manière que ce puisse être, à proportion qu'il est payé de ceux qui font valoir ses fonds. Que si ce même vin, qui valoit quatre sols la mesure, vient tout d'un coup, par une augmentation d'impôt, à en valoir dix, ainsi que nous l'avons vu arriver de nos jours, le journalier, voyant que ce qui lui resteroit de sa journée ne pourroit pas suffire pour nourrir sa femme et ses enfans, se réduit à boire de l'eau, comme ils font presque tous dans les villes considérables, et fait cesser par là la circulation qui luy fournissoit sa journée, et est réduit à l'aumône, non sans blesser les intérêts du Roy, qui avoit sa part à tous les pas de cette circulation anéantie. Il en va de même des autres denrées, n'y en ayant aucune dont l'anéantissement de la consommation, causé par les désordres marquez cy-devant, ne fasse d'abord cesser dix ou douze sortes de métiers qui rouloient tous sur ce premier principe, et ne rejaillisse ensuite par contre-coup et sur le Roy et sur tout le reste des professions du corps de l'Etat. Et bien que l'argent demeure, ne circulant plus, il ne forme aucun revenu et est comme s'il étoit mort à l'égard du pays; en sorte que, s'il y a cinq cens millions de rente de moins en France qu'il n'y avoit il y a trente ans, ce n'est pas qu'il y ayt moins d'argent, mais c'est que, y ayant pour beaucoup moins de denrées excrues, vendues et consommées, cela a communiqué le même mal à toutes les autres sortes de biens qui tirent leur être des fruits de la terre. Il n'en faut donc point accuser le manque d'argent, mais seulement de ce qu'il ne fait point son cours ordinaire; et la vaisselle d'argent, réduite en monnoye ces jours passez, n'a pas apporté plus de remède à ce mal que fait une flotte du Pérou à la misère d'Espagne, laquelle, depuis qu'elle en reçoit, n'en devient pas plus riche, parce que l'argent n'y fait que passer, et elle ne le voit que dans sa naissance. Ainsi celui de la vaisselle, après son premier cours, a gagné les forts dont on vient de parler et dont il est impossible de le tirer, et il auroit été cent fois plus avantageux à la France d'ôter quelques-uns de ces édits qui ruinent la consommation pour des quantitez de millions par an, ainsi que l'on a fait voir, quoique le produit à l'égard du Roy soit fort médiocre, et le joindre aux tailles, afin que Sa Majesté ne perdît rien, (ce n'auroit pas été à un sol pour livre), que de réduire de la vaisselle en monnoye, l'utilité qui en est venue à Sa Majesté pouvant aisément être compensée d'ailleurs. Enfin le corps de la France souffre lorsque l'argent n'est pas dans un mouvement continuel, ce qui ne peut être que tant qu'il est meuble et entre les mains du peuple ; mais sitôt qu'il devient immeuble, ne pouvant cesser de l'être, parce qu'on ne trouve aucune sûreté à le reconstituer sur une terre ou à le prêter pour acheter une charge qui peut être supprimée ou anéantie par la création de pareilles qui la tirera hors du commerce, ou enfin à rejeter ce même argent dans le trafic, par les raisons qu'on vient de marquer, on peut dire que tout est perdu. Or quand tout l'argent seroit entre les mains du menu peuple, où il est toujours meuble, il faut qu'il retourne aussitôt entre les mains des puissans, qui le refont immeuble en la plus grande partie, parce que l'harmonie de la république, qu'une puissance supérieure régit invisiblement, subsistant du mélange de bons et de mauvais ménagers, toutes choses, tant meubles qu'immeubles, sont dans une révolution continuelle, et le riche devient pauvre afin que le pauvre puisse devenir riche. En effet, un dissipateur de ses fonds et de son argent immeuble, comme le rachapt d'une rente constituée et le prix d'une terre, en fait un meuble en le consommant en sa dépense journalière, qui ne devroit être tirée que du produit de ces mêmes fonds ; et un bon ménager, ne consommant pas ses revenus ordinaires, soit de fonds de terre ou d'industrie, en forme un argent immeuble, c'est-à-dire dont il a dessein de se former un immeuble, comme une terre, une maison ou une partie de rente; ce que ne pouvant faire, comme on vient de dire, il ne retourne plus chez ce peuple en passant par les mains du dissipateur qui le refait meuble. Ainsi le corps de l'Etat fait une très grande perte, parce que c'est le menu peuple qui luy forme plus de revenu, un écu faisant plus de chemin, et par conséquent de consommation, en une journée chez les pauvres qu'en trois mois chez les riches, qui, ne faisant que de grosses affaires, attendent longtemps que leur somme soit fournie, même dans les meilleurs temps, pour faire sortir leur argent, ce qui est toujours préjudiciable à un Etat; de manière que Philippe de Comines remarque que, si le Roy Louys XI tripla son revenu en quinze années, personne ne fut ruiné, parce qu'il dépensoit aussitôt tout ce qu'il recevoit; ce qui montre assez l'intérêt qu'un pays a que ses habitans ne soient pas dans l'obligation de dépenser moins d'argent qu'ils n'en reçoivent.

## CHAPITRE XX.

Il ne faut point de preuve plus certaine de tout ce qu'on vient de dire que l'exemple des marchandes de menues denrées de Paris, lesquelles s'enrichissent à emprunter de l'argent à cinq sols d'intérêt par semaine pour un écu, c'est-à-dire à plus de quatre cens pour cent par an, le produit excédant quatre fois le capital; et bien qu'une pareille conduite, quand l'intérêt seroit infiniment au-dessous de celui-là, ruinât le plus riche homme du monde, cependant il enrichit et fait vivre ces pauvres. Et la manière dont cela se fait est aisée à concevoir : c'est parce que cette marchande ayant vendu pour quatre ou cinq écus de marchandise en une journée, sur lesquels elle a quelquefois gaigné la moitié, retourne le lendemain de grand matin à l'emplette, et, faisant cette même manœuvre cinq à six fois la semaine, il luy est aisé de trouver et sa vie et de quoi satisfaire à ceux qui lui ont prêté. Et ce genre de commerce ne cesse que lorsque les pauvres journaliers, qui se fournissent uniquement chez elles, cessent de le faire, pour ne plus trouver leur journée, qui est anéantie, à Paris comme ailleurs, par des causes traitées une infinité de fois.

## CHAPITRE XXI.

Quoiqu'on ayt assez montré l'intérêt que le Roy a à la ruine de la consommation, qui attire toutes les pernicieuses conséquences dont on vient de parler, on va mettre ce même intérêt sous un nouveau jour pour le rendre encore plus sensible à ceux qui en voudroient douter. Il est certain que le Roy entretient ses armées et sa dépense ordinaire, non avec de l'argent à proprement parler, mais avec du bled, de la viande, du linge, des habits, et enfin avec toutes les autres choses nécessaires à l'entretien de la vie, lesquelles, croissans en ses Etats, sont consommez pour la plus grande quantité par ses sujets; et une partie luy est baillée par redevance; et si ce n'est pas immédiatement, c'est la même chose, parce que les dix écus qu'un chapelier baille au Roy par sa taille, après les avoir tirez du profit qu'il a fait sur mille chapeaux qu'il a fabriquez et vendus, la nourriture et entretien de sa famille prise, est une obligation et un gage qu'il donne au Roy de lui fournir dix chapeaux, à lui ou à son ordre; en quoi faisant son gage lui sera restitué, comme il arrive infailliblement; car Sa Majesté n'a pas sitôt reçu ce gage qu'elle le rebaille à un capitaine de chevaux-légers, qui le reporte avec la même diligence au chapelier pour en tirer les dix chapeaux, lequel refait faire aux dix écus la même circulation, à moins que le canal n'en soit interrompu, c'est-à-dire que la boutique du chapelier ne soit démontée, parce que les chapeaux ne se peuvent plus vendre, comme nous avons vu arriver de nos jours, par des raisons traitées cy-dessus; et ainsi de toutes les autres marchandises dont on peut faire le même raisonnement. Ce qui montre évidemment le grand préjudice que le Roy reçoit de la ruine de la consommation, et que c'est le surprendre que de dire que l'on la ruine pour l'enrichir. Et pour conclusion entière de cette seconde partie de ces Mémoires, on dira qu'il n'y a qu'à comparer ce qui se passe chez nos voisins avec ce qui se fait en France à l'égard des impôts. On a déjà montré, dans la première partie, que, bien qu'il n'y ayt jamais eu une pareille diminution de biens, cependant le Roy lève moins à présent sur ses sujets que plusieurs de ses ancêtres. On dira donc, et on le maintient, qu'il n'y a point de prince dans l'Europe qui ne tire à proportion beaucoup davantage et où cependant il en coûte tant à ses peuples; et bien que cela paroisse un paradoxe, c'est pourtant une vérité constante. En effet, une vigne arrachée pour ne pouvoir supporter l'impôt qu'on a mis dessus (comme cela arrive tous les jours) ne va point au profit du Roy et ne ruine pas moins le propriétaire. Dans tous les autres États on proportionne les impôts aux choses sur lesquelles on les lève, et de cette manière et le prince et les peuples y trouvent également leur compte ; et comme ce mécompte s'est rencontré dans une infinité de denrées, ainsi qu'on a fait voir, on en peut tirer les mêmes conclusions. Mais pour descendre davantage dans le détail, il est certain que l'Angleterre ne vaut point le quart de la France, et quand on diroit encore moins on croiroit dire vray, soit par le nombre du peuple, qui est une partie essentielle à la bonté du pays, à cause que la consommation ne se sçauroit faire sans lui, soit pour la fertilité du terroir ; et si la conquête des Gaules coûta huit années à Jules-César, celle de toute l'Angleterre ne fut l'effet que d'une seule campagne. Cependant l'Angleterre vient de rapporter, depuis trois ou quatre ans, près de quatre-vingts millions par an au prince d'Orange, et cela sans réduire les peuples à la mendicité, ni les mettre dans l'obligation d'abandonner la culture des terres, et si la guerre n'avoit point interrompu leur commerce, ç'auroit été encore toute autre chose. Que l'on considère encore tous les princes d'Allemagne jusqu'au moindre ; que l'on regarde leurs États, qui ne sont pas un atome en comparaison de la France, et toutesfois ce qu'ils en tirent va à un trentième ou environ, et même encore à plus. La Savoye, en tout son contenu, sans le Piémont, ne vaut point la moindre des élections de Normandie, au nombre de trente-deux ; son terroir, très mauvais et très stérile, ne peut nourrir qu'une partie de ses habitans, et encore très misérablement ; il n'y a ni rivières, ni villes considérables où l'on fasse nulle manufacture; cependant elle apportoit cinq cens mille écus à son prince par an avant la guerre, et cela parce que les choses se faisoient comme en Angleterre, en Allemagne et dans tous les pays du monde, c'est-à-dire qu'on faisoit rapporter à la terre tout ce que son climat et son terroir, aidé de secours humains, pouvoit produire. On y consommoit tout ce qu'on y pouvoit consommer, et on y vendoit tout ce qu'on y pouvoit vendre, qui est une situation qui devroit être sacrée aux ministres de tous les princes du monde, leur étant permis de pousser les droits de leurs maîtres jusqu'à tel point qu'ils peuvent aller tant qu'ils ne donneront point atteinte à ces deux mamelles de toute la république, l'agriculture et le commerce. Mais de croire mieux servir un monarque par une conduite contraire, comme on ne peut pas nier qu'il arrive présentement en France, cela se réfute si fort de luy-même, par la simple narration des choses rapportées dans ces Mémoires, que l'on n'en dira rien davantage. Et cette même doctrine peut être établie, sans aller chez les étrangers, par ce qui se passe en France aux lieux où la taille n'est point arbitraire et sujette aux pernicieux effets dont on a parlé, et où pareillement les aydes et droits sur les passages n'ont point encore eu de lieu; on verra la différence de ces contrées avec les autres. La généralité de Montauban ne vaut pas la sixième partie de la généralité de Rouen, soit pour la situation, qui n'a ni mer ni rivière pour voisine, au lieu que la généralité de Rouen à Paris d'un côté et la mer de l'autre, qui est la plus avantageuse situation du monde; son terroir n'a point son pareil en fécondité, les villes et bourgs y sont sans nombre et peuplés à proportion; et cependant, avec tous ces avantages, elle ne rapporte point au Roy plus d'un tiers de plus que celle de Montauban, qui en taille seule, qui est réelle, rapporte trois millions quatre cens mille livres; et tout ce que le Roy a jamais tiré de la généralité de Rouen, en revenus ordinaires, n'a jamais été à plus de six à sept millions, tout compris. Mais la différence à l'égard des peuples est encore bien plus grande dans la généralité de Montauban : il est impossible de trouver un pié de terre à qui on ne fasse rapporter tout ce qu'il peut produire; il n'y a point d'homme, quelque pauvre qu'il soit, qui ne soit couvert d'un habit de laine d'une manière honneste, qui ne mange du pain et ne boive de la boisson autant qu'il lui en faut, et presque tous usent de viande, tous ont des maisons couvertes de tuiles, et on les répare quand elles en ont besoin. Mais dans la généralité de Rouen, les terres qui ne sont pas du premier degré d'excellence sont abandonnées, ou si mal cultivées qu'elles causent plus de perte que de profit à leurs maîtres; la viande est une denrée inconnue par les campagnes, ainsi qu'aucunes sortes de liqueurs pour le commun peuple; la pluspart des maisons sont presque en totale ruine, sans qu'on prenne la peine de les réparer, bien qu'on les bâtisse à peu de frais, puisqu'elles ne sont que de chaume et de terre; et avec tout cela, les peuples s'estimeroient heureux s'ils pouvoient avoir du pain et de l'eau à peu près leur nécessaire, ce qu'on ne voit presque jamais. Et tous ces désordres arrivent pendant que le pays pourroit non-seulement faire subsister parfaitement bien les habitans d'une manière fort heureuse, mais même en aider ses voisins, comme il faisoit autrefois, si les proportions absolument nécessaires pour une pareille harmonie n'étoient ruinées par des intérêts indirects, ainsi qu'on a fait voir; ce qui retombe également sur Sa Majesté, puisqu'il est aussi impossible que des terroirs incultes et des peuples qui meurent de faim luy soient utiles à quelque chose qu'il est difficile qu'une situation contraire ne lui soit pas très avantageuse. Mais comme ceux qui fournissent les mémoires à messieurs les ministres n'ont pas les mêmes intérêts, qu'ils en ont même de tout opposez, il ne faut pas s'étonner qu'ils sacrifient ceux et du Roy et des peuples à leurs avantages personnels; et bien qu'ils ne profitent pas en leur particulier pour la cinquantième partie du mal qu'ils font au corps de l'Estat, le surplus du bien qu'ils détruisent étant entièrement anéanti, leur intérêt, quelque petit qu'il soit en raison du mal, prévaut à l'utilité publique; ce qui est aujourd'hui érigé en profession ordinaire, remplie de personnes de la plus haute protection; de manière que, quoique les désordres sautent aux yeux et que le Roy ayt un intérêt très grand, sans parler de celui des peuples, de les faire cesser, personne jusqu'ici n'a été assez osé pour leur déclarer la guerre, ou plutôt à leur manœuvre. C'est pourtant sur ces principes qu'on va passer à la troisième partie de ces Mémoires, qui traiteront des remèdes de ces désordres, dont on établira la facilité et l'utilité d'une manière si constante qu'il n'y a que ceux qui en attendent ou leur doivent leur fortune qui y pourroient apporter de l'opposition par leurs actions ou par leurs paroles.

# TROISIÈME PARTIE.

## CHAPITRE PREMIER.

Pour venir donc aux remèdes de si grands désordres, on dira d'abord qu'il n'y a rien de si aisé du côté de la chose, et rien de si difficile de la part de ceux à qui il s'en faut beaucoup qu'ils soient indifférens. En effet, il sembleroit que les seules personnes qui devroient être intéressées dans les impôts qui se lèvent, ainsi que dans toutes autres dettes, ne seroient que le Roy et ses peuples, Sa Majesté pour recevoir et ses peuples pour payer, et par conséquent qu'on dût être certains de l'acceptation d'une proposition qui feroit recevoir le double à Sa Majesté pendant qu'il n'en coûteroit pas le tiers à ses peuples. Cependant, bien que dans tout ceci il n'y ayt rien que de très véritable et de très sensible par tout ce qui se passe et chez l'étranger et en France même, on ne laisse pas de n'avoir qu'une légère espérance du succez. Quoi qu'il en puisse arriver, on dira qu'on ne veut aporter aucun trouble à la disposition présente, pour un si grand bien qu'il n'est nécessaire de congédier ni fermier ni receveur, qu'on aura un extreme respect pour le fait de Sa Majesté, bien qu'on ne peut pas dire que l'on en aye toujours usé de même, parce qu'il est absolument nécessaire de ne pas ruiner le commerce entre le Roy et ses peuples en rescindant d'autorité absolue des actes qu'on a cru faire de bonne foi, une pareille conduite faisant que, dans le trafic particulier, une charge de nouvelle création, ou des gages ou rentes sur le fait de Sa Majesté, ne se vendent et achètent que sur le pied de la moitié d'un autre effet de pareil revenu qui auroit un particulier pour garant. Ainsi, nulle objection de ce côté-là : si on fait payer davantage à Sa Majesté et moins par ses peuples, c'est parce que toutes sortes de payemens, et surtout les tribus, tirant leurs qualitez ou leurs degrez d'excès ou de justice du pouvoir ou de l'incapacité de ceux qui les payent, il est constant qu'un particulier qui payoit cent francs de taille sur une ferme de mille livres sera bien moins chargé en en payant deux cens si sa ferme peut revenir à deux mille livres, puisque ce sera huit cens francs que l'on luy donnera à pur profit, et qu'il sera entièrement déchargé de son impôt sur ces premiers mille livres. Or, sa ferme reprendra ce premier prix qu'elle avoit autrefois lorsqu'il luy sera permis de la labourer, cultiver, et en vendre les denrées qui y croîtront, parce que les causes des défenses et de l'impossibilité de faire ces choses seront levées, ainsi qu'il est très facile, comme on va faire voir.

## CHAPITRE II.

Pour commencer à lever les défenses de la consommation, marquées dans la première partie de ces Mémoires, qui sont l'incertitude de la taille arbitraire, qui attire après elle les désordres de la collecte, l'un et l'autre faisant un déchet à la consommation de plus de cent cinquante millions par an, sans qu'il en revienne un denier au Roy, ni sans qu'il faille récompenser aucun traitant pour arrêter un si grand mal (ainsi nul mouvement de ce côté-là, non-seulement qui aye rien de commun avec la guerre présente, en sorte que les intéressez à la situation d'aujourd'hui ne peuvent point alléguer cette raison pour avoir du délay, qui est ordinairement la ruine des choses qui dépendent du concours de plusieurs circonstances), il est seulement nécessaire d'ôter l'injustice de la répartition et de faire observer toutes les ordonnances, tant anciennes que modernes, qui ne portent rien moins que ce qui se pratique ; et comme cette injustice est aujourd'hui établie si généralement que, plus un homme est puissant, et moins ses fermiers doivent payer de taille, ce qui est sa ruine ainsi qu'à tout le reste de l'Estat, ainsi qu'on a montré, il est à propos que Sa Majesté ait la bonté de s'en expliquer elle-même à toute sa cour, que, pour leur propre intérêt, ils en doivent user envers lui, afin que le commerce soit réciproque, comme il en use envers eux, et comme eux-mêmes en usent envers tout le monde, et surtout envers l'Église. Il est certain que plus un homme est élevé en dignité et en naissance, plus Sa Majesté lui marque de distinction dans la répartition tant des bénéfices que des charges de la cour. Il est pareillement certain que plus ces mêmes gens sont dans l'élévation, plus ils se veulent distinguer dans les rétributions qu'ils font à l'Église, dans des spectacles, et enfin dans toutes les autres occasions, à l'exception des droits du Roy; et bien qu'il y ayt longtemps que les personnes de vertu, même de cette profession, conviennent que la véritable piété n'a ni part ni obligation au bien que l'on fait à l'Église, cependant ses ministres ont eu l'adresse de mettre les choses sur le pié qu'on les voit aujourd'hui; en sorte qu'un grand seigneur, après avoir dépensé des sommes immenses pour l'enterrement ou de son père ou de sa femme, soutiendra son receveur ou fermier dans trente procez qu'il fera pour s'exempter de payer une pistole à laquelle il aura été mis plus que l'année précédente, bien que son imposition ne fût pas à la trentième partie de ce qu'elle devroit être si la répartition étoit juste, parce qu'il y a un si grand abus qu'on regarde comme une espèce d'infamie de payer cette juste proportion. Ainsi ces désordres subsistent par un double intérêt, qui n'est, à proprement parler, non un véritable intérêt, mais une ruine générale, réellement et de fait, par une contravention continuelle que l'on fait aux loix divines et humaines. Et il n'en faut point d'autre marque que les propres termes de l'ordonnance de Charles VII, de l'année 1445, lorsque les tailles commencèrent d'être ordinaires; elle porte ces mots : « Voulons égalité estre gardée entre nos sujets ès charges et faix qu'ils ont à supporter, sans que l'un porte ou soit contraint à porter les faix et charges de l'autre, sous ombre de privilége et de cléricature, ni autrement. Et voulons les instructions et ordonnances royaux estre gardés selon leur forme et teneur. » On peut dire que la richesse ou la diminution de la France ont été à proportion que ces ordonnances ont été observées, de même que dans tous les pays du monde, comme on peut voir par l'exemple de la Hollande, qui, étant gouvernée par un peuple qui ne souffre point d'injustice dans la répartition des impôts, ne laisse pas d'être le plus riche Estat de l'Europe, eu égard à sa situation. Et quoique les impôts y soient excessifs, de manière qu'on ne craint point de dire qu'elle contribue six fois plus pour les charges publiques que ne fait à proportion la France à Sa Majesté, cependant il ne se trouve point un seul pauvre dans tout cet Etat; et c'est cette importante maxime qui faisoit dire à Mecenas, en parlant à Auguste, qu'aucunes personnes, non pas même les pupilles, ne devroient être exempts des tailles et impositions publiques, d'autant, disoit-il, que l'utilité des choses à quoi elles sont destinées tournent également au profit et conservation de ceux qui les payent. Et quand Dieu a commandé de payer les tributs aux princes, il a prétendu parler à tout le monde, et non pas aux misérables et aux indéfendus seulement, qui ne s'en pourroient exempter, ou bien ce précepte auroit été inutile, puisqu'il n'auroit eu lieu qu'à l'égard de ceux qui n'auroient pu faire autrement; ce qui ne se peut dire sans impiété.

## CHAPITRE III.

Ceci donc suppose que le Roy veuille et entende que la taille soit désormais répartie avec justice, c'est-à-dire que les riches payent comme riches et les pauvres comme pauvres, tant pour l'intérêt de Sa Majesté que pour celui de ceux même qui s'exemptoient. Il n'y a rien de si aisé que l'exécution ; il ne faut qu'ordonner que, environ trois ou quatre mois avant le département, tous les particuliers, tant exempts que non exempts, des lieux taillables, apporteront au greffe de leur élection une déclaration au juste de tout ce qu'ils font valoir, soit comme propriétaires ou comme fermiers ; le prix qu'ils en tiennent, avec copie de leurs baux, qu'ils signeront véritables, à peine de confiscation ; ensemble le prix que pourroient valoir les terres ou biens qui ne sont point baillez à ferme et qu'on fait valoir par ses mains, eu égard aux biens et aux terres voisines. On mettra que les trésoriers ou margüilliers de la paroisse apporteront pareillement un état de tous ceux qui, ne faisant rien valoir, vivent de leur travail manuel et n'ont qu'une simple habitation ; ils marqueront leur métier, leur âge, leur nombre d'enfans demeurant avec eux, leur âge pareillement, et ce à quoi ils sont imposez de taille. Le tout étant remis au greffe sera enliassé par paroisse, et il sera marqué au bas de tous les baux pareillement combien chaque fermier paye de taille, et le tout sera émargé à côté de chaque cotte du rôle de l'année, dont il y a toujours copie au greffe de chaque élection. Ceci fait, les officiers de l'élection, à commencer par un président jusqu'au procureur du Roy, se partageront les paroisses de leur dite élection, en en prenant chacun vingt ou trente à proportion de leur nombre, dont le dernier reçu fera les partages, et les autres les choisiront suivant leur rang et degré. Il sera nécessaire que, dans le lot de chacun, il ne tombe aucunes paroisses où celui à qui elle sera échue aye du bien, ou ses parens au premier degré, et dans ce cas il la faudroit échanger contre une autre paroisse d'un autre lot. Chaque officier ayant ainsi son département, il fera une estimation, premièrement de tout ce que les occupans des fonds non privilégiez font valoir, soit comme fermiers ou comme propriétaires, sans nulle distinction, et, après en avoir fait un arrêté, à combien cela revient sur les fonds au marc la livre, si c'est un sol et demi, deux sols ou davantage pour livre, sans rien encore arrêter. Ils confèreront tous ensemble de la même élection, pour voir si les choses sont sur le même pié dans chaque lot, et au cas que cela ne fût pas, ils feront une seconde estimation pour voir combien il faudroit qu'un lot contribuât à la décharge de l'autre, afin de rendre les choses égales ; dont ils feront pareillement un arrêté au bas de chaque rôle, sur lequel ils feront la répartition de chaque contribuable occupant des fonds, sur le pié de toute l'élection, et le marqueront à chaque cotte du même rôle. Ils en useront de même à l'égard des taillables à cause de leur seule industrie, à la réserve de ceux qui se trouveront dans les villes taillables ou gros bourgs, parce que, comme dans les simples villages il se voit peu de négocians considérables, la simple industrie n'est pas sujette à de grandes tailles. Mais il n'en va pas de même dans les gros lieux, ce qui fait qu'il en faut user autrement. Premièrement on a pu voir, par ce qui en a été dit des endroits taillables qui ont obtenu permission de mettre leur impôt en tarif, l'avantage qui leur en revient, ainsi qu'à Sa Majesté ; c'est pourquoi elle gagneroit extrêmement de l'accorder à tous ceux qui le demanderoient ; et bien que cette concession paroisse du droit des gens, n'y ayant rien ce semble de si juste que de permettre à un débiteur de s'aquitter en la manière qui lui soit plus commode, ils ne laisseront pas de fournir une bonne somme d'argent pour cette concession. Mais jusqu'à ce que cela soit fait, comme il y a peu de ces gros lieux taillables qui n'aye de la campagne et du labourage, outre les habitans qui sont dans l'enceinte de leurs murailles, on observera la même conduite à l'égard des laboureurs et de ceux qui font valoir ces fonds que dans les simples villages ; et pour les gens de métier qui gagnent leur vie de leur art ou de leur travail manuel, on les divisera par classes, suivant leur degré et rang, qui est assez connu de tout le monde, ou même suivant les classes qui viennent d'être faites dans la répartition de la contribution des arts et métiers, et l'on mettra à côté de chaque cotte du rôle ce qui reviendra à chacun de sa cotte-part de la taille, en la répartissant également entre ceux d'une même profession, dont ils seroient également prenables dans les villes et bourgs seulement. On en usera de même à l'égard de ceux qui sont simples journaliers dans la campagne, les mettant à une simple somme, qui ne pourra être plus basse qu'un écu, ni plus haute que six livres, suivant et à proportion de la qualité de leur métier et de leur âge, lorsqu'il seroit au-dessous de soixante-dix ans, outre encore les deux sols pour livre de leurs occupations, même pour simple habitation, tant aux champs qu'aux villes et bourgs, afin de laisser une entière liberté de prendre avec leur travail manuel telles fermes qu'ils aviseront bien être, sans que cela attirât de la confusion. Les choses ainsi réglées par chaque élu dans son district, il en feroit son rapport au commissaire départi lors du département des tailles, qui n'auroit qu'à confirmer dans l'assiette de chaque paroisse ce qui auroit été fait par les élus, en donnant au marc la livre, suivant la même répartition, ce qu'il y auroit de hausse ou de rabais dans l'élection, ou plutôt dans la généralité. Les rôles ainsi arrêtés seroient envoyés dans les paroisses, l'assiette étant faite, ce qui épargneroit dès ce moment bien du temps et du mal. Les collecteurs anciens auroient ordre de mettre chez les trésoriers ou marguilliers une liste, par ordre, de tous ceux à qui il écherroit d'être collecteurs, année par année, en commençant par la présente, qui y demeureroit un mois, pendant lequel temps tous les taillables pourroient aller voir la somme à laquelle ils seroient imposez; et s'il y avoit erreur au fait, comme s'ils avoient plus que le marc la livre de leur occupation, à proportion du reste de la paroisse, ils feroient leur protestation à côté de leur taux, en mettant simplement le mot de *protestation*, écrit de leur main ou de celle d'un autre, avec leur marque, pour en faire répondre l'élu ou ceux qui auroient baillé de fausses déclarations, sans que néanmoins cela les empêchât de payer l'année, parce qu'il leur seroit pourvu de récompense dans la suite. Dans le même mois, tous ceux qui ne voudroient point être collecteurs à l'avenir, ni garans des mauvais deniers, déclareroient à côté de leur imposition pareillement qu'ils se soumettent de porter toute leur année dans le même mois chez le receveur des tailles, qui seroit obligé d'avoir de plus grands registres, afin de laisser plus de blanc pour chaque paroisse et que le nom de chaque particulier y trouvât place. Le mois passé, le premier de ceux qui n'auroient point fait leur soumission d'apporter son impôt dans le mois seroit obligé de faire la collecte, à la garantie seulement de ses semblables qui n'auroient point fait leur soumission, et auroit les deux sols pour livre, parce qu'il ne pourroit demander aucune récompense des frais et mises; mais on est assuré qu'il n'y en auroit point, et que tous les laboureurs et gens un peu accommodez satisferoient dans le mois, afin de s'exempter de la garantie de la collecte et des deux sols pour livre. Et à l'égard des manouvriers, outre qu'il faudroit ordonner que l'année de la taille se prendroit auparavant toutes dettes et charges, même les louages des maisons, il n'y en auroit aucun qui ne trouvât à emprunter une légère somme à quoy iroit leur imposition, d'autant plus que, la consommation étant rétablie, il n'y auroit aucun de ces gens-là qui ne trouvât amplement sa journée, le manque de laquelle est ce qui les ruinoit, et non trente sols plus ou moins de taille, ce qui ne va qu'à un denier par jour, c'est-à-dire rien. Enfin, comme les plus grands désordres de la taille n'ont jamais été à beaucoup près dans sa quantité, ainsi qu'on a fait voir, mais dans ses suites fâcheuses, comme son incertitude et la collecte, il est indubitable que le bien qui reviendroit de ces règlemens seroit infiniment au-dessus de toutes les objections que l'on pourroit faire; et la taille étant justement répartie, il n'y a que les mandians qui ne seroient pas en état de la payer facilement. Et comme les espèces sont beaucoup plus fécondes que l'imagination, on ne doute pas qu'il ne puisse arriver tel incident, dans un cas particulier, où une déclaration sur le modèle de ces Mémoires n'auroit pas pourvu; mais, dans ces occasions-là, ou les élus ou les commissaires départis y remédieroient aisément suivant ce même style. Tout le travail de l'assiette tombant sur les élus et de la recette particulière sur les receveurs des tailles, il seroit juste de leur partager moitié par moitié les six deniers pour livre que l'on impose ordinairement pour ce sujet, le papier et les frais de l'écriture étans fournis par les greffiers des rôles nouvellement créez. On est persuadé que de cette sorte la consommation deviendra permise, que le Roy et les particuliers y trouveront extrêmement leur compte, et qu'à en consulter les plus apparens et les plus raisonnables on les fera convenir qu'une pareille disposition procureroit autant de bénédiction et de repos que la situation contraire, qui est celle d'aujourd'hui, attire de misères et de troubles, outre la haine implacable qui cause la perte des ames, ce qui se perpétue jusqu'à la troisième génération.

Cette première cause des diminutions des biens de la France, sçavoir la défense de la consommation, étant levée par une déclaration de deux ou trois pages, qui ne troublera en rien la situation présente des choses, il faut passer à la seconde cause de cette même diminution, qui est l'impossibilité de la consommation, que l'on va montrer dans le chapitre suivant être aussi facile à faire cesser, sans produire davantage de mouvement, à la réserve que, pour le reste des baux des droits d'aides, passages et sorties du royaume, on donnera pour commis aux fermiers généraux et particuliers les receveurs des tailles, après que tous les lieux sujets auxdits droits auront été abonnez d'une manière fort juste suivant le prix du bail, qui est une manière que les mêmes fermiers pratiquent dans toutes les occasions, lorsqu'ils le peuvent aisément, en gagnant par là les frais des bureaux, des commis et des questes, et les peuples se rédimant d'une vexation effroyable.

## CHAPITRE IV.

On peut dire en général que les impôts que le Roy tire de la France sont infiniment au-dessous de son pouvoir, parce que les causes dont on a parlé diminuent plus de la moitié de ses forces. En effet, il y a-t-il rien de plus étonnant que de voir des fonds de vignoble autrefois d'une très grande valeur entièrement abandonnés ? Ce sont ces désordres que l'on veut faire cesser, et pour y parvenir il faut évaluer ce qui vient au Roy, les causes qui y donnent lieu, et voir si on ne peut point donner un autre cours à ces sortes de revenus. Tous les droits d'aide, entrées et sorties des grosses villes, passages et travers y compris, une partie des domaines, ne sont qu'à trente-un millions par an présentement; sur quoi il en faut lever environ six à sept millions pour les domaines, auxquels on ne touche point. Ainsi reste à vingt-quatre, sur quoi on en tire encore le convoi de Bordeaux, qui va à près de cinq millions; ainsi reste à dix-neuf. On n'apporte aucun changement aux droits d'entrée dans le royaume, se réservant à mettre quelque règle qui rende les choses moins fâcheuses aux négocians, ce qui va encore à plus de deux millions; ainsi reste à dix-sept, qui font tous les désordres dont a parlé, et à qui il faut donner un autre cours. Il est certain qu'en en remettant douze millions sur les tailles on ne fera que rétablir les choses comme elles étoient il y a quarante ans, pendant que tous les fonds étoient au double prix qu'ils sont aujourd'hui, et les revenus d'industrie dans la même situation, par une conséquence infaillible; de manière qu'on doit conclure avec certitude que ce changement d'impôt sera reçu avec mille actions de graces de la part des peuples, comme une chose qui leur donne la vie, en remettant leurs fonds en valeur. Jusques ici on ne peut pas dire qu'il faille aucun mouvement dans l'Etat pour un si grand bien, ni que les revenus ordinaires du Roy courent aucun hazard sur l'incertitude que l'on ne manquera jamais d'objecter dans les succès qu'on promet, ni qu'il faille attendre la fin de la guerre, qui n'a rien de commun avec ce qui se passe dans le milieu du royaume. Ainsi il n'est plus question que de trouver où replacer cinq millions qui restent des dix-sept à qui on fait changer de cours, comme étant, par leur manière et non par leur quantité, cause de l'impossibilité de la consommation, c'est-à-dire d'une diminution de plus de deux cent cinquante millions par an en pure perte dans le corps de l'Etat. Pour replacer donc ces cinq millions, il reste toutes les villes franches qui ne payent point de tailles, comme Paris, Rouen et autres, lesquelles étant sujettes à des droits d'aides effroyables, ainsi qu'on a marqué, et qui ont causé dans plusieurs leur ruine entière, en seront déchargez à l'avenir. Il reste encore les ecclésiastiques, nobles et privilégiés de la campagne, des pays d'aide, qui, ne contribuant point au rachapt, ne payant point de taille, où la plus grande partie seroit rejettée, et n'y estans pas moins sujets, consentiront volontiers et avec justice d'acheter un si grand bien au prix de quelque chose du leur. Il n'y a pas d'apparence de rejeter tant les uns que les autres dans l'incertitude d'un impôt personnel, sujet au désordre dont on a parlé, et ce qui l'a si fort décrié; il est donc plus juste de l'affecter sur les maisons, tant des villes que de la campagne, en supposant deux conséquences infaillibles : la première, que qui dit un homme dit un homme buvant et mangeant; et la seconde, que plus un homme est riche et plus il a de suite, plus il a de suite et plus il habite une grande maison, et enfin plus une maison est grande et plus elle a de cheminées; de manière que ce tarif, qui a été celui de toutes les nations où les peuples ont choisi le genre d'impôt le plus commode, est assurément le plus juste, et où il est le moins possible de prévariquer sans qu'on s'en aperçoive aussitôt. Et quand à Paris on a fait une imposition pour les boues, les lumières de nuit et les pauvres, on l'a mis sur les maisons, et cela n'a pas causé le moindre désordre ni aucun procès. Mais comme ce genre d'impôt fait passer l'argent immédiatement de la main de celui qui paye en celle de celui qui reçoit, sans qu'il soit possible que cent millions de pareil impôt fasse la fortune à qui que ce soit, ce sont les plus grands obstacles qu'il pourra recevoir dans son exécution. Cependant on maintient qu'en mettant toutes les cheminées de la ville et faux-bourgs de Paris à une pistole chacune, et celles des villes franches à demie-pistole chacune, celles de tous les nobles et privilégiez de campagne possédans des fonds à une demie-pistole pareillement, et celles des villes closes où, quoique taillables, il y avoit des droits d'entrée, à quarante sols chacune, et celles des bourgs où il se payoit pareillement des droits, à vingt sols chacune, les contribuables ne payeroient pas la moitié de ce qu'ils faisoient auparavant, outre tous les désordres dont ils seroient déchargez, et le Roy recevroit beaucoup davantage, puisqu'on croit que pour les cinq millions cela iroit à plus de douze. Chaque élu dans son district en useroit comme on a marqué à l'égard de la taille ; il feroit un état de ce qu'il y auroit de maisons et de cheminées ; cela se prendroit en privilége auparavant les louages, et on les porteroit à la recette des tailles par chaque contribuable, qui, le faisant dans le premier mois, il seroit déchargé de deux sols pour livre auxquels il seroit sujet n'y satisfaisant pas dans ce terme, et qui iroient au profit de celui qui feroit la collecte et qui seroit établi par les contribuables ou par l'élu à leur défaut ; mais on est bien assuré que tout le monde y satisferoit. Ainsi Sa Majesté, outre l'augmentation en ses revenus et en ceux des peuples, le repos de leurs biens et de leurs consciences, recevroit en un mois et par avance ce qu'elle est toujours plus de quinze mois à percevoir. On a obmis de marquer que les receveurs des tailles et les élus auroient la même rétribution, chacun par moitié, des six deniers pour livre, ce qui ne va à rien.

## CHAPITRE V.

Pour sçavoir la facilité de ce recouvrement, tant des tailles augmentées de ce supplément pour les aydes que de cet excédant rejeté sur les maisons et sur les cheminées, ainsi que l'on a dit, il ne faut pas examiner les choses en général, ce qui est toujours fait à confusion, mais descendre dans le particulier; et ce qui se conclura d'une seule personne contribuable à cet impôt, de la manière qu'on l'établit, prouvera pour tout le reste, tous les revenus du Roy, à quelque somme qu'ils puissent aller, n'étant qu'un assemblage de plusieurs sommes payées par divers particuliers qui n'ont tous qu'un même intérêt de faire valoir chacun sa profession le plus qu'il est possible, et ce qui, étant empêché par l'état présent, sera rétably par celuy qu'on propose. Ainsi ce que l'on prouvera pour l'un sera une conviction certaine pour tous les autres. Il y a quatre sortes de personnes intéressées à la situation que l'on propose, sçavoir : les laboureurs, les artisans, ou ceux qui vivent de leur industrie, les bourgeois des villes franches, et enfin les nobles et privilégiez de la campagne dans les pays d'aydes. Il est indubitable que tous les quatre y trouveront également leur compte, et que ceux qui contrediront les dispositions proposées par ces Mémoires n'ont assurément pas procuration d'eux pour stipuler leur intérêt; car, premièrement, pour commencer par les laboureurs, comme le corps le plus étendu, on peut considérer toutes les fermes à mille livres l'une portant l'autre, le plus ou le moins n'y faisant rien en cette occasion, puisque le tout sera proportionné à la valeur des choses. Il est constant qu'elles consistent toutes en labourage pour recueillir des grains, en culture de vigne ou de plant pour avoir des boissons, et en nourriture et engrais pour vendre des besteaux. Or, on ne peut pas douter, et on l'a assez montré dans la première partie de ces Mémoires, que toutes ces choses sont à la moitié et de prix et de quantité de ce qu'elles étoient il y a trente ans, en sorte qu'une ferme baillée aujourd'huy à mille livres, et dont on est même souvent mal payé et le fermier obligé de faire banqueroute, étoit autrefois à deux mille livres. Or, c'est la cause d'un si grand mal, marqué dans la seconde partie de cet ouvrage, que l'on met en vente à ce fermier et à son maître à même temps ; et à quel prix ? à trente ou quarante francs au plus, puisque, sur le pié de deux sols pour livre de la taille, l'addition aux tailles environ d'un tiers pour le rachapt ou la réunion des aydes et douanes sur les sorties et passages ne va qu'à ce prix ; et pour une si petite somme payée d'avance, il fera le double prix de la vente de ses marchandises. Et comme pour faire mille livres de fermage au profit du maître il faut que le laboureur en forme plus de deux mille livres, tant pour fournir à son entretien et de sa famille que frais du labourage, ce sera plus de deux mille livres d'augmentation sur cette même ferme, dont le Roy ne manquera pas d'avoir sa part lorsque ses revenus auront pour principe de leur augmentation ceux de ses sujets, ainsi qu'ils avoient eu depuis le Roy Charles VII jusqu'à l'année 1660. Il n'en faut pas davantage pour montrer, ainsi que l'on a dit, que ceux qui s'opposeront à la situation proposée par ces Mémoires ont assurément d'autres intérêts à ménager que ceux des propriétaires des fonds et des laboureurs. A l'égard des manouvriers, comme ce sont les plus misérables qui doivent faire la règle des autres, tout le monde sçait qu'outre que leurs intérêts sont les mêmes que ceux des maîtres des fonds et des laboureurs qui leur donnent leur journée, ou plutôt leur vie à gagner, étant presque tous, l'un portant l'autre, à cent sols ou six livres de taille, leur ruine provenoit de ce que, ne trouvant point de travail, par les causes qu'on a marquées, ils ne pouvoient d'ailleurs avoir de boisson qu'à un prix excessif, et souvent même n'en trouvoient pas, à cause du dépérissement des cabarets, ces sortes de gens ne faisant point de provision. Or ce désordre cessera pareillement à leur égard, moyennant quarante ou cinquante sols par an, c'est-à-dire quelque chose plus qu'un denier par jour, et le tout leur sera aisément avancé par ceux qui ont accoutumé de les mettre en besongne.

Pour les bourgeois de grandes villes, on ne pourra pas dire qu'on les met à la taille; au contraire ils se rédimeront pour le moins de la moitié de la somme qu'ils payoient par la plus effroyable servitude qui fut jamais, sans parler de l'intérêt que les habitans des villes ont à la valeur des fonds de la campagne, comme les possédans presque tous, et qu'ainsi ils ne devroient pas refuser de contribuer de quelque chose pour les rétablir; cependant on maintient qu'indépendamment de cette raison ils y gagneront le double. En effet, qu'on regarde à Paris un marchand tenant une maison de sept à huit cens livres; il n'en habitera environ que quatre chambres ayant quatre cheminées. Cependant sa famille étant composée, pour l'ordinaire, de huit ou neuf personnes, tant enfans que garçons de boutique, à mettre le tout, l'un portant l'autre, par tête, à un demi-muids de vin par an, ce qui ne fait pas deux demi-septiers par jour, il payera cependant quatre-vingts francs pour les aides, avec mille sortes d'embarras, de péril et de perte de journées aux bureaux, aux portes, s'il les fait venir de quelque bien qu'il aye à la campagne; et par la réduction par cheminées, comme elle s'est faite et se fait encore dans tous les pays du monde, il ne luy en coûtera que quarante francs, d'une façon commode, et le Roy sera payé par avance. Il reste les gentilshommes et privilégiez de la campagne, des pays d'aide, dont on peut faire le même raisonnement que des tailles, puisque la ruine de la consommation leur est également préjudiciable, étans tous possesseurs de fonds ; mais indépendamment de cette raison générale ils y gagneront encore le double, en considérant l'argent qui sortoit de leur bourse, puisque, n'y en ayant aucun qui n'achetât ou qui ne vendît des boissons, dans l'un ou l'autre cas il est impossible qu'il ne leur en coutât quarante ou cinquante francs par an ; et par la réduction par cheminées, mettant les choses sur le pié d'une consommation qui attirât une pareille somme pour les droits d'aides, cela n'iroit qu'à vingt-cinq ou trente francs. Ainsi il est aisé de voir de tous points que ceux qui contrediront ces propositions n'ont nullement procuration des personnes intéressées, sçavoir ceux qui payent, pour tenir un pareil langage, non plus que pour dire qu'il faut attendre que la paix soit faite, qui est assurément une défaite pour faire manquer une chose qui, causant la félicité générale des peuples et la richesse du Roy, ne produirait pas, à beaucoup près, le même effet à l'égard de quelques autres, dont le nombre, n'étant pas à la millième partie de ceux que cela enrichiroit, ne doit pas par conséquent entrer en considération pour arrêter un si grand bien, outre l'intérêt du Roy, qui est du double plus fort dans l'un que dans l'autre. Il est donc indifférent à un fermier ruiné par l'incertitude de la taille et par les désordres des aydes et des douanes qu'il y ait paix ou guerre pour se racheter à forfait, par un prix fort médiocre, des causes de sa ruine, comme il feroit infailliblement en mettant les choses sur le pié qu'on propose. Et quand quelques hôteliers ont demandé aux fermiers des aydes de s'abonner ou de traiter pour une somme certaine par an, moyennant laquelle ils fussent exempts d'avoir tous les jours des commis qui les tourmentassent dans leurs caves, jamais le fermier n'a considéré pour le leur accorder s'il y avoit paix ou guerre; il ne l'auroit pas pu même faire sans se rendre ridicule; et ce qui conclut pour un conclut pour tous les autres. Il y a encore une objection que l'on peut faire, qui est l'erreur qui a pu se rencontrer dans la réduction des sommes qui sont la cause de la ruine, en sorte que le rejet est plus fort que l'on n'a marqué ; mais on répond que, comme les causes de la misère publique n'ont jamais été les sommes qui se payent au Roy par leur quantité, ainsi que l'on a fait voir par l'exemple des autres contrées, cela est fort indifférent, pourvu que la manière, entièrement indépendante d'un peu plus ou d'un peu moins, et qui étoit seule cause des désordres, soit levée. Ainsi, quand il y auroit cinq ou six millions d'erreur de calcul, le Roy y gagneroit encore dès la première année, puisqu'on prétend que, n'y ayant point d'erreur, il en auroit six ou sept de surcroît. Et il est aisé de soutenir les choses sur ce même pié par l'exemple d'une seule ferme ou d'un seul particulier, puisque, dans le premier cas, le propriétaire d'un fonds autrefois de deux mille livres de rente, et présentement de la moitié, mal payé, au lieu de payer cent quarante livres pour le remettre dans la première opulence, en payera cent quarante-cinq livres ou cent cinquante au plus, et ainsi de tous les autres, et même des particuliers qui ne font rien valoir. Pour Sa Majesté, il est inconcevable l'utilité qu'elle en retirera, puisque, la plus grande partie de ses revenus étant attachée, au pié de la lettre, à ceux de ses sujets, les uns haussant, naturellement il en sera de même des autres, et le Roy aura deux cens millions de rente parce que les terres qui étoient baillées à mille livres seront affermées deux mille. Et elles souffriront cette augmentation parce qu'on leur fera porter, en n'y épargnant rien pour la culture, tout ce qu'elles seront capables de produire, attendu que, la consommation de ce qui excroissoit redevenant permise et possible, rien ne deviendra inutile, mais tournera à l'avantage du Roy et du public, ce qui ne se faisoit pas ci-devant à beaucoup près, et ce qui est la seule cause de la ruine des peuples, et non les impôts, n'y ayant prince sur la terre qui lève moins sur ses Etats que celui qui produit les plus grands effets.

## CHAPITRE VI.

On peut dire que tout ce qu'on doit résumer de ces Mémoires est que, quelque essentielles que soient à la bonne ou mauvaise disposition du pays les qualitez du climat et du terroir, cependant l'exemple de l'Espagne et de la Hollande montre évidemment que l'habileté ou la méprise de ceux qui gouvernent y contribue pour le moins autant que la nature. En effet, comme tout consiste dans l'excroissance des denrées aux pays fertiles, leur production dépend d'une infinité de circonstances entre lesquelles il est absolument nécessaire de conserver l'harmonie, en sorte que, manquant à une seule, leur liaison réciproque fait que tout l'édifice est détruit, comme on a vu en Allemagne les mines d'argent, qui en fournissoient tout le monde avant la découverte des Indes, s'anéantir d'elles-mêmes du moment que, ce métal étant devenu plus commun, il ne put plus supporter les frais qu'il falloit faire en Europe pour le tirer des entrailles de la terre. Mais ce que la nécessité a fait en Allemagne, la méprise l'a produit en France à l'égard des marchandises dont elle fournissoit les estrangers, et même qui se consomment au dedans, comme on n'a que trop fait voir dans ces Mémoires. Cette diminution de cinq à six cents millions par an dans ses revenus, tant en fonds qu'en industrie, n'est que l'effet d'une pareille conduite; en sorte que, si on voit une terre autrefois bien cultivée entièrement en friche, c'est que, les fruits ne pouvant supporter quelque impôt nouveau, il a fallu en abandonner la culture et anéantir par là tous ceux que le produit en faisoit vivre, n'y ayant aucune profession dans la république qui n'attende son maintien et sa subsistance des fruits de la terre; de manière que, lorsqu'il arrive quelqu'un de ces nouveaux impôts, qui ne vont souvent qu'à très peu de chose à l'égard du Roy, si toutes les professions du monde entendoient leur intérêt, elles se cotiseroient par tête pour racheter cette nouveauté et y gagneroient cent pour un, et le Roy la même chose. Mais pour suivre les conséquences de cette ruine de proportion dans l'économie du commerce, on maintient que la Provence a des denrées que l'on ne prend pas presque la peine de ramasser de terre sur le lieu, lesquelles sont vendues un très grand prix à Paris, en Normandie et autres contrées éloignées; cependant on n'en fait venir que pour l'extrême nécessité; et la raison est évidente : c'est que dans ce trajet, qui est de deux cents lieues, il faut passer par une infinité de villes et lieux fermez, où les voituriers étant obligez de faire les stations marquées ci-devant aux articles des douanes et des aydes, cela emporte tant de temps et met les choses sur un pied qu'il faut trois mois et demi pour faire ce voyage, qui ne demanderoit pas plus d'un mois ou cinq semaines sans ces obstacles; ce qui ne pouvant être porté par la marchandise, à cause des frais qui accompagnent une si longue voiture, il en faut abandonner le commerce, et par conséquent celuy du retour, la Normandie ayant semblablement des denrées, comme des toiles, très rares et très chères en Provence, que la certitude d'un pareil sort empêche de se mettre en chemin. Cependant on n'oseroit presque envisager les suites d'une pareille disposition, puisque cette cessation intéresse, outre les deux contrées d'où les marchandises sortent et arrivent réciproquement, toutes celles où elles passent, à cause de la consommation inséparable des voitures, qui, rejaillissant ensuite sur toutes les professions du monde, ainsi que l'on vient de dire, il se trouvera que toute la république souffre un dommage inestimable d'une cause dont, quand même tous les autres revenus ordinaires du Roy n'en seroient pas alterez, il ne tire que très peu de chose; ce qui, étant réparti par un autre canal sur tous les peuples, n'iroit pas à un sol par tête, au lieu que bien souvent cela leur coûte leur ruine entière. Ainsi c'est en vain que le terroir et le climat, secondez de l'industrie des peuples, sont propres aux productions les plus nécessaires et les plus recherchées de la nature, puisque le manque de proportion dans un édit surpris par un intérêt indirect, secondé d'une recommandation qu'on veut croire innocemment trompée, détruit plus de biens en une heure que toutes ces causes n'en pouvoient en produire en plusieurs années ; de sorte que ce manque de proportion fait que les terres sont entièrement abandonnées, faute de gens qui les cultivent, et les hommes périssent de faim par manque des biens qui excroîtroient sur ces terres s'il leur étoit permis de les cultiver, bien que ces hommes et ces terres ayent réciproquement de quoi se payer l'utilité qu'ils tireroient l'un de l'autre. En effet, ces hommes payeroient de leur travail manuel les bleds qu'ils recevroient de ces terres pour se nourrir, et ces terres donneroient ces bleds pour la peine que ces hommes employeroient à leur culture; et ainsi de toutes les autres professions de la république, qui, par un enchaînement mutuel, sont nécessaires les unes aux autres. On peut dire la même chose des années stériles et des abondantes, qui doivent être dans un commerce perpétuel, se fournissant les unes aux autres ce qu'elles ont de trop pour avoir ce qu'elles ont de moins et qui leur est nécessaire. Mais comme ce commerce a été interrompu, comme on a dit cy-devant, les proportions dans le prix des denrées ont été entièrement ruinées, et l'on a vu toujours, depuis trente ans, ou une cherté extraordinaire aux bleds et autres denrées nécessaires à la vie, qui n'étoit estimée à rien quelques années auparavant, ou une cherté pareille à l'argent, en sorte qu'on ne se le pouvoit procurer qu'avec beaucoup plus de denrées que de coutume ; ce qui mettant l'Etat dans une maladie continuelle, on ne doit pas s'étonner qu'il ait perdu la moitié de ses forces, comme on maintient qu'il a fait depuis ce temps. Et tout ce manque de correspondance n'arrive, tant entre ces années stériles et abondantes qu'entre ces terres incultes et ces hommes oyseux, et autres semblables, que parce que, les deux mouvemens pour le change ne se faisant pas immédiatement, mais se rencontrant une infinité de circonstances intermédiaires, le désordre qui arrive à une seule, par les causes marquées cy-dessus, en empêche absolument le trajet, comme celui de Provence en Normandie. En effet, les fruits de la terre ne se vendant plus un prix qui puisse supporter les servitudes contractées pour leur culture, ainsi que l'on a dit, le maître n'employe plus les ouvriers nécessaires à cultiver son fonds, et la terre étant moins cultivée dans les années abondantes est moins en état de secourir les années stériles. Outre ce manque de proportion, il y en a encore un autre qui n'est pas moins essentiel, sçavoir la juste répartition des impôts, à laquelle dérogeant presque continuellement, comme on fait en France, ils deviennent ruineux à l'Estat, non par leur quantité, mais par leurs inégalitez, ainsi que l'on a montré dans l'article des tailles. Et on n'en parleroit pas davantage sans cette grande quantité de créations de nouvelles charges, dans lesquelles, après que le Roy ou le peuple, qui ne sont qu'une seule et même chose, quelque fondé jusques ici qu'ait été l'usage sur une maxime toute contraire, ont été constituez à un très gros intérêt, y en ayant eu quelqu'unes dont le revenu a presque égalé le capital de la première, on compte pour rien un article général qu'on a toujours mis à chaque création, exemption de tutelle, curatelle, collecte, logement de gens de guerre et autres charges publiques, et souvent même exemption de taille, en renvoyant toutes ces choses sur le reste du peuple, comme si c'étoit sur un pays ennemi. Et comme ce sont tous les plus riches qui achètent ces charges, il s'ensuit que tout le fardeau tombe sur les misérables. Ainsi cette ruine de proportion entre des personnes qui doivent contribuer aux charges publiques fait le même effet dans un Estat qu'une voiture de deux mille pesant qu'on donneroit à quarante chevaux de Paris à Lyon, et qu'on chargeroit toute entière sur trois seulement, lesquels succombant à la première journée, on en usât de même à l'égard des trois autres ; et continuant jusqu'au bout, il est certain que tous périroient à moitié chemin, sans qu'on en pût accuser l'excès du fardeau, mais seulement la disproportion à le partager aux bêtes de somme suivant leur force.

## CHAPITRE VII.

L'autre maxime générale qu'il faut tirer de ces Mémoires est que la première et principale cause de la diminution des biens de la France vient de ce que, dans les moyens tant ordinaires qu'extraordinaires que l'on employe pour faire trouver de l'argent au Roy, on considère la France, à l'égard du prince, comme un pays ennemi ou qu'on ne reverra jamais, dans lequel on ne trouve point extraordinaire que l'on abatte et ruine une maison de dix mille écus pour vendre pour vingt ou trente pistoles de plomb ou de bois à brûler. Car, comme cet anéantissement de cent fois davantage que le profit qu'on y fait ne regarde qu'un pays où l'on ne prend nul intérêt, cette conduite, qui sans cette circonstance passeroit pour une extravagance entière, est un coup d'habileté ; mais dans un royaume tranquille et entièrement dévoué au service de son prince, il s'en faut beaucoup qu'il faille rien faire d'approchant. Car, comme les peuples ne le peuvent aider que de ce qui croît dans leurs domaines et à proportion qu'il y croît, il ne doit point considérer ses Etats autrement que si tout le terrain lui appartenoit en propre, comme en Turquie, et que ses sujets n'en fussent que de simples fermiers. Outre la raison qu'on vient de dire, qu'on ne peut payer que de ce qui croît dans le pays, il est constant qu'il y a des provinces dont il tire en plusieurs lieux bien plus que le propriétaire ; cependant, pour faire voir combien on déroge à une maxime qui lui seroit si avantageuse, il ne faut que considérer comme les choses se passent, et si les terres étoient à luy réellement et de fait, on en useroit de même à l'égard des fermiers comme on fait envers les propriétaires. Commençons par les impôts ordinaires, comme les tailles, les aides et les douanes, et puis nous parlerons des extraordinaires.

Si toute la généralité de Rouen étoit au Roy en propre, comme il y en avoit autrefois une très grande partie, dont se sont formées ces grandes abbayes fondées par les anciens ducs, et que, la baillant par contrée à ferme à plusieurs particuliers, il ne leur demandât aucun prix certain, mais qu'il leur dît : « Quand vous voudrez un muid de vin, il faudra payer dix-sept droits à sept ou huit bureaux séparez, qui n'ouvrent qu'à certaines heures et à certains jours ; et si vous manquez de payer au moindre de ces bureaux, quoique vous l'ayez trouvé fermé à votre arrivée et que vous ne puissiez retarder sans de grands frais, votre marchandise, charrettes et chevaux, sont entièrement confisquez au profit des maîtres du bureau, dont la déposition fera foy contre vous quand vous ne conviendrez pas de la contravention. En allant par pays porter votre marchandise, il faut pareillement faire des déclarations à tous les lieux fermez où vous passez et y tarder tant qu'il plaira au commis vous faire attendre pour les recevoir, quand vous devriez y employer quatre fois plus de temps qu'il ne seroit nécessaire pour faire le voyage sans ces obstacles. De plus, quand vous voudrez vendre votre marchandise aux étrangers, qui ne demanderoient pas mieux que de l'acheter à un prix fort raisonnable, il me sera permis d'y mettre un impôt si exorbitant qu'ils seront obligez d'aller s'en pourvoir ailleurs. Ainsi, bien qu'il ne m'en revienne rien du tout, vos denrées vous demeureront en pure perte, avec les frais que vous aurez pu faire pour les aprofiter ; même vous pourrez souvent voir périr vos denrées, surtout vos liqueurs, n'en pouvant trouver un denier, quoiqu'à une journée au plus de votre demeure ils valent un prix exorbitant; mais c'est que, si vous hazardiez à y en porter, vous pourriez perdre votre peine et votre marchandise, parce que j'ai baillé à ferme de certains droits à prendre sur le passage, pour lesquels il faut beaucoup de formalitez fort difficiles à observer et dans lesquelles les intéressez sont juges et parties, et pour peu qu'on y manque tout est perdu. Et bien qu'il ne me revienne pas la dixième partie du tort que cela vous fait et à votre marchandise, cependant on me fait entendre qu'il est de mon intérêt que les choses aillent comme cela. De plus, il me faut payer par an une certaine somme ou quantité d'argent qui ne sera point à proportion des terres que vous tiendrez de moi; de manière que vous payerez souvent le double, en tenant seulement cinq arpens, de ce qu'un autre, dans la même paroisse, paye en faisant valoir trente ; mais il vous faut acheter la protection de ceux qui font la répartition, tant en général qu'en particulier, lesquels sont dans une entière possession de ne garder aucune justice en ce rencontre. Outre cela il faut que vous vous gardiez bien de me payer régulièrement à l'échéance du terme, car ce seroit le moyen de vous ruiner, attendu que ceux à qui je baille ces sortes de soins ont intérest qu'il se fasse des frais pour recouvrer les payemens ; de façon que, bien que ce soit un mal que ces sortes de frais, c'en est toutefois un moindre que d'être sujet toutes les années à une augmentation du prix de la ferme, qui est inséparable de la facilité du payement. Il est encore nécessaire de vous tenir clos et couvert, et, si vous avez de l'argent, le cacher et l'enterrer au lieu de trafiquer, de peur de tomber dans ces inconvéniens d'augmentation de ferme. Il en faut user de même à l'égard de la consommation, c'est-à-dire que dans la dépense, tant pour la bouche que pour les habits de vous et de votre famille, il est besoin d'affecter une grande montre de pauvreté. Enfin, comme ce fermage est très mal réparty et plus mal payé, et par nécessité et par affectation, il vous faut tous les quatre à cinq ans en faire la collecte, dans laquelle, si vous n'êtes pas tout-à-fait ruiné, comme il arrive à une infinité de vos semblables, vous en serez très incommodé ; car ny vous ny vos confrères n'êtes point quittes en abandonnant la ferme et tout ce que vous pouvez avoir vaillant ; il faut souvent périr dans une prison pour ne pouvoir payer un fermage quatre fois plus fort que la ferme ne pouvoit porter, pendant que vos voisins n'en payoient pas la vingtième partie. »

Quelques obligations qu'une infinité de personnes assez connues dans le monde ayent à la situation présente, il est pourtant nécessaire que, pour la défendre, ils fassent de deux choses l'une : ou qu'ils nient que ce soit là l'état d'aujourd'hui, ou bien qu'ils disent que c'est la meilleure manière de faire valoir les biens d'un Souverain, et que c'est entendre parfaitement bien ses intérêts que d'en user de la sorte. Mais comme, pour parler sérieusement, il est entièrement impossible de tenir aucun de ces deux langages, à moins que d'entreprendre de renverser le sens commun et imposer à la foy publique, on continuera encore un peu cette peinture de l'état présent. On dira donc qu'un prince qui feroit valoir ses Etats de cette manière seroit assurément mal servy, et ses sujets pourroient dire avec raison : « Sire, comme vous ne voulez qu'être payé et recevoir le plus d'argent qu'il est possible, la manière dont vous en usez semble être inventée pour nous ruiner, et vous aussi; car, comme toute notre richesse et la vôtre ne peuvent provenir que de la vente des biens qui croîtront sur votre terre, ce que vous proposez feroit tout périr. Mais que Votre Majesté compte ce qui lui en viendroit de la façon qu'elle l'entend, et nous le lui doublerons, en nous laissant notre liberté de vendre et de consommer ce que bon nous semblera, ce qui nous sera bien facile, puisque nous ferons trois fois plus de débit de cette sorte que de l'autre. » Quelque ridicule que soit cette description, il est pourtant vray que c'est justement l'état présent des choses, et que, quoyqu'extremement dommageable au Roy et au peuple, on préfère tous les jours ce party à l'autre, par des raisons qui ne sont que trop connues. Et ce qu'il y a d'effroyable, c'est qu'il n'y a pas jusqu'à la moindre denrée à qui on ne fasse souffrir le même sort d'en ruiner absolument la consommation, de manière qu'on n'a pas poussé cette peinture aussi loin qu'est l'original, à beaucoup près; et pour comble de désordre on fait entendre au Roy et à messieurs les premiers ministres, qui sont les premiers surpris, que c'est par une pareille manœuvre qu'on augmente les revenus de Sa Majesté, en supposant un impossible; que pour enrichir un prince il faut ruiner les peuples, en leur causant vingt fois autant de perte qu'on fait passer de profit dans les coffres du prince; qui est l'état des choses d'aujourd'huy, comme on a pu voir par tous ces Mémoires, le déchet que la manière de lever les revenus du Roy cause au peuple n'allant au profit de personne; sans quoy on ne leur déclareroit pas une si forte guerre, puisque si le prince, ou ceux qui se mêlent dans la levée de ses revenus, faisoient passer entièrement sur sa tête ou sur la leur la diminution qu'ils causent, l'Etat ne feroit aucune perte, lui étant indifférent, de même qu'au Roy, par qui et comment les biens soient possédez, pourvu qu'ils existent, puisqu'il s'en pourroit toujours ayder également dans les occasions pressantes comme est celle d'aujourd'huy. Il n'est donc point question de faire miracle pour former au Roy cent millions de rente plus qu'il n'a, en rétablissant à ses sujets le double de leurs biens tels qu'ils les avoient autrefois; il est seulement nécessaire de laisser agir la nature, en cessant de lui faire une perpétuelle violence par des intérêts indirects qui, se couvrant d'une confusion continuelle, dérobent le point de vue de la cause des misères, et bouchent par de hautes protections toutes les avenues aux remèdes; en sorte que, quoyque les maux soient constans et qu'il soit même permis de les déplorer, il n'est pas moins criminel de vouloir remonter jusqu'à la source et d'en parler qu'il l'est en Turquie de disputer de la religion du pays. Voilà pour les revenus ordinaires. Et pour les extraordinaires on peut dire que l'on garde encore une conduite opposée à celle que l'on observeroit si toute la France étoit au Roy. En effet, il est arrivé que, pour une somme très modique qu'il a reçue, on a permis à l'acquéreur d'une nouvelle charge de prendre sur le peuple, qui est le propre bien du Roy, son intérêt au denier quatre ou cinq. Or il est certain que, ce même peuple étant le fonds du Roy, c'est la même erreur que si le propriétaire d'un héritage assignoit sur son fermier une rente au denier quatre, et crût par là ne rien devoir; il est constant qu'il gagneroit bien davantage à prendre la constitution sur luy au denier dix-huit. De plus, une nouvelle charge ne pouvant être créée sans diminuer les anciennes, le corps de l'Etat, qui n'est composé que de particuliers qui les possèdent, en souffre encore extremement; de façon qu'il se trouvera que, pour dix mille écus que le Roy recevra d'une nouvelle création, trois articles, sçavoir : les droits à prendre sur le peuple, la décharge des impôts publics sur le reste du peuple, à cause des priviléges attachez à tous les nouveaux offices, ce qui accable et altère en même temps le corps de la république par la disproportion des impôts que chacun devroit porter, les uns en ayant trop et les autres trop peu, ainsi qu'il a été dit, et le tort enfin que cela fait aux anciennes charges; il se trouvera, dis-je, que, pour les dix mille écus que le Roy aura reçus, le royaume souffre une diminution de plus de cent mille écus en sa totalité. Par exemple, la collecte de la taille étant un fardeau de la conséquence qu'on a représenté, un nouvel office du plus vil prix, étant acquis par un homme riche, renvoye par son privilége cette servitude sur un pauvre qu'elle ruine tout-à-fait. Or il en va de la pauvreté comme des diamans : il y a de certains degrés où tous nouveaux surcroîts doublent et triplent leurs effets, tant pour celui qui les souffre que pour l'Etat. En effet, un laboureur qui n'a que cent écus pour racheter des besteaux, pour charger sa terre du fermage de mille livres, ne peut en être privé sans se ruiner, ainsi que son maître, ses créanciers et leurs créanciers jusqu'à l'infini, parce que, tout le produit d'une terre dépendant de l'engrais, du moment qu'il cesse, on n'en tire pas les frais ; de façon que ces cent écus ôtez à ce pauvre laboureur pour les frais d'une collecte causent une perte de cinq ou six mille livres au corps de l'Etat ; et cela non-seulement pour une année, mais pour plusieurs de suite, puisqu'une terre délaissée est longtemps à se remettre, quand même ces désordres cesseroient, loin de recevoir de l'augmentation, comme ils font tous les jours, au lieu que cent écus payez par un homme riche ne font pas le moindre mouvement dans l'Etat. Cependant la maxime d'aujourd'hui, par la création des nouvelles charges, fait si bien régner cette disproportion que l'on peut conclure qu'il est certain que, dans tout l'argent que le Roy reçoit, tant à l'ordinaire qu'à l'extraordinaire, le peuple ou l'Etat, qui est le propre bien du Roy, est constitué en autant de revenu, et souvent davantage, que le Roy ne reçoit de capital, le déchet ou le surplus n'allant au profit de personne, mais étant entièrement anéanty, ainsi qu'on a fait voir.

## CHAPITRE VIII.

Enfin l'on conclut tous ces Mémoires par l'article le plus important, qui est de fournir au Roy présentement et sans délai tout l'argent nécessaire pour mettre fin à une guerre que l'envie de sa gloire lui a attirée, et qui n'est soutenue avec tant d'obstination par ses ennemis que parce que les Mémoires qu'ils ont de ce qui se passe dans le détail des affaires du royaume leur aprennent que les fonds dont on tire les moyens extraordinaires pour la soutenir ne peuvent pas durer longtemps. En effet, que l'on compte l'intérêt que le Roy fait, celui que l'on a enfoncé sur les peuples, la diminution que la création des nouvelles charges a apportée aux anciennes, les désordres de leurs exemptions, qui a renvoyé tous les impôts sur les misérables, et par conséquent, ruinant les proportions, a anéanti pour beaucoup plus de biens que le Roy ne recevoit, ainsi que l'on a fait voir aux chapitres précédens; il se trouvera que, Sa Majesté ne faisant qu'un seul et même corps avec son Etat, elle n'a pas reçu un denier qu'elle n'aye autant d'intérêt constitué sur elle ou sur le peuple, ou même anéanti entièrement, comme elle a reçu de capital. Et quand un pareil mécompte ne seroit qu'un quart de ce qu'il est effectivement, il est impossible qu'il puisse être de durée.

Pour revenir donc aux manières de fournir de l'argent comptant au Roy, on maintient que l'exécution du projet traité dans ces Mémoires en est un moyen très certain. En effet, quel plus court chemin pour être payé de son débiteur que de lui faire venir du bien ou de lui aider à liquider une succession embarrassée? Et il ne faut pas dire que cela demande quelque délai, et que, quelque utilité qu'il vînt au peuple de la certitude morale des tailles et de la liberté entière des chemins, ce qui seroit par la réunion d'une partie des aides et douanes comme elles étoient il n'y a que trente-cinq ans, et le surplus comme dans tous les autres royaumes du monde, ce ne peut être que dans un an au plus tôt que l'on en verroit les effets; car on soutient formellement qu'il ne faut que vingt-quatre heures, et que l'édit qui porteroit que chaque élu prendroit un certain nombre de paroisses à asseoir la taille, suivant l'occupation de chacun, soit fermier ou propriétaire, eu égard à la somme répartie sur toute l'élection, sans nulle considération de qualité, et que quiconque porteroit sa somme dès le premier mois à la recepte seroit exempt de la collecte, feroit le même effet que si on venoit annoncer à divers particuliers très misérables qu'il leur vient d'échoir une succession d'immeuble très opulente. Car bien qu'il ne fût dû aucun fermage qu'un an après, cependant ils ne laisseroient pas de s'en sentir dès le même moment, parce que tout le monde leur prêteroit très volontiers, voyant la certitude d'être remboursé et du capital et des intérêts, tout au plus après l'année échue. Tout de même, la crainte étant levée par cet édit d'être exposé en proie à ses ennemis ou envieux par toute montre d'opulence, qui est néanmoins inséparable et du commerce et du labourage, on verroit un fermier de terres emprunter de tous côtez pour charger sa ferme de bestiaux, qu'on lui prêteroit très volontiers, voyant qu'il ne pourroit plus être saisi pour la taille de ses voisins, ni la sienne être augmentée d'une façon exorbitante, parce qu'il mettroit ses terres en valeur. Cependant, comme cela produiroit un engrais qui est toujours suivi d'une bonne levée, il seroit en état d'en partager le profit avec ceux qui lui auroient aidé. L'artisan, qui n'ose se découvrir, mettroit aussitôt un cheval sur pied pour faire son commerce, moitié à crédit, comme ils font tous, et moitié autrement, sans craindre que cela le fît accabler de taille, comme c'est l'ordinaire, ni qu'il fût obligé tous les quatre ans de se voir ruiné par la collecte qui lui emporteroit, par la perte de son temps et les autres misères attachées à ces emplois, tout ce qu'il avoit pu gagner les années précédentes. Et les uns et les autres, ayant fait quelque profit, ne craindroient plus de se nourrir et vêtir suivant leurs facultés, parce que c'est une chose fort naturelle; ce qui, faisant gagner le marchand et l'artisan des villes, les mettroit en état de consommer les denrées provenantes du labourage, et rétabliroit par là cette circulation qui fait le maintien des Etats dont le terroir est fécond; ce qui lui devient inutile lorsqu'il est impossible de le faire valoir ou défendu, comme on soutient qu'est aujourd'hui plus de la moitié de la France, ce qui fait sa misère, et non les impôts, qui sont moindres à proportion, ainsi que l'on a dit, qu'en nul Etat de l'Europe. Et l'autre édit qui joindroit les douanes sur les sorties et les aides aux tailles, c'est-à-dire qui ordonneroit que celui qui payoit six livres de tailles en payeroit huit ou neuf, et que le laboureur qui en payoit cent livres seroit à cent quarante, ce qui l'exempteroit de toutes les circonstances et de tous les effets de ces deux impôts dont on a assez parlé, ce qui coûtoit à l'un et à l'autre vingt fois, voire trente fois davantage, par une juste supputation, feroit aussitôt sortir tous les vignerons, et tous les autres artisans de la dépendance des vins, du fond de leurs tannières pour rétablir les vignes; en quoi ils seroient aidez par tout le monde, tant maîtres qu'autres, qui seroient assurez d'être remboursez dans la récolte, les chemins étant devenus libres pour pouvoir porter les vins où il n'en croît point et où il ne s'en consommoit point que la vingtième partie de ce qui y eût été possible si les abords n'en eussent pas été absolument défendus. Et les propriétaires recommenceroient à compter dans leur bien chaque arpent de vigne pour mille livres, comme ils faisoient autrefois, et non pour rien, comme ils font présentement, et contracteroient sur ce pied, tant en vendant qu'en achetant. Plus de cent mille cabarets paroîtroient en moins de huit jours, y en ayant eu deux ou trois fois davantage d'anéantis depuis trente ans. Et comme il n'y a point de cabaret qui ne mène dix ou douze professions après lui, comme le boucher, le boulanger et autres, ce seroit plus d'un million de familles que ce seul article remettroit en mouvement, et par conséquent tireroit de misère; et ainsi de tous les autres héritages à proportion et des professions qui en attendent leur subsistance. Voilà donc tout le monde riche en vingt-quatre heures et tout l'argent en mouvement; il n'est plus question que de faire voir comme le Roy y peut participer avec autant de diligence, qui est la chose du monde la plus aisée, parce qu'elle est très naturelle et comme une conséquence nécessaire de ce premier mouvement.

On crie de tout temps en France contre les impôts, et les riches bien plus que les pauvres, à cause de cette malheureuse coutume qui s'est introduite de n'y avoir aucune justice dans la répartition des charges publi-

ques; ce qui mettant les choses sur un pied que s'en
défend qui peut, plus un homme est puissant, moins
il en paye, parce qu'il est plus en état de s'en exempter.
Et comme, entre les moyens dont on se sert pour se
procurer ce privilége, le bruit et les plaintes sont un des
plus considérables, elles se font bien mieux entendre
dans la bouche des riches que dans celle des pauvres,
ce qui fait que ces derniers sont toujours accablez; ce
qui retombant par contrecoup sur les riches, ainsi que
l'on a fait voir, ruine enfin les uns et les autres. Un premier ministre ne doit donc pas se mettre beaucoup en
peine si on crie, mais seulement si on a sujet de crier.
Or, il est constant que, lorsqu'on prend tout le bien d'un
homme, comme on peut dire qu'on a fait ces années
dernièrés; lorsque, ou par des suppressions ou par des
taxes, on a enlevé tout le vaillant d'un officier en le privant d'une charge qu'il avoit achetée de bonne foi, et
sans qu'il y eût aucun cas particulier qui le distinguât
de toutes les autres personnes revêtues de dignitez bien
plus considérables à qui on n'a rien demandé ou peu
de chose; cet homme, dis-je, a très grand sujet de déplorer son malheur, les besoins de l'Etat demandant
que les peuples aident de leurs biens et de leurs personnes, mais jamais que les uns contribuent de tout
leur vaillant pendant qu'il en coûte beaucoup moins
aux autres; ce qui, étant un monstre dans la justice distributive, ruine absolument un Etat par les raisons tracées ci-dessus. A quoi on peut encore ajouter que, cette
conduite établissant pour principe qu'il n'y a aucune
règle certaine pour la contribution des charges, cela les
rend toutes susceptibles, à tous momens, d'un entier
anéantissement; ce qui les jettant dans une juste crainte
de cette destinée les diminue extremement de prix,

sans que le Roy ni personne en profite. Lorsque le cardinal de Richelieu eut doublé en dix ans tous les revenus de la couronne, on cria extremement contre lui; mais c'étoit avec la dernière injustice que l'on faisoit ces plaintes, car cette augmentation étoit l'effet de celle de tous les biens du royaume, qui avoient plus que doublé pareillement. Il fut vendu, sous son ministère, des charges dix fois ce qu'elles avoient coûté aux personnes mêmes qui en étoient revêtues. L'on se plaint extremement présentement, et il n'y a rien de si commun dans la bouche du peuple, tant riches que pauvres, que de parler du malheur du temps; mais c'est avec fondement, puisque depuis trente ans c'est justement le contre-pied de ce qui arriva sous le cardinal de Richelieu, y ayant des charges, sans parler des terres, qui ne sont pas à la dixième partie de ce qu'elles étoient en 1660. Ceci donc posé, c'est une grande avance pour Sa Majesté que ses peuples soient riches pour en tirer du secours, comme on maintient qu'ils peuvent être en vingt-quatre heures, par la simple publication de deux ou trois édits qui, ne congédiant ni fermier ni receveur, rendront seulement les chemins libres et les impôts justement répartis; ce qui, étant de droit divin et naturel, est observé chez toutes les nations, même les plus barbares, hormis en France, le plus poli royaume du monde, ce qui a causé seul tous les malheurs dont on se plaint.

A l'égard des moyens de tirer tous ces secours, quand il n'y en auroit point d'autres que ceux dont on s'est servy jusqu'icy, comme de créer des charges et autres semblables, que l'on soutient et que l'on a montré être très contraires aux intérêts de l'Etat, on peut assurer que ce seroit beaucoup de chemin fait de mettre les peuples en pouvoir de les acheter, puisque, rétablissant ces mêmes peuples en possession de leurs biens que l'on peut dire être anéantis, les conséquences en sont naturelles, qui est l'achat des choses qui font plaisir, entre lesquelles les dignitez tiennent le premier lieu. Or, comme la vanité y a plus de part qu'autre chose, on ne la satisfait qu'à proportion qu'on est en état de le faire, c'est-à-dire que le revenu et la valeur des fonds, qui donne l'être à tous les autres biens, mettent en pouvoir de le faire. C'est ce qui fait que les charges ont haussé et baissé depuis que la création de la Paulette les a rendus immeubles, conformément à tous les fonds.

Mais ce n'est pas de ces moyens dont on prétend se servir; on n'en veut point employer aucun qui ne soit utile de luy-même à l'Etat, en sorte que le peuple, après avoir payé ce qu'on luy demandera, se trouvera dans une situation plus avantageuse qu'il n'étoit auparavant, et cela jusqu'à ce que les revenus ordinaires ayent gagné un pied qui suffise à toutes les dépenses extraordinaires d'aujourd'huy; ce que l'on soutient devoir arriver avant deux ou trois ans, parce que, ces revenus ordinaires étant mis sur le pied de ceux des peuples, ils hausseront avec eux, comme ils avoient fait depuis deux cens ans jusqu'en 1660. Mais pour revenir à ces moyens extraordinaires d'aujourd'huy, c'est qu'entre les causes qui ont produit cette grande diminution de biens de toute la France, outre celles que l'on a marquées par l'incertitude des tailles et la vexation des aydes et des douanes, qui seront levées de la manière que l'on a dit, il y en a de particulières qui, ne faisant pas moins de mal, seroient rachetées sans presque nul mouvement par les peuples, argent comptant, le plus volontiers du monde, en sorte qu'ils n'auroient pas sitôt donné une pistole que cela leur en fourniroit deux ou trois de revenu, sans qu'il fût besoin de venir à des emprisonnemens et à des violences pour de pareils recouvremens, comme on a vu pour tous les autres. Par exemple, dans les villes taillables, étant nécessaire que l'industrie porte une partie des charges, comme elle n'a point d'autre arbitration que la fantaisie ou la vengeance de ceux qui asseyent la taille, il s'y fait des désordres effroyables. Cette conduite ruinant tout l'un après l'autre, il n'y a rien qu'elles ne donnassent pour se rédimer de cette vexation, en obtenant permission de la remplacer par une somme certaine qui se prendroit en autre assiette ; et celles qui l'ont pu obtenir par des soumissions excédant de beaucoup leur taille pour des travaux publics se sont relevées entièrement de leurs misères. Il ne faudroit qu'écouter celles qui se voudroient mettre en tarif et les offres qu'elles feroient pour cette obtention ; on est assuré qu'il s'en présenteroit une grande quantité, pourvu que les cours des aydes et les receveurs des tailles ne fussent pas écoutez, à cause de la fin que cela met à toutes les vexations cy-devant marquées, dont il leur revenoit environ un pour cent du tort que cela faisoit au peuple. Cet article produiroit plus d'un million, qui n'est rien, comme on en convient, pour les besoins présens, mais qui mettroit ces lieux-là, par l'abondance que cela y porteroit, en état de fournir d'autres secours sur-le-champ ; de façon qu'on ne cite pas ceci pour la forme, mais seulement pour l'exemple, et pour montrer qu'il est possible de mettre le peuple, après avoir donné de l'argent, en une meilleure situation qu'il n'étoit auparavant, en tirant cette amélioration des trésors de la terre, où ils étoient anéantis par les méprises dont on a tant parlé, qui ont été si loin que l'on a souvent mis en vente ces anéantissemens à un pour cent, ainsi qu'on est obligé de convenir. Or, comme il y a pour cinq cens millions et davantage de diminution en France dans ses revenus depuis trente ans par de pareilles causes, il s'en faut beaucoup que cet article des tailles soit l'unique principe, de façon qu'il y a bien des sommes à recevoir au Roy pour former le capital d'un rachapt si considérable et si utile au peuple. De plus, il y a une infinité d'impôts dont le Roy ne tire presque rien, qui causent un mal extraordinaire au commerce, dont les commerçans racheteroient l'exemption à un denier très haut et y gagneroient encore; l'on en indiquera pour plus de quarante millions, payables en moins de six mois, pourvu que l'on voulût cesser les nouvelles créations, qui mettent toutes les familles dans la dernière extrémité; car comme les charges forment un effet considérable dans l'Etat, étant tirées hors du commerce par la création des nouvelles, cela ruine tous ceux qui en sont revêtus, lorsqu'ils sont dans l'obligation de les vendre, ainsi que leurs créanciers, jusqu'à l'infini.

Et enfin, outre toutes ces ressources, pourquoi le Roy n'en usera-t-il pas dans ses besoins comme tous les hommes du monde? Qu'il prenne de l'argent en rente au plus bas denier que faire se pourra! Les deux édits dont on a tant parlé une fois publiez feroient que tout le monde s'empresseroit de luy en donner, parce qu'outre que c'est une suite nécessaire de la richesse du peuple, qui augmenteroit considérablement, c'est que l'augmentation certaine des biens du Roy assureroit dans l'esprit de ces mêmes peuples et le capital et les arrérages; et supposé qu'il luy fallût cinquante millions par an d'extraordinaire jusqu'à la fin de la guerre, et qu'il fût dans l'obligation de tout prendre en rente, de quoi on ne convient pas, quand elle dureroit encore quatre ans, ce ne seroit que de dix millions de rente qu'il se seroit endété, et les peuples ou l'Etat de rien du tout, sans parler du rétablissement de leurs richesses. Or on demande si, depuis quatre ans que la guerre est commencée, c'est la situation des choses? On est bien assuré qu'il en coûte plus de cent millions de rente au Roy ou à l'Etat. Le lendemain de la publication de ces édits, les denrées, reprenant leur ancien prix, reformeront les revenus dont se tirent les capitaux des parties de rente, et la création des nouvelles charges qui sera cessée, ôtant d'un côté le commerce de l'argent au denier dix, les traitans le faisant valoir sur ce pied, dont tout le déchet du prix ordinaire retomboit sur le Roy, et de l'autre remettant toutes les charges dans le trafic ordinaire, cela rétablira les choses dans l'ancien cours, qui est de faire empresser les peuples à constituer sur le Roy. Mais il est nécessaire, pour maintenir ce commerce, d'y conserver la bonne foy, pour l'intérest même de Sa Majesté, sans que l'autorité souveraine y puisse introduire aucune jurisprudence singulière lors du raquit, ainsi qu'on a vu autrefois, qui ne fût reçue entre deux particuliers; de même que dans une armée il faut absolument payer les vivres sur le pied courant, si on veut qu'elle puisse subsister; car bien qu'il n'y eût rien de si aisé que de les avoir pour rien une première fois, comme de cette manière les pourvoyeurs n'y reviendroient plus, cela feroit tout périr. Il seroit encore nécessaire qu'il y eût un bureau particulier pour le rachapt de ces sortes de rentes par le Roy même, en perdant par les propriétaires trois mois de leur intérest;

ce seroit le moyen d'y faire apporter tous les dépôts de France, ainsi que de l'argent des mineurs, voyant qu'on seroit assuré d'avoir son intérest et de retirer son capital sans nul risque quand on voudroit. Il seroit encore à propos que ces sortes de rentes ne pussent jamais être saisies pour la dette des transportans, ne conservant ni suite ni hipotèque, non plus que l'argent même, en sorte que tout payement fait et endossé sur le premier instrument seroit bon et valable, soit pour le capital ou les intérests, horsmis en cas de stellionat ou de larcin, lorsqu'il y auroit une dénonciation précédente. On est certain qu'on en apporteroit plus qu'on ne voudroit, et le Roy, dès la première année, par le moyen des édits dont on a parlé, auroit plus qu'il ne faudroit d'augmentations pour payer l'intérest de cinquante millions; dans la seconde, pour payer celuy de plus de cent millions, et dans la troisième ses revenus ordinaires iroient à plus de cent cinquante millions, cette augmentation continuant jusques à ce qu'ils eussent doublé, même en temps de guerre; et tout cela parce que, la consommation reduement permise et possible par la liberté des chemins et la certitude et juste répartition des tailles, une ferme de mil livres, qui ne payera cette année à Sa Majesté que cent livres de tailles, et quarante livres pour sa cotte-part du rachapt des aydes et douanes sur les sorties et passages, reprendra son prix d'autrefois de deux mil livres. Ainsi ce sera sur le même pied d'impôt deux cent quatre-vingts livres, sans que le propriétaire se puisse plaindre de cette augmentation, qui ne sera que l'effet de celle de sa richesse. Cet article seul va à plus de cinquante millions d'augmentation par an, et les gabelles et domaines, qui marchent comme les richesses du pays, recevront un même accroissement, puisque, la dépense de bouche étant un des premiers effets de l'opulence, principalement chez les pauvres, qui font la plus considérable consommation de la gabelle, il est nécessaire qu'elle ressente les effets de ce changement de scène.

Pour les domaines, le papier de formule et le contrôle y tenant autre place essentielle, ils augmenteront à proportion des fonds qui seront contestez en justice dans les occasions, suivant qu'ils seront en valeur, au lieu que la plupart, bien loin de faire naître des procès pour la propriété, étoient presque à l'abandon. Et quand le Roy aura cent millions de rente plus qu'il n'avoit, ce sera parce que ses sujets auront cinq cens millions plus qu'ils n'ont présentement et qu'ils avoient autrefois, dont ils n'ont été privez, sans que personne en ayt profité, qu'à cause qu'on a quitté les manières usitées de lever les droits du prince dans tous les Estats du monde, tant anciens que modernes, pour en prendre de toutes particulières et inconnues à toute la terre, dont le récit fait horreur ainsi que les effets, qui ne sont rien autre chose que de faire périr de faim et de misère un peuple très laborieux dans le plus fertile pays du monde et sous le meilleur prince qui fust jamais, et, ce qu'il y a de plus surprenant, ces malheureux effets étant produits par de très habiles et de très intègres ministres. Mais c'est que le gouvernement d'un Etat, à l'égard des finances, n'étant autre chose que la régie du commerce, tant du dedans que du dehors du Royaume, ainsi que de l'agriculture, pour en tirer les droits du prince, cela ne se peut faire que par une parfaite connoissance du détail et une infinité de circonstances qu'il leur est impossible de connoître par eux-mêmes. Ainsi toutes les mesures qu'ils peuvent prendre dépendant absolument des faits particuliers, ils n'arrivent chez eux que très corrompus; ainsi on peut tirer toutes les conséquences de cette situation. Et comme il y a longtemps que ce mal a commencé, s'étant facilement introduit, parce que les effets n'en étoient pas, à beaucoup près, si pernicieux dans ses principes, ce qui l'a fait recevoir plus aisément, il s'est tellement enraciné et s'est formé tant de créatures que tout le monde concourt tous les jours auprès d'un premier ministre pour les augmenter et pour s'opposer à leur cessation. En effet, on maintient qu'on a établi des impôts, et on l'a assez fait voir, qui ont fait quatre fois plus de tort au Roy qu'ils ne lui ont profité, et cent fois plus de perte au peuple en général qu'il n'en revenoit d'utilité aux entrepreneurs. Cependant il est presque impossible qu'une ruine si générale ne soit pas la victime d'intérêt si peu considérable, et cela parce que, l'intérêt particulier étant toujours beaucoup plus sensible et bien mieux ménagé que le général, on employe toutes sortes de moyens pour le soutenir, et le peuple n'a personne pour le faire entendre, l'habileté consistant à cacher le point de vue qui peut faire connoître d'une manière évidente que ce profit que l'on fait est cela même qui ruine et le Roy et le peuple. Ainsi voilà la malheureuse situation d'un premier ministre, de voir toute la terre en mouvement et toute la faveur en action, non-seulement pour le tromper, mais pour l'obliger à immoler et son prince et le peuple à des intérêts particuliers, n'étant applaudi par tous ceux qui prétendent former seuls le monde qu'à proportion qu'il donne dans cette surprise, et il ne pourroit pas entreprendre de faire le moindre pas en arrière sans s'attirer tous ceux qu'on vient de dire sur les bras, outre que, suivant les routes tracées, de quelques dérèglemens qu'elles soient accompagnées, il n'est garand de rien, et les agrémens qui accompagnent la place qu'il remplit, auxquels il est très naturel d'être sensible, ne courent aucun risque, ni pour lui ni pour les siens, quelques désordres qui arrivent, au lieu que, dans la moindre nouveauté, ayant tous ceux dont on vient de parler déchaînez contre lui, il prendroit tous les accidens sur son compte; et il est bien difficile qu'il les pût ou prévoir ou conjurer, parce que, ne pouvant faire un pas dans cette occasion sans une parfaite connoissance du détail de tout le royaume, ainsi qu'on a pu voir par ces Mémoires, il ne la sçauroit avoir sans la pratique de tous les états et de toutes les conditions, ce que l'on n'a jamais vu dans aucun ministre; de façon que, ne l'ayant point par luy-même, il est pareillement dans l'obligation de ne s'en rapporter à personne, par les raisons qu'on vient de dire. Ce qui fait espérer le succès de ces Mémoires est qu'ils découvrent sincèrement ce détail, dont la parfaite connoissance est si avantageuse au Roy et au public, et qu'on prenoit tant de peine à cacher à ceux qui pouvoient arrêter le désordre; dont le premier pas du remède est de faire connoître, comme l'on fait, qu'il n'est point besoin de mouvement extraordinaire, ni de rien mettre au hazard, mais seulement de permettre au peuple d'être riche, de labourer et de commercer en en faisant part au Roy, sans qu'il soit nécessaire d'autre chose que d'arrêter ceux qui avoient intérêt à ruiner tout, et obligeant les fermiers de Sa Majesté à recevoir en un seul payement, sans nuls frais, des receveurs des tailles, le prix de leurs fermes, avec tel profit qu'il plairoit au Roy de leur donner, et pour lequel, après avoir accablé les peuples, ils étoient souvent obligez de faire banqueroute eux-mêmes; ou plutôt, comme toutes les fermes ne se tiennent plus à forfait, à cause des diminutions prétendues par les fermiers, il n'est point nécessaire de mouvement pour changer la nature des impôts qui les composent; ce qui sert encore de réponse à l'objection de ceux qui prétendent qu'il faut attendre la paix pour faire ces changemens. Ainsi, pour faire avoir au Roy tout l'argent nécessaire pour la dépense tant ordinaire qu'extraordinaire, il est seulement besoin de tirer du néant, en faveur de ses peuples, tous les biens anéantis depuis trente ans; et comme depuis ce temps on maintient que, pour une pistole d'augmentation que le Roy reçoit, il en coûte dix-neuf en pure perte au peuple, ce sont ces dix-neuf que l'on veut faire revivre en vingt-quatre heures. Et lorsque Sa Majesté crée ou des rentes sur la maison de ville de Paris, ou des charges qui donnent du revenu, il ne doute pas qu'il ne reçoive de l'argent de ceux qui les veulent posséder; avec combien plus de raison doit-il espérer, en donnant plus de cinq cens millions de rente à ses peuples, d'en recevoir bien davantage? avec encore cette différence que c'est, dans le premier cas, toujours sur ce même peuple que se forme le fonds en l'état qu'il est, avec même souvent la méprise traitée ci-dessus, c'est-à-dire que la demande même de l'argent porte avec elle la diminution des fonds, au lieu que, dans l'espèce que l'on propose, c'est justement tout le contraire; et que comme, par ci-devant, plus le peuple payoit d'argent à l'extraordinaire, plus il augmentoit sa ruine, en achetant en quelque manière sa destruction, dans cette occasion, à chaque somme que le Roy recevra à l'avenir de la façon proposée par ces Mémoires, ce sera autant de diminution que la misère souffrira, parce que, comme la cause en étoit augmentée dans l'un, elle sera anéantie dans l'autre. Et à l'égard des recouvremens pour les avances que l'on pourra faire au Roy sur de pareils fonds, au lieu de venir mettre la désolation partout comme ci-devant, parce que les sommes demandées portoient avec elles l'impossibilité de payer, en ruinant les principes d'où se forme l'argent chez le peuple, tout au contraire l'argent que l'on demandera en ouvrira la source, qui étoit tarie chez ce même peuple. Et pour l'avance des revenus ordinaires, elle est d'autant plus aisée qu'elle n'étoit ci-devant qu'il est plus facile à un fermier ou proprétaire d'une terre de mille livres, dont les meubles, fruits ou levées étant sur la terre valent pour l'ordinaire trois ou quatre mille livres, d'avancer environ cent livres, huit mois devant qu'il les dût, qu'à un traitant d'avancer plusieurs fois plus qu'il n'a vaillant.

Pour finir et réduire ces Mémoires, on demeure d'accord qu'il est ridicule d'avancer que le Roy puisse tirer le double de ce qu'il lève à présent, les choses demeurant en l'état qu'elles sont ; mais il est également opposé à la vérité de nier que le propriétaire d'un arpent de vigne, autrefois de valeur de cent livres de rente et présentement abandonné, ne veule ou ne puisse pas donner une pistole, voire deux, à Sa Majesté, du moment que la cause de cet anéantissement sera levée ; en quoi il recevra bien plus d'utilité que Sa Majesté même.

Ainsi, pour nier ce qui est contenu dans ces réflexions, sçavoir : que la France est diminuée de plus de moitié dans ses revenus depuis trente ans, sans que personne en ayt profité ; que, bien loin que l'augmentation des revenus du Roy en soit cause, ils ont bien moins haussé depuis 1660 qu'ils n'avoient fait depuis deux cens ans en pareil espace de temps ; que même cette augmentation coûte au peuple dix pour un de ce qu'il en revient au Roy, ce qui n'a jamais eu d'exemple ; qu'il n'y a point de prince sur la terre qui ne tire beaucoup davantage à proportion de ses sujets, et qu'il n'y a point pareillement de peuple à qui il en coûte le quart à proportion, pour les subsides du prince, de ce qu'il en coûte à celuy de France ; et qu'enfin le Roy peut en quinze jours se mettre, lui et ses peuples, sur le pié de tous ses voisins, c'est-à-dire doubler ses revenus en doublant ceux de ses sujets; pour nier, dis-je, toutes ces choses, ou plutôt tous ces faits, il faut soutenir que la France est autant cultivée et en valeur, à l'égard du commerce et du labourage, qu'elle peut être ou qu'elle a jamais été, ou que, quand elle le seroit davantage, les peuples n'en seroient pas plus riches, et par conséquent Sa Majesté. Or, l'un ne peut être soutenu sans imposer aux yeux de toute la terre, et l'autre sans renoncer à la raison. A l'égard du délay, qui est où se retranchent les deffenseurs ou plutôt les favoris de la situation présente, si préjudiciable au Roy et au peuple, en prétendant que le temps n'est pas propre, il faut renoncer pareillement au sens commun pour dire qu'un homme qui voit périr plein ses caves de vin faute de trouver à qui les vendre, a besoin que la paix soit faite pour les porter à douze ou quinze lieues de chez luy, où il vaut un prix excessif, et en rapporter en contr'échange les marchandises du lieu, dont le manque de débit faisoit souffrir le même sort aux gens de la contrée. Et à l'égard de la taille, il ne s'agit d'autre chose que de faire observer les ordonnances, c'est-à-dire empêcher la prévarication. Or, on n'a jamais dit qu'il falloit que la paix fût faite pour être en pouvoir de rendre justice; ainsi ces fortes raisons ne peuvent être alléguées que par des parties intéressées au maintien de ce désordre.

# RÉDUCTION

# DE CES MÉMOIRES

## EN VINGT-CINQ ARTICLES.

---

ARTICLE 1er.

La Suède et le Dannemark, unis ensemble comme ils étoient il y a cent cinquante ans, sont beaucoup plus étendus que n'est la France; cependant le produit, tant à l'égard du prince que des peuples, ne va pas à la dixième partie de la France.

ART. 2.

La raison de cette différence est que le terroir de la France est excellent pour produire les denrées nécessaires à la vie, et que celui du Dannemark et de la Suède ne vaut rien du tout.

### ART. 3.

Quelque bonne que soit une terre, quand elle n'est pas cultivée elle est la même, à l'égard du propriétaire et du prince, comme si elle ne valoit rien du tout.

### ART. 4.

C'est un fait qui ne peut être contesté que plus de la moitié de la France est ou en friche ou mal cultivée, c'est-à-dire beaucoup moins qu'elle ne le pourroit être et même qu'elle n'étoit autrefois, ce qui est encore plus ruineux que si le terroir étoit entièrement abandonné, parce que le produit ne peut répondre aux frais de la culture.

### ART. 5.

Il est certain que cette diminution a une estimation et un prix fixe, comme celui de tous les revenus du monde, n'y ayant rien qu'on ne puisse estimer.

### ART. 6.

Après une exacte recherche, on trouve que cette diminution va à plus de cinq cens millions par an, dont il ne faut point d'autre marque que tous les immeubles ne sont pas, l'un portant l'autre, à la moitié du prix qu'ils étoient autrefois.

ART. 7.

Il est encore certain qu'un si grand désordre, qui n'a jamais eu d'exemple depuis la création du monde, qu'un royaume opulent ait perdu la moitié de ses richesses en trente ou quarante années, et cela sans peste, tremblemens de terre, guerre civile et étrangère, ou autres de ces grands accidens qui ruinent les monarchies; il est certain, dis-je, que cela a une cause, et que ce n'est point l'effet du hazard.

ART. 8.

Il est indubitable que, qui pourroit trouver cette cause et l'exposer en vente au peuple, il n'y a point de marché au monde où le Roy et ses sujets gagnassent davantage.

ART. 9.

Quoi que ce soit qu'ils donnassent, pourvu qu'il fût au-dessous de la somme qu'ils gagneroient, il est certain que ce seroit un édit qui seroit profitable au peuple, puisqu'ils entreroient en possession d'une chose qu'ils n'avoient pas et qui leur seroit très avantageuse, le Roy payé.

ART. 10.

Il est encore hors de doute qu'un homme qui laisse son bien en friche souffre une plus grande violence que celui dont les héritages sont saisis; et comme il ne faut qu'un quart-d'heure pour remettre ce dernier en possession, par la main-levée qu'on lui signifieroit, il n'en faut pas davantage pour remettre le premier en état de cultiver sa terre.

### ART. 11.

Tout consiste donc à trouver la cause de cet abandonnement, pour pouvoir en vingt-quatre heures rendre le Roy et ses peuples très riches.

### ART. 12.

Il ne peut y avoir que deux causes qui empêchent un homme de cultiver sa terre : ou parce qu'il faut une certaine opulence, qu'il n'est point en état de se procurer, ni par lui ni par emprunt; ou à cause qu'après l'avoir cultivée il ne pourroit pas avoir le débit de sa production, comme il faisoit autrefois, ce qui lui feroit perdre toutes ses avances et qui le jette dans le malheureux intérêt de laisser son bien en friche.

### ART. 13.

C'est justement ce qui se passe par la taille arbitraire pour le premier empêchement, en sorte qu'étant très ordinaire qu'une grande recepte ne paye rien, ou peu de chose, de taille, pendant qu'un misérable, qui n'a que ses bras pour la subsistance de lui et de sa famille, est accablé, la raison pour laquelle il ne l'est pas davantage est que, si on l'imposoit encore à une plus haute somme, on n'en pourroit recouvrer le payement. Ainsi, s'il entreprenoit de labourer de la terre qui est en friche, la récolte ne seroit pas pour lui, et il perdroit encore les frais, qui sont considérables.

## ART. 14.

Et pour le second obstacle de ne point cultiver la terre, à cause qu'après la récolte on ne pourroit avoir le débit des denrées, les droits d'ayde et de douane sur les sorties et passages du royaume, quatre fois plus forts que la marchandise ne peut porter, ce qui ruine même les droits du Roy, puisqu'il ne lui en revient rien, ont mis les choses sur un pied qu'il ne se consomme pas la quatrième partie qu'il se faisoit il y a trente ou quarante ans; et il n'est point surprenant de voir toute une contrée ne boire que de l'eau pendant qu'on arrache les vins et les arbres dans une contrée voisine. Et bien loin que les droits du Roy en soient augmentez, cela a empêché qu'ils n'ayent doublé depuis 1660, comme ils avoient fait tous les trente ans, depuis 1447 jusqu'en ladite année de 1660.

## ART. 15.

Le remède à tout cela est aisé, pourvu qu'on ne veuille avoir égard qu'aux intérêts du Roy et des peuples. Dans le genre de subsides, il faut voir s'il n'y en a aucun qui, faisant passer l'argent immédiatement de la main du peuple en celle du Roy, aye d'ailleurs une règle et un niveau si certain de proportion avec chaque état, en sorte que le pauvre paye comme pauvre et le riche comme riche, et cela sans ministère de juge ni d'autorité, à laquelle on ne peut avoir de recours sans qu'il en coûte, en frais et en perte de temps, une fois davantage qu'il ne faut pour satisfaire à l'impôt.

### ART. 16.

Dans l'édit de la capitation on a eu intention de remédier à tous ces désordres, mais on peut dire que l'on n'a satisfait qu'à un point, qui est de faire passer l'argent immédiatement dans les mains du Roy sans ministère de traitans. Mais, premièrement, la cause de l'abandonnement des terres n'en est point levée; en second lieu, cette règle de proportion qui fasse payer chaque particulier suivant son pouvoir, bien loin d'y être gardée partout, il se trouve des classes où un homme qui a une charge de cent mille écus et du bien à proportion paye la même chose qu'un autre dont l'emploi ne coûte que cinq cens livres. Ainsi, comme, pour les mettre à une même somme, il a fallu faire descendre le puissant, étant impossible de faire monter l'autre, il se trouve que le Roy ne tire pas, à beaucoup près, le secours de son sujet proportionné à ses forces, pendant que l'autre en est peut-être accablé; ce qui est cause que la suite de cette nouvelle découverte ne répond pas à ce qu'on s'en est promis.

### ART. 17.

Pour revenir donc au premier article de ces Mémoires, et satisfaire à tous les besoins de l'Etat, et remettre tous les peuples dans leur ancienne opulence, il n'est point nécessaire de faire de miracle, mais seulement de cesser de faire une continuelle violence à la nature, en imitant et nos voisins et nos ancêtres, qui n'ont jamais connu que deux manières d'impôts, sçavoir: les feux, c'est-à-dire les cheminées, et la dixme des terres, qui a été la première redevance des Roys de France, et ce n'est que par leurs donations que l'Eglise s'en est emparée.

ART. 18.

De cette manière, on satisfait à tout ce qui manque à la capitation : il y a autant de classes que de degrez de richesses, sans que cela puisse former la moindre contestation ; le commerce et la consommation n'en reçoivent pas la moindre atteinte, et partout où les peuples ont pu choisir le genre d'impôt le plus commode, ils s'en sont tenus à ceux-là.

ART. 19.

Au lieu de la dixme, afin de faire moins de mouvement, il ne faut qu'ordonner que la taille sera assise suivant l'occupation, et qu'un homme qui n'a que son industrie ne pourra payer que depuis trois livres jusqu'à six. De cette sorte, à deux sols pour livre, elle remplira plus que la somme où elle est aujourd'hui, parce que les villes taillables, où l'industrie paye la plus grande partie de la taille, seront mises en tarif, ce qu'elles demandent toutes avec empressement; et à l'égard des aydes, des douanes et autres impôts des passages qui ruinent la consommation, en en remettant sur la taille jusqu'à la concurrence du tiers de la taille, comme ils étoient autrefois, et le surplus sur les cheminées, il se trouvera que les peuples ne payeront pas la sixième partie de ce qu'ils payent aujourd'hui, et le Roy recevra le double de ses revenus d'à présent, parce que, la taille, y joint une partie des aydes, ayant pour tarif la valeur des héritages, ils reprendront leur prix d'autrefois, qui étoit le double de celuy d'aujourd'hui, et par conséquent la taille doublera pareillement, sans que le propriétaire s'en puisse plaindre, puisque l'augmentation des revenus du Roy ne sera qu'une suite de celle de son opulence.

### ART. 20.

Il ne faut point dire qu'il faut du temps pour cela, puisque entre la permission de vendre sa marchandise, quand il se trouve des personnes en état de l'acheter, et la vendre, il n'y a que vingt-quatre heures d'intervalle; et entre l'avoir vendue et être plus riche que l'on n'étoit, il n'y a aucun intervalle; et entre être plus riche que l'on n'étoit et faire plus de dépense ou à acheter des fonds ou à les cultiver mieux, il n'y a pareillement aucun intervalle; et entre faire ces mouvemens et jeter de l'argent parmi le peuple, il n'y a point non plus d'intervalle. Et du moment que le peuple a de l'argent, il consomme les fruits qu'il fait venir par son travail, et est en état de payer le Roy à proportion. Ainsi tout dépend de la culture de la terre, qui ne peut marcher tant qu'on ôte le pouvoir aux laboureurs de faire les avances pour les cultures et de débiter les denrées qui excroissent.

ART. 21.

Ce qui fait qu'une manière si avantageuse et au Roy et au peuple n'est point écoutée, c'est qu'étant aisée et faisant couler sans peine l'argent des mains du peuple en celles du prince, elle ne fait la fortune à personne, et par conséquent ne se procure aucuns patrons, mais, bien au contraire, donne atteinte à une infinité de fortunes qui ont toute la faveur.

ART. 22.

Et pour dire un mot de la forte méprise qui est arrivée dans la création des nouvelles charges, on soutient qu'il n'y a point encore eu de manière qui ait si fort ruiné la culture de la terre, parce qu'ayant presque toutes porté avec elles une exemption des impôts publics, comme c'étoient des personnes puissantes qui les acquéroient, elles se déchargeoient de leurs impôts très considérables sur une infinité de malheureux que cela mettoit tout-à-fait hors d'état de labourer la terre; outre que, ces nouvelles créations anéantissant une infinité d'anciennes charges achetées à la bonne foi et qui faisoient presque tout le bien des familles, cela a établi pour principe qu'il n'en falloit plus compter aucune à l'avenir pour un bien certain, parce qu'étant susceptible à tous momens d'anéantissement, ceux qui les auroient achetez, ou prêté leur argent pour cet effet, l'auroient entièrement perdu; en sorte que le Roy a anéanti pour dix fois davantage de biens qu'il n'a reçu de secours de ces nouvelles créations, et fait que l'argent ne peut plus passer d'une main à l'autre, comme il faisoit autrefois, parce qu'on ne peut point dire qu'il y ayt aucune acquisition assurée, n'y ayant rien de si pernicieux de prendre le capital du bien d'un particulier pour les besoins du prince. Et comme, dans les taxes qu'on a imposées sur les officiers, il y en avoit plusieurs beaucoup au-dessus de leurs forces, les traitans en étant venus à des exécutions, ils en ont été entièrement ruinez, bien que le Roy n'en aye rien reçu.

### ART. 23.

Il ne faut pas espérer que les traitans proposent jamais d'autres affaires, parce que, leur intention étant d'avoir de fortes remises, ils ne les peuvent espérer que de recouvremens difficiles et par conséquent ruineux, leur étant avantageux à mesure qu'ils sont dommageables au peuple, parce que les frais des exécutions où il en faut venir sont partagez entre eux, les huissiers et les recors, qui leur font de fortes remises de ce qui leur est taxé.

### ART. 24.

Toutes ces véritez, qui seront niées par les traitans et par ceux qui les protègent, qui sont en bien plus grand nombre qu'on ne croit, seront attestées par toutes les personnes des provinces qui sont de quelque considération, soit dans les charges ou dans le commerce; en sorte que, ceux qui ont intérêt de tout ruiner étant seuls écoutez, on ne donne aucune audience aux personnes qui voudroient tout sauver, qui ne pourroient pas même la demander trop fortement sans courir risque à leur particulier.

ART. 25.

On a réduit ces Mémoires par articles, afin de rendre la mauvaise foi de ceux qui en voudroient nier la conséquence plus sensible, parce que, n'en pouvant contester aucun en particulier sans découvrir leur manque de lumière ou de bonne foi, il faut qu'ils conviennent, malgré qu'ils en ayent, que le Roy peut s'enrichir, lui et ses peuples, en quinze jours, lorsqu'il ne voudra plus souffrir que quelques particuliers fassent leur fortune à le ruiner, lui et ses sujets, et recouvrer par conséquent tout l'argent nécessaire pour cette présente guerre, sans mettre les peuples au désespoir, comme on peut dire qu'est un homme qui se voit exécuté et vendu en ses biens pour des sommes dix fois plus fortes qu'il n'a vaillant; ce qui le met à l'aumône, lui et sa famille, sans donner un denier au Roy, ainsi qu'il arrive tous les jours; tout cela sans nul plus grand mouvement que de faire exécuter les mandemens des tailles, qui portent qu'elles seront assises suivant les facultez de chacun, et d'y joindre une partie des aydes, comme on fait les estapes et comme cela étoit il y a trente ans, ce qui demande quatre fois moins de mouvement que la capitation.

De cette manière on maintient que les peuples auroient, en quinze jours, deux cens millions de rente plus qu'ils n'avoient, par cette main-levée de leurs biens auparavant saisis. Et comme il faut au Roy soixante millions par an d'extraordinaire, il y a mille façons de les avoir de ceux à qui on viendroit d'en rétablir quatre fois davantage, outre l'avenir qui doubleroit encore avant deux ou trois ans qui seroient nécessaires pour remettre les fonds.

# AUTRE RÉDUCTION

ENCORE PLUS SOMMAIRE QUE LA PRÉCÉDENTE.

L'état où la France est réduite présentement de ne pouvoir fournir au Roy que par des emprisonnemens et vente entière des biens les sommes nécessaires ne vient point de leur excez, mais de ce que tous les biens des peuples sont saisis depuis trente ans et qu'ils n'en ont aucune disposition.

En effet, la taille arbitraire contraint un marchand de cacher son argent et un laboureur de laisser sa terre en friche, parce que, si l'un vouloit faire commerce et l'autre labourer, ils seroient tous deux accablez de taille par les personnes puissantes, qui sont en possession de ne rien payer ou peu de chose.

Et les aydes, les douanes et les impôts sur les passages et sorties du royaume, quatre fois plus forts que la marchandise ne peut porter, font qu'un homme voit périr plein ses caves de boissons pendant qu'elles sont très chères dans son voisinage, ce qui fait plus de cinq cens millions de rente de diminution dans le revenu du royaume.

Si le Roy veut bien exposer en vente la cause qui produit cette perte, qui va toujours en augmentant, puisqu'on maintient qu'il ne reçoit point une pistole qu'il n'en coûte dix en pure perte à son royaume, il aura cent mille marchands en vingt-quatre heures, qui ne l'auront pas sitôt payé qu'ils seront plus riches qu'ils n'étoient, parce que des causes contraires les effets sont contraires, c'est-à-dire que le Roy veuille bien revendre à ses peuples la jouissance de leurs biens, sans qu'il soit besoin de congédier ni fermiers ni traitans.

# JOURNAL DE VERDUN.

## 1715.

JANVIER 1715.

## ARTICLE QUI CONCERNE

CE QUI S'EST PASSÉ

## DE PLUS CONSIDÉRABLE EN FRANCE

DEPUIS LE MOIS DERNIER.

I.

*Éclaircissement sur le nouveau canal construit à Mardick.*

Il y a plusieurs mois qu'on fit sentir dans cet ouvrage qu'il n'y avoit que les esprits brouillons, par malice ou par ignorance, qui eussent fait insérer dans les imprimez d'Hollande que le Roi Très-Chrétien faisoit construire à Mardick un port de mer plus spacieux, plus commode et plus fort que n'étoit celui de Dunkerque avant sa destruction. Ces suppositions, quelque fausses qu'elles fussent, ne laissèrent pas de trouver créance auprès de quelques ministres du nouveau Roi d'Angleterre. Je joindrai ici en entier le Mémoire que son plénipotentiaire à Paris présenta sur ce sujet le 23 octobre 1714, avec la réponse que le Roi fit faire à ce Mémoire le 2 novembre dernier.

*Mémoire du ministre d'Angleterre à la Cour de France.*

« Le soussigné, ministre plénipotentiaire du Roi de la Grande-Bretagne, a ordre du Roi son maître de représenter à Votre Majesté que, ouï le rapport que lui ont fait ses commissaires et ingénieurs envoyez pour reconnaître l'état de la démolition des fortifications et du port de Dunkerque, Sa Majesté est très surprise d'apprendre que, nonobstant les instances et représentations qui ont été faites de la part de la Grande-Bretagne pour représenter l'exécution de l'article dix-neuvième du traité de paix conclu à Utrecht, ledit port est si peu comblé qu'il peut monter encore aujourd'hui par le vieux canal, jusqu'au cornichon de la ville, d'aussi gros vaisseaux que par le passé. Tant que ledit canal subsistera, on ne pourra nier qu'il reste à Dunkerque un port de mille toises de long, et par conséquent capable de contenir plusieurs centaines de vaisseaux. Les paroles du traité portent que *portus compleatur*, que le port soit comblé; *aggeres aut moles diruantur*, que les digues qui forment le canal soient détruites. On se rapporte aux ingénieurs mêmes de Votre Majesté si le canal est comblé ou si les digues sont détruites.

» Le Roi son maître est très persuadé que Votre Majesté, pleinement informée de ce fait, donnera ses ordres très précis pour que l'on accomplisse enfin ce qui, par les paroles du traité, auroit dû être fini il y a plus d'un an.

» Ledit ministre a ordre aussi de représenter à Votre Majesté que la surprise du Roi son maître a été bien plus grande quand il a appris que, nonobstant le susdit article dix-neuvième, qui porte expressément : *Ne dicta munimenta, portus, moles aut aggeres, denuo unquam reficiantur*, que les fortifications, le port et les digues de Dunkerque ne pourront jamais être rétablis, on travaille actuellement à faire un nouveau port beaucoup plus grand que le vieux port à la ville de Dunkerque, et qu'on y a jetté les fondemens d'une écluse beaucoup plus grande que le vieux canal, qui doit aboutir, comme le vieux port, à la ville de Dunkerque, et qu'on y a jetté les fondemens d'une écluse beaucoup plus grande que celles qui servoient à nettoyer le vieux port.

» On ne sauroit s'imaginer que Votre Majesté veuille se prévaloir du mot *dicta*, qui est dans ledit article, pour soutenir que, pourvu que l'on ne rétablisse pas le même vieux canal, qu'on n'y employe pas les mêmes matériaux, qu'on ne relève pas les mêmes bastions ou les mêmes courtines, il lui soit libre de relever de nouveaux ouvrages ou de construire un nouveau canal meilleur que le vieux. La bonne foi qui doit régner dans les traitez, et qui sera toujours religieusement observée par le Roi mon maître, n'admet point une pareille supposition.

» Que les vaisseaux puissent aborder à Dunkerque par le vieux canal qui étoit du côté du nord ou par le nouveau qui est du côté du ouest, Dunkerque sera également port, également incommode et dangereux au commerce de la Grande-Bretagne.

» Le traité, dans l'un ou l'autre de ces deux cas, seroit également violé. Le Roy de la Grande-Bretagne est résolu de son côté d'observer si religieusement le traité d'Utrecht, et d'entretenir avec Votre Majesté une amitié si sincère, qu'il souhaite par-dessus toutes choses que l'on prévienne tous les incidens qui pourroient troubler cette bonne intelligence; et comme l'espérance de voir accomplir dans son entière exécution ledit dix-neuvième article a été pour la Grande-Bretagne le principal motif pour faire accepter le traité de paix fait à Utrecht, il a ordonné au ministre soussigné de faire auprès de Votre Majesté les plus vives instances pour qu'elle veuille bien ordonner que l'on comble le susdit canal. Signé PRIOR. »

Voici la réponse que le Roy fit faire au Mémoire ci-dessus, qui a été communiquée à Sa Majesté Britannique.

*Réponse faite au Mémoire du ministre d'Angleterre au sujet de Dunkerque et de Mardick.*

« Suivant l'article dix-neuvième du traité de paix conclu à Utrecht, le port de Dunkerque entre la ville et la citadelle est entièrement comblé; on ne cesse pas cependant d'y transporter encore des terres qui proviennent du rasement des cavaliers de la citadelle.

» Les termes *portus compleantur* ne peuvent jamais s'appliquer au vieux canal, très différent du port, et certainement le Roy ne se seroit pas engagé à combler entièrement un canal de mille toises de long.

» Ce seroit un ouvrage immense, car il seroit impossible d'y travailler en d'autres temps qu'à marée basse.

» Il seroit d'ailleurs inutile, car en peu de temps la mer emportera le reste des digues qui avoient été construites.

» Ces digues et les jettées se rasent et s'effacent tous les jours par la mer. On a depuis peu demandé de la part du Roy de la Grande-Bretagne que, pour les emporter plus promptement, le Roy y fît faire quatre ouvertures; Sa Majesté en a donné l'ordre, et, moyennant ce nouveau travail, le vieux canal se trouvera en peu de jours comblé, de manière qu'il sera au niveau de l'estran et que les vaisseaux n'y pourront plus passer.

» Ils ne pourront y monter à marée haute que comme ils montent généralement tout le long de la côte, depuis Nieuport jusqu'à Calais.

» Le Roi s'est plaint plusieurs fois du retardement que l'Angleterre apportoit à l'exécution du neuvième article de la paix d'Utrecht; on ne doit donc pas l'imputer à Sa Majesté : ce fait est public.

» Il l'est aussi que les fortifications de Dunkerque sont rasées et le port comblé, de manière qu'il seroit impossible au Roi de les rétablir, quand même Sa Majesté ne voudroit pas, comme elle le veut, satisfaire exactement au traité.

» Elle a déjà répondu plusieurs fois aux plaintes qu'elle reçoit depuis quelque temps sur l'ouvrage qu'elle a été forcée de faire pour empêcher la submersion d'une grande étendue de païs que la destruction des écluses de Dunkerque auroit fait périr; elle veut bien cependant répéter encore les éclaircissemens qu'elle a donnez sur ce sujet.

» Les eaux des canaux de Furnes, des Moëres, de Bergues et de Bourbourg, s'écouloient par les écluses de Dunkerque; cet écoulement étoit nécessaire pour préserver d'une inondation inévitable les châtellenies de Bourbourg, de Bergues, et même une partie de celle de Furnes; mais le Roi, ayant promis la destruction totale des écluses de Dunkerque, donna ses ordres pour exécuter le traité, et cependant fit connoître à la Reine de la Grande-Bretagne les inconvéniens que produiroit cette exécution rigide, lui demandant en même temps de consentir à laisser subsister une des trois écluses qui doivent être détruites.

» Cette princesse le refusa; il fallut donc chercher un autre moyen de donner un écoulement aux eaux des quatre canaux.

» Les commissaires et les ingénieurs anglois ont été témoins des différens projets proposez pour y parvenir; ils ont eu une entière connoissance de celui du canal de Mardick; ils ont même cru que l'exécution en étoit impossible. Il est certain qu'elle étoit d'une grande dépense et que le Roi l'auroit épargnée avec plaisir si la Reine de la Grande-Bretagne eût consenti à laisser subsister une des écluses de Dunkerque, uniquement pour l'écoulement des eaux du païs.

» Mais, à son refus, il a fallu nécessairement ouvrir ce canal pour recevoir les eaux des quatre autres canaux.

» Ces quatre anciens canaux sont navigables et ont ensemble quarante-huit toises de largeur, et par conséquent le nouveau canal devoit nécessairement avoir une largeur suffisante pour recevoir toutes ces eaux et les conduire à la mer.

» L'écluse doit aussi nécessairement être proportionnée à la largeur du canal, à la quantité des eaux qu'il doit contenir ; car il s'agit d'empêcher les marées d'entrer dans le païs, et de retenir les eaux des quatre anciens canaux à marées hautes.

» La saison pressait la fin de *cette* ouvrage, et si le travail n'eût été fait avec beaucoup de diligence, tout étoit à craindre du désordre que les pluyes de l'automne pouvoient causer.

» Ce sont ces motifs qui ont obligé le Roi à faire ouvrir le nouveau canal de Mardick et à presser l'exécution de l'ouvrage. Sa Majesté n'a nulle vue ni nulle intention de faire un nouveau port à Mardick, d'y bâtir une place. Elle a déclaré et elle répète encore qu'elle ne veut que sauver un païs qui seroit submergé si les eaux n'avoient pas un écoulement vers la mer.

» Au reste, le Roi a fait connoître sa bonne foi dans l'exécution des traités ; Sa Majesté en a donné des preuves particulières au Roi de la Grande-Bretagne. Elle voit avec plaisir les assurances que ce prince lui renouvelle d'observer religieusement le traité d'Utrecht et d'entretenir avec elle une amitié sincère.

» Moyennant cette heureuse disposition, il est aisé de faire cesser tous les incidens capables de troubler la bonne intelligence.

» Le Roi ne doute pas qu'elle ne soit parfaite lorsque tous soupçons de part et d'autre seront sincèrement éclaircis et toutes suppositions bannies. C'est pour cet effet que Sa Majesté veut bien répéter les éclaircissemens contenus dans ce Mémoire, et qu'elle ordonne encore au sieur d'Iberville, son envoyé extraordinaire, d'en rendre compte au Roi de la Grande-Bretagne. Le 2 novembre 1714. »

## II.

*Dix-neuvième article du traité de paix et d'amitié entre la Reine Anne et le Roi Louis XIV, conclu à Utrecht le 11 avril 1713.*

« Le Roi Très-Chrétien fera en sorte que toutes les fortifications de la ville de Dunkerque seront rasées, le port comblé, les digues et les écluses qui servent à nettoyer ledit port rompues ; le tout à ses propres dépens, et dans l'espace de cinq mois après la conclusion et signature de la paix ; c'est-à-dire les ouvrages du côté de la mer dans l'espace de deux mois, et ceux du côté de la terre, de même que lesdites digues, dans trois mois après ; avec cette condition expresse que lesdites fortifications, ports, moles ou écluses ne pourront jamais être rétablis. Mais cette démolition ne sera commencée qu'après qu'on aura remis au Roi Très-Chrétien tout ce qu'on lui doit donner pour équivalent »

## III.

Par les raisons alléguées dans la réponse que l'on vient de lire, le Roi Très-Chrétien a fait travailler à la continuation de ce nouveau canal et à la construction de l'écluse absolument nécessaire pour garantir une grande étendue de païs d'être inondée.

## IV.

Voici la dernière lettre du Roi à monsieur le cardinal de Noailles au sujet de la paix générale. Les autres prélats du royaume en ont reçu de pareilles, en vertu desquelles on a rendu graces à Dieu et fait des réjouissances dans toutes les villes du royaume.

*Lettre du Roi pour la paix générale.*

« Mon cousin, après avoir signé la paix avec l'Empereur, je n'ai pas perdu de temps à la conclure encore avec les princes de l'empire. Les conférences qui se sont tenues pour cet effet à Bade ont eu le succès que je pouvois désirer, et le traité de paix que mes ambassadeurs signèrent le septième de septembre dernier avec ceux de l'Empereur, revêtus des pouvoirs de ce prince et de ceux de l'empire, vient d'être solemnellement ratifié. Ainsi, l'ouvrage de la paix étant entièrement consommé, mon intention est de rendre à Dieu de nouvelles graces de la tranquillité parfaite qu'il veut bien accorder à mes peuples, et que je regarde comme un des plus précieux dons de la miséricorde divine. C'est pourquoi je vous écris cette lettre pour vous dire de faire chanter le *Te Deum* dans l'église métropolitaine de ma bonne ville de Paris, etc. Écrit à Marly, le onzième novembre 1714. *Signé* Louis, et plus bas : Phelippeaux. »

*Ambassadeurs de France en diverses cours.*

V.

Comme par cette paix ( on en trouvera l'extrait

dans le mois prochain) la bonne intelligence est rétablie entre la couronne de France et tous les potentats de l'Europe, le Roi va envoyer des ministres dans les cours où Sa Majesté n'en a point entretenu pendant la guerre. Voici quelques-uns de ceux qui sont déjà nommez : monsieur le comte du Luc passe de l'ambassade de Suisse à celle de la cour de Vienne ; monsieur le marquis de Bousole, beau-frère de monsieur le marquis de Torcy, ira remplir sa place en qualité d'ambassadeur près des treize Cantons suisses et Ligues grises ; monsieur le marquis de Pompadour va en la même qualité en Espagne et y porter les présens du Roi à la nouvelle Reine ; monsieur le duc de Noailles ira à Londres avec le caractère d'ambassadeur extraordinaire pour complimenter le nouveau Roi d'Angleterre, et monsieur le marquis d'Alègre résidera à la cour britannique en qualité d'ambassadeur ordinaire ; monsieur le marquis de Bonac, qui a été ambassadeur en Pologne et en Espagne, va en la même qualité à Constantinople, relever monsieur le marquis des Alleurs ; monsieur Amelot, conseiller d'état, qui a été autrefois ambassadeur en Suisse et ensuite en Espagne, est nommé pour aller à Rome, chargé, dit-on, de quelque commission particulière du Roi touchant les intérêts de l'Eglise de France.

## VI.

Les lettres d'Espagne, qui viennent d'arriver lorsque nous achevons cet article, nous apprennent que la nouvelle Reine étoit entrée dans ce royaume et avoit rencontré sur la frontière les seigneurs et dames de la cour de Madrid, les gardes-du-corps et les troupes d'escorte que le Roi son époux avoit envoyés à sa rencontre. Cette princesse, qui est très bien faite, est douée d'un esprit sublime. Elle possède la langue latine dans un degré de perfection ; elle parle aussi parfaitement bien les langues espagnole, françoise, allemande, et par conséquent l'italien.

## VII.

Outre les ecclésiastiques de Barcelonne nommez dans le précédent journal qui furent bannis d'Espagne au mois de septembre à cause de la part qu'ils avoient eue à la dernière révolte de Catalogne, il y en restoit encore un si grand nombre d'autres de la même trempe que le conseil de la régence de Barcelonne (voulant ôter à ces mauvais cœurs et indignes sujets toute espérance de renouveler les troubles de leur patrie dans la première occasion) se vit obligé de faire publier un décret ou ordonnance, le 13 novembre, par lequel il est enjoint à tous les ecclésiastiques et religieux qui ont pris ou porté les armes depuis le commencement de la révolte et durant le siége de Barcelonne, de sortir dans vingt-quatre heures de la ville, dans huit jours de la principauté, et dans quinze jours de tous les Etats d'Espagne, à peine d'être emprisonnez et punis suivant les loix et comme le mérite l'énormité de leur crime.

Voilà le tour de crible auquel j'avois disposé l'attente de mes lecteurs dans l'article que je viens de citer, et auquel ont dû s'attendre ces malheureux perturbateurs du repos public. Ce qui a donné lieu à ce dernier bannissement, c'est qu'il n'a été que trop advoué que ces mauvais ecclésiastiques, indignes même d'un titre si respectable, après avoir perverti l'esprit du bas peuple en ce qui regardoit la sainteté de la religion et des sermens de fidélité, ont été les auteurs de tous les sacriléges qui se sont commis en Catalogne et de tous les mauvais traitemens qui, pendant le dernier siége, ont été faits à ceux qui répugnoient de prendre les armes contre leur souverain, et qui étoient du sentiment d'accepter l'amnistie (qui fut publiée lors du départ de l'impératrice), se voyant dans la nécessité de se soumettre à ce qui avoit été arrêté au congrez d'Utrecht.

### VIII.

Par les mêmes lettres on a eu avis que les huit bataillons françois qui furent mis en garnison dans Barcelonne après la conquête de la place, ayant été rappelez en France, ont été remplacez par un pareil nombre de bataillons espagnols. On alloit faire la même chose à Gironne, Rose et autres places, de sorte qu'en peu de temps il n'y aura plus de troupes françoises dans les Etats d'Espagne.

### IX.

Par arrêt du conseil d'état registré à la Cour des monnoyes, le Roi a partagé les diminutions qui restent à faire aux espèces d'or et d'argent, et en a changé les termes; en sorte qu'au 1.ᵉʳ février prochain les louis d'or, qui valent présentement 16 livres, n'auront cours que pour 15 livres dix sols, les écus à 3 livres 17 sols 6 deniers. Au premier avril 1715 les louis d'or vaudront 15 livres et les écus 3 livres 15 sols. Au premier juin les louis seront à 14 livres 10 sols, les écus à 3 livres 12 sols 6 deniers, et au premier août suivant lesdites espèces seront et demeureront réduites, le louis d'or à 14 livres, et les écus à 3 livres 10 sols; de sorte qu'au lieu que les louis devoient être diminuez de 20 sols et les écus de 5 sols au mois de mars, et pareille diminution au premier juin, Sa Majesté a jugé à propos de partager en quatre termes ce qui avoit été ordonné en deux, et donner deux mois de délai d'augmentation, afin que ceux qui auront de l'argent à placer prennent sur cela leurs mesures.

FÉVRIER 1715.

# ARTICLE QUI CONTIENT

CE QUI S'EST PASSÉ

# DE PLUS CONSIDÉRABLE EN FRANCE

DEPUIS LE MOIS DERNIER.

I.

Par déclaration du Roi du 15 décembre 1714, registrée au parlement le 20 du même mois, Sa Majesté a réglé le remboursement des promesses de la Caisse des Emprunts. Pour cet effet, elle ordonne que toutes ces promesses soient renouvelées de leurs échéances pour un an ; six mille que celles qui sont de plus grosses sommes que de livres soient coupées en autant de parties qu'il conviendra aux porteurs d'icelles, en nouvelles promesses de mille livres seulement; que, lors du renouvellement, il soit payé un vingtième du capital des promesses avec les intérêts échus; que ce renouvellement soit continué d'année en année, en y joignant l'intérêt de l'année à cinq pour cent, afin que les intérêts et le vingtième du premier principal soient aussi payez régulièrement d'année en année jusqu'au parfait remboursement. Le Roi déclare aussi qu'outre le remboursement certain et annuel du vingtième desdites promesses, Sa Majesté veut qu'il soit fait tous les mois remboursemens particuliers, à proportion des fonds à ce destinez, dont les sommes et les échéances seront indiquées par les arrêts du conseil; qu'alors les capitaux des promesses ainsi indiquées seront remboursés en entier, avec les intérêts qui se trouveront échus jusqu'au jour du remboursement.

## II.

On registra aussi au parlement, le 5 décembre dernier, un édit par lequel le Roi créa vingt nouvelles charges de conseillers du Roi, agens de charges, banque, commerce et finances dans la ville de Paris. Il y en avoit déjà quarante d'établies; ainsi ce corps se trouve présentement composé de soixante membres. Sa Majesté attribue mille livres de gages effectifs à chacun des vingt nouveaux offices, en payant vingt mille livres de finance au trésor royal. Outre plusieurs priviléges attachez à ces nouvelles charges, Sa Majesté déclare que ceux qui les exerceront ne dérogeront point à noblesse, et qu'elles seront compatibles avec les charges de conseiller secrétaire du Roi, etc.

### III.

Par arrêt du conseil d'état du 8 décembre, il fut ordonné qu'à commencer au vingtième du même mois les petites monnoyes seroient diminuées, en sorte que les pièces de trente deniers n'auroient plus cours que pour vingt-quatre, celles de dix-huit deniers, fabriqués dans la Monnoye de Metz, réduites à douze deniers dans l'étendue des Trois-Evêchez, Sa Majesté se réservant de régler ci-après les diminutions que doivent encore supporter ces petites monnoyes pour les réduire à leur juste valeur. Beaucoup de gens qui en avoient fait amas, dans l'espérance d'y moins perdre qu'aux grosses espèces, s'y sont trouvez trompez, et pourront bien encore être surpris lors des autres diminutions, puisque le terme n'en est pas fixé.

### IV.

Le 18 du mois de décembre, monsieur le prince de Rohan et monsieur le prince d'Épinay prirent séance au parlement de Paris pour la première fois, en qualité de ducs et pairs de France.

### V.

Nous avons annoncé ailleurs l'arrivée d'un ambassadeur de Perse à Marseille; voici quelques particularitez de ce qu'on a remarqué en lui pendant le séjour qu'il y a fait. Peu de jours après qu'il fut arrivé à Marseille, il voulut y faire une entrée publique. Messieurs les consuls lui représentèrent que c'étoit hors d'usage, que les ministres des plus grands potentats ne faisoient leur entrée qu'à Paris, capitale du royaume. Ces raisons ne persuadèrent pas le Persan, qui fixa lui-même le jour de cette solemnité; et comme ce jour étoit celui que la Reine d'Espagne devoit arriver à Marseille, cela donna lieu à Messieurs du consulat d'aller une seconde fois aux remontrances, qui ne produisirent pas plus d'effet que les premières, en sorte que le Persan se produisit en spectacle tout nouveau, et la célébration de l'arrivée de cette Reine en fut plus splendide.

Toutes les actions de cet ambassadeur font assez connoître qu'il est un des grands seigneurs de son païs. En effet, il est qualifié de lieutenant général de la cavalerie du Sophi de Perse; il a vingt-cinq personnes à sa suite; il change cinq à six fois d'habit par jour, et tous ces habits sont d'étoffes à fond d'or ou d'argent. Ses deux pages et ses valets de pied sont habillez de damas vert et jaune, avec des fleurs d'or et d'argent, arrangées avec des dessins bizarres, à la mode du païs.

Il a l'air grave et majestueux, ayant beaucoup de ressemblance avec les portraits d'Henri IV, Roi de France. Il a une moitié de barbe fort épaisse peinte en rouge, aussi bien que ses mains. Il ne voyage le plus souvent qu'à cheval, disant qu'il n'aime pas à s'enfermer dans une boëte; il a ordinairement devant lui, tant à cheval qu'à table, une grande pipe à serpenteau.

*Particularitez de sa propreté à table et délicatesse des mets de ses festins.*

Le 25 du mois de novembre l'ambassadeur de Perse régala à dîner, dans une bastide ou maison de campagne près de Marseille, quelques personnes de la première distinction de la ville, d'un et d'autre sexe. Il y avoit dans la salle du festin une table en long à placer vingt-neuf personnes, sur laquelle néanmoins il n'y avoit que dix-huit couverts. La place de l'ambassadeur étoit au bout de la table; mais il s'assit par terre sur un tapis de Turquie entouré de grands carreaux de Perse, sa grande pipe serpentine devant lui, qui, dans cette occasion, ne lui servit que de contenance et de parade.

On servit devant Son Excellence un cabaret de la Chine, sur lequel étoit son pain, qui est fait comme de grandes galettes; on lui présenta trois grands bassins de pileau, qui est une espèce de soupe ou de ragoût avec du mouton et du safran durci à l'eau. L'ambassadeur en mangea avec ses doigts, de même que de dix à douze autres mets apprêtez par son cuisinier.

Les ragoûts les plus exquis et les plus délicats, c'étaient des andouillettes faites avec de la viande hachée au sucre, enveloppées dans des pains, le tout cuit au beurre. Il mangeoit les confitures, la viande et le fromage tout pêle-mêle, avec ses doigts, car il n'avoit ni cuiller, ni fourchette, ni couteau, ni serviette.

Pour honorer les conviez il fit passer devant eux tous ses plats; ils étoient de porcelaine la plus fine qu'il a fait apporter avec lui, ce qui lui tient lieu de vaisselle d'argent, mais dont les débris sont moins précieux que ceux de la vaisselle de nos ambassadeurs.

Voulant donner aux messieurs et dames qu'il régaloit une plus grande marque de distinction et de politesse, il se fit porter un grand vase de porcelaine rempli de sorbet, dans lequel ayant bu le premier, il renvoya le reste à la table françoise, où chacun à la ronde, dans le même vase, but ce reste précieux d'une liqueur dans laquelle la barbe rouge du Persan avoit peut-être trempé. En ce cas, c'est toujours un honneur dont toutes les dames de Marseille ne peuvent pas se glorifier. J'omettois de dire que la nappe qu'on a mise devant l'ambassadeur étoit d'une étoffe de soye or et vert, avec des broderies cramoisi et or.

L'entremets du repas fut une douzaine de Marseillaises qui dansèrent des rigodons de Provence au son des tambourins. Apparamment que ces danseuses s'étoient produites d'elles-mêmes; mais monsieur l'ambassadeur, soit pour les payer en même monnoie, ou soit qu'il voulût donner un relief à ces divertissemens, fit danser ses gens à la persane, et les spectateurs convinrent n'avoir jamais vu d'entrée d'opéra qui valût la fin de celui-là.

Dans le temps qu'il fallut se lever de table, le Persan se déshabilla pour faire sa prière, ne lui étant pas permis de prier en habits d'étoffes d'or. Il lava ses pieds et ses mains devant toute la compagnie, se prosterna ensuite, touchant du front un morceau de terre de son païs, estimant celles de la chrétienté trop impures pour s'en servir en pareille occasion. Son curé ou aumônier, dépositaire de cette relique, fit une pareille prosternation. Enfin notre ambassadeur monta à cheval, suivi de quatre chevaux de main richement harnachez à la manière de son païs, et reprit la route de Marseille avec sa pipe inséparable, car il ne la quitte pas même pour aller à l'opéra ou à la comédie; il fume dans les spectacles publics avec la même aisance que dans sa chambre. C'est ainsi qu'on l'a écrit de Marseille; comme il n'étoit pas encore arrivé à Paris au temps que j'écris cet article, je renvoye à une autre occasion les nouvelles observations qu'on pourra faire sur les manières et la politesse de ce ministre oriental, caractère toujours très respectable chez toutes les nations et dans tous les sujets qui en sont honorez.

## VI.

Le 29 décembre, l'abbé Massieu et monsieur Mallet furent reçus à l'Académie Françoise à la place de l'abbé de Clérambaut et de monsieur de Toreil, morts depuis peu. Ils firent l'un et l'autre les complimens ordinaires à l'Académie, auxquels répondit, avec beaucoup d'éloquence, monsieur l'abbé........, qui a été sous-précepteur des enfans de France. Il reste encore une place vacante dans cette illustre et sçavante compagnie par la mort de feu monsieur le cardinal d'Estrées.

## VII.

On s'attendoit à une nombreuse promotion de bénéfices aux fêtes de Noël ou au premier de l'année; mais le Roi n'a jugé à propos que de disposer de l'abbaye de Saint-Germain-des-Prez, vacante par la mort du cardinal que je viens de nommer, que Sa Majesté a donnée à monsieur de Bissy, évêque de Meaux, qui attend aussi un chapeau de cardinal à la première promotion qui se fera pour les couronnes. Cette abbaye, ordre de Saint-Benoît, qui répond immédiatement au Saint-Siége, est une des plus considérables du royaume et rapporte plus de revenus que quantité d'évêchez : années communes, toutes charges payées, elle vaut quarante-cinq mille livres de rentes, outre le logement et le casuel. L'année 1713, ce seul casuel produisit beaucoup plus que tout ce que saint Pierre exigea de ses revenus durant son souverain pontificat; car on fait monter à soixante mille écus les lauds et ventes qui furent payés à monsieur le cardinal d'Estrées cette année-là.

## VIII.

On apprend de Lorraine que, le cinquième janvier, on fit à Nancy une procession solemnelle en mémoire de la levée du siége de cette ville par le duc de Bourgogne, qui fut tué devant la place, le 5 janvier 1478. Le régiment des Gardes et la milice bourgeoise étoient sous les armes; tous les corps, tant ecclésiastiques que de magistrature, y assistoient; mais ce qui rendit cette cérémonie plus solemnelle, ce fut d'y voir marcher sur une même ligne Son Altesse Royale duc de Lorraine, Son Altesse Electorale de Trèves, son frère puîné, et Son Altesse Sérénissime monsieur le prince François de Lorraine, abbé de Stavelot, tous trois fils du célèbre Charles V, duc de Lorraine. Après eux marchoit le prince d'Harcourt, et ensuite tous les principaux officiers de la cour et de la noblesse. On portoit à cette procession, sous un day, les reliques de saint Georges, et pour trophée de la victoire le casque du duc de Bourgogne et deux sabres qui lui appartenoient, dont les poignées, garnies de velours rouge, ont un pied et demi de long. Cette procession dura trois heures.

MARS 1715.

# ARTICLE CONTENANT

CE QUI S'EST PASSÉ

## DE PLUS REMARQUABLE EN FRANCE

DEPUIS LE MOIS DERNIER.

### I.

Monsieur de Gèvres, archevêque de Bourges, est nommé au cardinalat par les Rois Stanislas et Auguste, pour la couronne de Pologne.

Messire Léon Potier de Gèvres, archevêque de Bourges, patriarche et primat des Aquitaines, fut nommé au cardinalat, il y a déjà quelques années, par le Roi

Stanislas de Pologne; mais comme depuis ce temps-là le Pape n'a point fait de promotion générale pour les couronnes, on vient d'apprendre que le Roi Auguste de Pologne, voulant concourir à élever monsieur de Gèvres au cardinalat, l'avoit aussi nommé pour sa première promotion. Ainsi les différens qui règnent encore entre les deux princes concurrens de la couronne de Pologne n'embarrasseront point le Saint-Père dans la nomination de ce prélat, qui se trouve doublement recommandé par les deux monarques pour le droit de la couronne de Pologne. Il y a déjà neuf chapeaux vacans dans le sacré collége; ainsi il y en auroit assés et au delà pour satisfaire à la nomination des couronnes, si Sa Sainteté étoit disposée de faire bientôt une promotion en leur faveur.

## II.

Le public a pu apercevoir dans quelques imprimez que, le 13 janvier, monsieur l'abbé de Brancas fut sacré évêque de Bayeux dans l'église du noviciat des Jésuites à Paris; mais les auteurs de ces imprimez se sont mépris au nom de l'évêché; car cet abbé, frère du marquis de Brancas, ci-devant gouverneur de Gironne, n'est pas évêque de Bayeux, mais bien évêque de Lisieux, auquel le Roi le nomma le 14 aoust 1714, comme je l'ai marqué dans mon Journal d'octobre dernier, page 263.

## III.

Ce fut le onze janvier dernier que le Roi nomma à

plusieurs bénéfices vaquans, dont voici les principaux :

L'archevêché d'Embrun, vaquant par la mort de monsieur Charles Brûlard de Genlis, a été donné à messire Elie-François de Voyer de Paulmy d'Argençon, évêque et comte de Dol en Bretagne; avant de parvenir à l'épiscopat, il étoit doyen de Saint-Germain-l'Auxerrois. Ce nouvel archevêque est fils de feu monsieur d'Argençon, ambassadeur de France à Venise; il est frère de monsieur d'Argençon, conseiller d'état et lieutenant général de police à Paris; il est parent de monseigneur l'archevêque de Toulouse et de monsieur le marquis de Renois, de même que de madame la duchesse de Saint-Pierre.

Sa Majesté nomma en même temps à l'évêché de Dol monsieur l'abbé de Sourches, aumônier du Roi. Il est fils de monsieur le marquis de Sourches, grand-prévôt de l'Hôtel et chef de la maison de Montsorau. Le marquis de Montsorau, frère du nouveau prélat, est connu par ses services dans l'armée du Roi.

Monsieur Fleury s'étant démis de l'évêché de Fréjus, le Roi y a nommé monsieur l'abbé de Castelane, grand-vicaire d'Aix. Il est frère de feu monsieur le chevalier de Castelane, qui fut tué au dernier siége de Barcelonne, où il servoit d'aide-de-camp à monsieur le maréchal duc de Berwick.

Le Roi nomma en même temps à l'évêché de Soissons monsieur l'abbé Languet (et non pas Longuet, comme quelques-uns l'ont nommé). Il avoit été aumônier de feu madame la Dauphine; il étoit, lors de sa nomination, grand-vicaire de monseigneur l'évêque d'Autun dans la partie de Moulins. Ce nouveau prélat est frère de monsieur le curé de Saint-Sulpice à Paris et de monsieur l'abbé de Saint-Sulpice en Bugey, comme aussi de monsieur le comte de Gergy, nommé envoyé extraordinaire de France à la diette de Ratisbonne; de monsieur de Rochefort, conseiller au parlement de Dijon, et de madame Rigoley, première présidente à la chambre des comptes.

Voici les principales abbayes que le Roi donna en même temps : celle du Gard à monsieur l'abbé de Rohan-Montbazon; celle de Saint-Nicolas-aux-Bois à monsieur l'abbé Desmaretz; celle de Saint-Basile au nouvel évêque de Fréjus; celle de Chezy à l'abbé Morel, aumônier du Roi; celle de la Pelice à l'abbé de Pontac; celle de La Charité à dom Requelaine. Celle de Mauléon fut donnée à l'abbé de Valence, qui est très connu, principalement en Guienne; l'abbé dont je parle a deux frères : l'un, le marquis de Valence, qui réside en Guienne; l'autre, le chevalier de Valence, qui est capitaine de galères. L'abbaye de Munster en Alsace, que d'autres connoissent mieux sous le nom de l'abbaye de Phalempin, ordre de Saint-Benoît, de la congrégation de Saint-Vanne, est échue au père dom Gabriel de Rutant, religieux réformé de la même congrégation, qui, en étant sous-prieur, fut élu unanimement par sa communauté, en présence des commissaires qui assistoient à son élection par ordre du Roi. Sa Majesté a agréé et confirmé cette élection. Dom Rutant est Parisien de naissance, mais originaire de Lorraine, où ses ancestres ont occupé les premières charges de la robe. Il y a actuellement à la cour de Lorraine des messieurs Rutant, parens du nouvel abbé dont je parle, employez dans des charges considérables, tant de robe que d'épée; aussi est-il allié aux meilleures familles des duchez de Lorraine et de Bar.

IV.

L'Académie Françoise a fait avertir le public que, le 25 du mois d'août prochain, elle donneroit, suivant la coutume, les prix d'éloquence et de poésie. Celui-là aura pour sujet les inconvéniens de la richesse, non-seulement selon l'Evangile, mais encore selon les philosophes payens, suivant ces paroles de Jésus-Christ : *Væ vobis divitibus.* Le sujet des ouvrages de poésie sera les avantages de la paix et l'obligation que nous avons au Roi de nous l'avoir procurée.

V.

Monsieur le duc de la Force fut reçu, le 28 janvier, membre de l'Académie Françoise, pour remplir la place qui vaquoit par la mort de monsieur de Silleri, évêque de Soissons. Il fit à ce sujet un discours fort éloquent, auquel monsieur l'abbé d'Estrées répondit de même, en qualité de directeur de l'Académie. Monsieur le duc de la Force étoit déjà protecteur de l'Académie naissante qui s'établit à Bordeaux, comme nous l'avons remarqué ailleurs.

VI.

Nous avons parlé dans le précédent Journal de l'ambassadeur de Perse en France ; voici quelques autres circonstances de ce ministre. Il se nomme Mehemet Riza Beg, intendant de la province d'Iriva et lieutenant général de la cavalerie perse. Il partit de Lyon le 9 janvier et employa dix-huit jours pour se rendre près de Paris. Deux raisons l'obligèrent de faire cette marche avec tant de lenteur, car ce n'est pas un homme à vouloir se régler sur les journées marquées sur sa route. La première, c'est que, comme on lui fournit une somme assez considérable pour sa dépense de chaque jour, dont il économise une bonne partie, il a été bien aise de rester plus longtemps en route; la seconde, c'est qu'effectivement il fut contraint de rester quelques jours à Moulins, à cause d'une colique que lui causèrent les bains qu'il prend assez souvent, sans faire attention que le climat de France, surtout au mois de janvier, n'est pas si chaud que celui de son païs. On m'a mandé qu'étant à quelques lieues de Lyon il ne voulut pas loger dans l'endroit qui lui avoit été marqué; il vouloit loger dans l'église, et l'on eut assez de peine de l'en empêcher. Il vit une maison de campagne dans le voisinage qui avoit assez d'apparence, et ce fut là qu'il logea par force, ayant fait enfoncer les portes des chambres, dont les clefs étoient entre les mains du propriétaire à Lyon. Pendant son séjour à Lyon il ne voulut point recevoir les visites des hommes de la première qualité, de quelque caractère d'authorité qu'ils fussent revêtus; il n'y eut que monsieur de Valorges, major de la ville, qui eut ce privilége. Mais il permettoit que les dames entrassent dans sa chambre, dont les fenêtres sont ordinairement fermées et sa chambre éclairée par des lumières en plein midi. Il régaloit les dames en café, thé et chocolat.

Enfin il arriva à Charenton le 26 janvier; le 28, monsieur le baron de Breteuil, introducteur des ambassadeurs, suivi de plusieurs carrosses et de beaucoup de gens à cheval, alla, par ordre du Roi, complimenter l'Excellence de Perse. Ce n'est que dans des cas singuliers que Sa Majesté fait rendre de pareils honneurs; aussi l'homme dont il s'agit est des plus singuliers dans ses manières. En attendant que nous parlions de son entrée à Paris et de ses audiences, voici quelques circonstances qu'on a cru dignes de la curiosité des lecteurs.

## VII.

Les Turcs et les Persans, quoiqu'également mahométans, sont ordinairement divisez et animez les uns contre les autres sans qu'ils ayent jusques à présent pu convenir d'une réconciliation entr'eux. Peut-être que Dieu l'a ainsi permis; car il est certain que, si ces nations infidèles se réunissoient d'inclinations et de forces, elles seroient en état de subjuguer l'Europe chrétienne avec d'autant plus de facilité qu'ils n'ignorent pas le peu de liaison qu'il y a entre les chrétiens, qui le plus souvent agissent les uns contre les autres avec plus d'injustice et de barbarie que les Perses, les Turcs et les Affriquains n'en exercent entr'eux; au lieu que si les chrétiens étoient parfaitement unis par les liens de la charité et qu'ils suivissent les préceptes de l'Évangile, qui est le solide et l'unique fondement de la religion chrétienne, il est certain qu'ils seroient en état non-seulement de résister aux Infidèles, ils pourroient même se flatter (avec la bénédiction du Tout-Puissant) de les attirer à la connoissance de l'Évangile, si tous ceux qui portent le nom de chrétien en faisoient la véritable règle de leur conduite. Cessons de parler de la division des nations chrétiennes, puisque tout ce qu'en pourroit remarquer un foible génie comme le mien ne seroit pas capable d'y exciter la moindre réunion. La plupart de ces mêmes chrétiens liront avec plus de satisfaction et d'attention les causes de l'antipathie qu'il y a entre les Turcs et les Persans.

Ces deux nations sont d'accord dans quelques principaux points de la religion mahométane; l'une et l'autre reçoivent la circoncision de même que les Juifs; ils admettent la pluralité des femmes, ce qui rend leurs Etats fort peuplez et par conséquent fort redoutables. L'usage du vin est également interdit en Perse comme en Turquie. Nonobstant cette conformité, ces peuples sont si ennemis les uns des autres qu'ils n'étudient que les occasions de pouvoir se nuire et s'égorger les uns les autres (en cela dignes imitateurs de la plupart des chrétiens).

Le point principal de la discorde la plus échauffée entre les Ottomans et les Perses, c'est que les derniers s'attachent uniquement au livre de la loi, communément appelé l'Alcoran. C'est aussi le principal fondement de la religion des Turcs; mais ceux-ci y ont associé une tradition qu'ils nomment Suna, et, pour se distinguer des Perses, ils se disent eux-mêmes Sunites, ce qui en notre langue signifie Traditionnaires. Les Persans au contraire se glorifient de la qualité de Scriptuaires, faisant entendre par là qu'ils n'ont de l'attachement que pour la parole écrite. Ils ont une autre difficulté entre eux sur le principe de leur religion qui les anime bien plus que celui-là: c'est l'ordre qu'ils donnent aux successeurs de Mahomet, le grand prophète des Musulmans. Après sa mort, ses sectaires se choisirent un chef auquel ils résolurent de transmettre toute l'autorité que Mahomet avoit exercée de son vivant, voulant lui confier l'absolue direction du spirituel et du temporel. C'étoit un souverain pontife, auquel ils donnèrent le nom de calyphe. Abubeker, Omar et Osman furent consécutivement les successeurs immédiats de Mahomet, selon la tradition des Turcs, qui placent Aly pour le quatrième successeur du grand prophète.

Les Perses ne veulent pas convenir de cet ordre de succession, soutenant qu'Abubeker, Omar et Osman n'ont été que des usurpateurs du souverain pontificat, qu'ils désignent par le nom de calyphat; ils veulent qu'Aly fût celui qui succéda véritablement à Mahomet, tant comme son héritier, puisqu'il étoit son gendre, ayant épousé Fatime, fille unique de Mahomet, d'où les Rois de Maroc se disent descendre par la lignée d'Hassan, que parce qu'Aly surpassoit en science et en sainteté de vie les trois calyphes que les Turcs veulent placer avant lui.

Les Persans font de cet Aly une espèce de demi-dieu, car ils enseignent dans leurs écoles qu'il est, immédiatement au-dessous de Dieu, Mahomet et Aly. Lorsqu'ils couronnent leurs Rois, ils invoquent en leur faveur les noms de Dieu, de Mahomet et d'Aly; en sorte qu'ils ont conçu une haine implacable contre les Turcs de ce qu'ils ont donné à leur respectable Aly trois prédécesseurs qu'ils veulent n'avoir jamais rempli cette place, et que ce n'est que par usurpation que les Turcs leur ont désigné cet honneur.

Au reste, ceux qui connoissent à fond les mœurs de ces deux nations mahométanes estiment que les Turcs sont beaucoup plus modérez, humains, et jaloux de cette vertu qu'on nomme bonne foi, que ne sont les Persans. Il est aussi très certain que les Turcs sont moins cruels et moins barbares que les Affriquains.

Quelle conséquence tirera-t-on de cette différence ? Je crois qu'on doit l'attribuer au tempéramment et à la qualité du sang ; les uns l'ont plus bouillant, les autres plus flegmatiques. N'aperçoit-on pas parmi les nations chrétiennes une extrême différence dans les humeurs et dans les manières ? La boue dont le premier homme fut paitri ne fut pas exempte de corruption ; cependant, à tous égards, elle dut être plus purifiée que n'est la terre de divers climats qui produit la subsistance et la nourriture de ses descendans.

## VIII.

En finissant cet article, nous apprenons que l'ambassadeur de Perse fit son entrée publique à Paris le 7 février. Dès le matin les carrosses du Roi, ceux des princes du sang, suivis de plusieurs autres, furent prendre l'ambassadeur à Charenton, où il se reposoit depuis douze jours. Cette Excellence orientale trouva plus de facilité à Paris que dans les autres villes pour contenter sa fantaisie ; car étant arrivé à la porte Saint-Antoine, il monta à cheval, afin de faire son entrée avec sa gravité naturelle, qui fut d'autant plus du goût des Parisiens qu'ils eurent lieu de le considérer plus à leur aise que s'il eût été en carrosse. Les plus beaux chevaux de main de l'écurie du Roi, richement harnachez, marchoient devant, au bruit des trompettes, des timbales et des haubois. Les carrosses suivoient les chevaux de main. Après venoit l'ambassadeur, à cheval, superbement vêtu, le turban en tête ; tout son domestique aussi à cheval, marchant devant et après lui. Les présens qu'il a apportés pour le Roi étoient sur une espèce de brancart porté par deux mulets. On le conduisit en cet équipage à l'Hôtel des Ambassadeurs, pour y rester jusqu'au jour que le Roi devoit marquer pour lui donner audience.

## IX.

Par les dernières lettres de Rome on a eu avis que monsieur Amelot, conseiller d'état, dépêché extraordinairement à Rome de la part du Roi, y étoit arrivé le 9 janvier, et que le 12 il eut sa première audience particulière du Pape; qu'il étoit logé au palais du cardinal de La Trémouille, où les cardinaux Gualtieri, Ottoboni et Albani lui avoient envoyé chacun un régal de toutes sortes de rafraîchissemens.

## X.

Le 1er février on fit à Metz l'ouverture du parlement pour le semestre de février. Après que monsieur de Champel, avocat général, fils de monsieur le procureur général du même parlement, eut fait un discours sur la nécessité et sur l'utilité du travail, monsieur de Laporte, premier président, en fit un sur la justice, qui attira l'attention et l'admiration de toute l'assemblée.

Cet illustre magistrat, qui n'est pas moins recommandable par ses vertus que par sa naissance, et qui, depuis cinquante-neuf ans, sert le Roi dans différentes cours supérieures, nous donne un exemple que l'âge n'est souvent qu'un mauvais prétexte pour se dispenser de ses devoirs; car, quoiqu'il ait quatre-vingt et quelques années, il conserve et agit avec autant de force d'esprit et d'éloquence que dans un âge moins avancé.

Dans ce discours il fit connoître combien la vie du Roi étoit nécessaire à ses sujets, puisque Sa Majesté la donnoit toute entière à la justice et à la religion; que le choix que ce Monarque avoit fait de monsieur de Voysin pour remplir les deux principales charges de l'Etat étoit une grande preuve du juste discernement de Sa Majesté et de son attention à récompenser le mérite; que ce sage ministre joignoit à une expérience consommée un travail continuel qui rendoit l'exécution de ses desseins aussi facile que les entreprises, puisqu'ils auroient toujours pour guides la prudence et la justice, et pour but le bien de l'Etat. Il fit voir ensuite que le testament que le Roi a fait étoit la marque la plus éclatante de son amour pour ses peuples, puisque Sa Majesté pénètre dans l'avenir pour y assurer la tranquilité, etc.

AVRIL 1715.

## ARTICLE QUI CONCERNE

CE QUI S'EST PASSÉ

## DE PLUS CONSIDÉRABLE EN FRANCE

DEPUIS LE MOIS DERNIER.

I.

Quoiqu'on ait déjà parlé dans les précédens Journaux de l'ambassadeur de Perse en France, ce ministre, extraordinaire par plus d'un endroit, occupera encore quelques pages dans celui-ci, soit à l'occasion de son entrée publique à Paris, de sa première audience à Versailles, que de quelques circonstances que nous avons reçues des endroits par où il a passé. Depuis la Provence jusques dans l'Isle-de-France, on a commandé les maréchaussées ou des détachemens de cavalerie pour accompagner ce ministre, soit par honneur ou pour sûreté. Quoiqu'il ait fait la plus grande partie de son voyage à cheval, il ne laisse pas d'avoir un carrosse à lui, de figure longue, où il n'y a aucun siége devant ni derrière; on y met plusieurs carreaux, sur lesquels Son Excellence persienne se couche et y dort quand l'envie l'en prend.

Sa fierté s'humanise à l'aspect du beau sexe, et c'est en leur faveur qu'il a, mais rarement, donné des marques de politesse; en voici un exemple. Lorsqu'il étoit à Lyon, la curiosité attira dans son hôtel la plus grande partie des dames de distinction; il gracieusoit les plus belles. Madame la présidente Charier, qui est de ce nombre, lui fit demander par un des interprètes combien il avoit de femmes; car il est à remarquer qu'en Perse il est permis aux hommes d'épouser autant de femmes qu'ils sont en état d'en acheter, puisque les pères vendent leurs filles à leurs gendres, et pourvu qu'ils les donnent vierges on ne leur demande rien de plus, et ils sont récompensés par le nouveau mari, à proportion des biens de sa fortune, des peines et des soins que les pères ont eus de conserver dans son éclat une fleur si fragile. Hélas! que dans ce cas les hommes sont faux, tant en Orient qu'en Occident! Mais revenons à Son Excellence persienne. L'ambassadeur fit répondre à la dame curieuse du nombre de ses femmes qu'il n'en avoit que douze, mais qu'il se seroit contenté d'une seule s'il en eût trouvé une aussi belle et aussi aimable qu'elle étoit. Cette galanterie fut accompagnée d'une bourse à la persanne, et c'est à quoi se sont bornées toutes les libéralités qu'il a faites dans sa route, au moins que j'aie pu apprendre.

## II.

Cet ambassadeur, qui, comme nous l'avons déjà dit, se nomme Mehemet Riza Beg, s'étant arrêté à Charenton jusqu'à ce que tout fût prêt pour son entrée publique, y fut complimenté le 28 janvier, de la part du Roi, par monsieur le baron de Breteuil. Voici copie du discours, dans le style qui se pratique chez les souverains orientaux, et tel qu'on l'a reçu de Paris.

*Compliment fait de la part du Roi à l'Ambassadeur de Perse.*

« L'Empereur de France, mon maître, le plus grand et le plus pieux des Empereurs chrétiens, le plus magnifique des Rois de l'Europe, le plus puissant en guerre, tant sur la terre que sur la mer, toujours invincible, l'amour de ses peuples et le modèle parfait de toutes les vertus royales, m'envoye, Monsieur, vous faire un compliment de sa part, et se réjouit de votre arrivée auprès de Paris, la capitale de son empire, la plus riche et la plus superbe des villes de la partie du monde que nous habitons.

» Il sçait que l'Empereur votre maître est le plus magnifique et le plus puissant Empereur de l'Orient, et il est persuadé qu'ayant à sa cour autant de personnages illustres qu'il en a, il vous a choisi entr'eux comme un sujet d'un mérite distingué et capable d'être le lien de l'union de deux si puissans Monarques. Il vous donnera, Monsieur, en toutes occasions, des marques de l'estime et de la considération qu'il a pour un ambassadeur qui vient de la part d'un si grand Empereur.

» Pour moi, Monsieur, je regarde comme un bonheur d'être le premier à qui il ait ordonné de vous venir complimenter de sa part. J'irai, au sortir de cette conférence, lui rendre compte de l'exécution de ses ordres et en prendre de nouveaux pour votre entrée à Paris et votre audience à la magnifique cour de Sa Majesté Impériale. »

Mehemet Riza Beg est un grand seigneur d'Erivans, que le kan ou gouverneur de cette province a dépêché en France, par ordre du Sophi de Perse, afin d'éviter les avanies des Arabes ou quelques mauvais traitemens de la part des Turcs, toujours contrepointez avec les Persans.

L'ambassadeur dont il est ici question fut expédié aussi secrètement qu'il étoit possible par le gouverneur d'Erivans. A cette occasion je dirai ici quelque chose de la ville de ce nom et de quelques circonstances qui y ont du rapport. Cette ville, qui porte le nom d'une province très fertile, est située dans l'Arménie, sur les frontières de Turquie et de Perse, qui a été occupée tantôt par les Arabes, par les Perses, par les Turcs, qui s'en sont chassés les uns les autres ; mais les Persans s'y sont maintenus depuis l'année 1635.

A douze lieues d'Erivans, du côté de l'orient, est la montagne d'Ararath ; les Perses la nomment montagne d'Asis, comme si nous disions montagne Heureuse ou Chérie, à cause du choix que Dieu en fit pour servir de port à l'arche de Noé. Les Arméniens tiennent, par tradition, que ce fameux vaisseau est encore sur le sommet de la montagne, mais que, depuis la descente de Noé, personne n'a pu monter jusqu'à ce lieu-là, parce que la montagne est perpétuellement couverte de neiges qui ne fondent jamais, n'y ayant que les vents qui en consument une partie pour faire place à celles qui tombent de nouveau. On prétend que Noé, étant sorti de l'arche, vint s'établir à Erivans, et que ce fut à une lieue de la ville, dans un heureux aspect, qu'il planta la vigne. Ce qu'il y a de certain, c'est qu'il y a un beau vignoble qui produit d'excellent vin; et comme les Persans n'en boivent pas non plus que les Turcs, à cause que la loi de Mahomet leur en défend l'usage, les Arméniens et les chrétiens l'ont à bon marché; mais il est permis aux Persans de faire un sirop de vin doux qu'ils nomment *duschab*, dont ils font usage pour leur boisson délectable en le mêlant avec de l'eau.

Erivans est bâtie sur un rocher au bas duquel on voit couler la rivière de Zenguy, traversée d'un pont de pierre de trois arches, sous lesquelles on a pratiqué des chambres où le kan a accoutumé d'aller passer les grandes chaleurs de l'été. Il y a plusieurs églises pour les Arméniens, et même un évêque, qui ne connoît d'autre supérieur, pour le spirituel, que le patriarche arménien qui fait sa résidence dans un monastère bâti dans l'île du Lac doux, que les Perses nomment Deoria-Chirin. Le christianisme s'est conservé parmi les Arméniens, quoiqu'avec quelque altération qui les sépare de l'Église latine ou catholique romaine; car, quoiqu'ils prient pour les morts, ils ne croyent point au purgatoire. Leurs prêtres se marient, pourvu qu'ils ne soient pas engagés dans les ordres religieux; ils croyent la réalité; ils ne mettent point d'eau dans le calice pour la consécration. Ils ont une grande dévotion pour la messe et pour le Saint-Sacrement; ils ont beaucoup d'estime pour les missionnaires catholiques et leur rendent tous les bons offices qui dépendent d'eux; mais ils méprisent les protestans, à cause de l'aversion qu'ils témoignent pour la messe et le service divin, les traitant à cet égard d'ignorans, d'opiniâtres et de scandaleux. Ils donnent la communion aux petits enfans, et croyent que les hommes ne jouiront de la béatitude céleste qu'après la résurrection générale, qu'ils attendent, comme les autres chrétiens, au jour du jugement.

Les Arméniens composent la plus nombreuse partie de la ville d'Erivans, mais ils ne sont point admis dans les emplois civils et militaires. Le commerce des soyes, du coton et autres marchandises du païs, fait leur principale occupation. Il y a une forteresse fort considérable, bâtie sur une éminence qui domine sur toute la ville, où le Sophi entretient une garnison de plus de deux mille hommes. Dans cette enceinte (qui semble être une autre ville) est bâti le palais du kan ou gouverneur, qui, dans l'étendue de son gouvernement, exerce toute l'autorité souveraine au nom du Sophi de Perse, son maître; en voici une preuve.

## IV.

C'est ce gouverneur d'Erivans, comme je l'ai dit, qui a dépêché l'ambassadeur de Perse en France; c'est lui qui a écrit à monsieur le marquis de Torcy, ministre pour les affaires étrangères, pour lui donner avis de cette ambassade. Voici un extrait de cette lettre, telle que celles de Paris l'ont marqué avoir été traduite.

« L'Empereur ayant ordonné qu'on apporte sa lettre

et les présens, à moi qui suis, par la grace de Dieu, l'esclave de sa porte, qui suis aussi présentement gouverneur d'Erivans, seigneur des seigneurs, pour le sublime Empereur de France, votre maître, c'est pourquoi nous avons choisi le très illustre seigneur, élevé en dignités, très grand parmi les seigneurs et par sa qualité, le nommé Mehemet Riza Beg, auquel ambassadeur nous avons confié cette lettre odoriférante comme l'ambre, etc. »

## V.

Cet ambassadeur fit son entrée publique à Paris le 7 février en cet ordre : monsieur le maréchal de Matignon et monsieur le baron de Breteuil, introducteur des ambassadeurs, furent le prendre à Charenton dans le carrosse du Roi, suivi de ceux des princes et des princesses de la maison royale. Il se mit dans ce carrosse avec ces deux messieurs jusqu'à l'entrée du faubourg Saint-Antoine, où ils descendirent dans la maison du sieur Titon.

Peu après ils montèrent tous trois à cheval, pour se conformer au goût de ce ministre de Perse.

La marche commençoit par la compagnie des inspecteurs de police, tous à cheval. A la distance de quarante pas marchoit le carrosse du baron de Breteuil, suivi de ceux du maréchal de Matignon. Venoit après un brancard porté par deux mulets du Roi, sur lequel étoient les présens que le Roi de Perse envoye à Sa Majesté : il y avoit huit trompettes du Roi devant et derrière le brancard. Ensuite marchoient douze chevaux de main des écuries du Roi, magnifiquement harnachez, menez par des palefreniers de Sa Majesté; quatre autres chevaux du Roi, harnachez à la françoise, menez en main par des Persans; dix fusilliers persans ou arméniens à cheval, chargez du soin des présens envoyez par le Roi de Perse; deux pages de l'ambassadeur, son maître des cérémonies, son secrétaire et l'interprète, tous à cheval.

Alors paraissoit l'ambassadeur, monté sur son cheval harnaché à la persienne; monsieur le maréchal de Matignon à sa droite, et monsieur le baron de Breteuil à sa gauche, aussi à cheval, marchant tous trois sur une même ligne. Les gens de livrée de ces trois messieurs marchoient à pied à côté de leurs chevaux. L'écuyer de l'ambassadeur, portant l'étendard du Roi de Perse, marchoit immédiatement derrière son maître, avec un page qui portoit, appuyé sur sa cuisse, le sabre de l'ambassadeur. La marche étoit fermée par le carrosse du Roi, ceux des princes et princesses du sang, et par celui de monsieur le marquis de Torcy, ministre et secrétaire d'état pour les affaires étrangères. Tous les chevaux qui servirent à cette superbe entrée étoient des écuries du Roi.

## VI.

Riza Beg est le nom de famille de l'ambassadeur persan. Si de ce nom on vouloit tirer une anagrame françoise, en retranchant la lettre *g*, on trouveroit le mot de *bizare*, et, sans faire nulle application de ce mot au caractère respectable dont ce seigneur persan est revêtu, on trouvera que le terme de bizare convient assez à plusieurs circonstances qui se sont passées à son occasion, par la différence qu'il y a des manières de son pays à ce qui se pratique ordinairement dans les plus illustres cours de l'Europe. Mais voyons ce qui s'est passé de singulier à son audience publique.

## VII.

Ce fut le 19 février que ce ministre eut son audience publique du Roi, Sa Majesté étant sur un trône élevé de huit marches au fond de la grande galerie du château de Versailles. Monsieur le maréchal de Matignon et monsieur le baron de Breteuil l'allèrent prendre à l'Hôtel des Ambassadeurs, dans le magnifique carrosse du Roi destiné à ces sortes de cérémonies. Les gens de la suite du ministre persan étoient montez sur des chevaux des écuries du Roi. L'étendard du Roi de Perse marchoit à côté du carrosse, escorté par douze fusilliers de l'ambassadeur, qui ne vouloit pas le perdre de vue. Le présent du Roi de Perse étoit dans un autre carrosse de Sa Majesté, porté sur les genoux du sieur Ayoubehaut, Arménien, à qui le gouverneur d'Erivans en confia la clef avant de partir pour venir en Europe.

Comme c'étoit du cérémonial persan de faire à cheval l'entrée à Versailles comme dans les autres villes du royaume par où il a passé, le carrosse s'arrêta dans l'avenue de Versailles, chez monsieur Bontemps, premier valet de chambre du Roi et gouverneur du palais des Thuileries, où l'on avoit préparé des rafraîchissemens pour l'ambassadeur et pour sa suite. Ce fut là où l'on trouva des chevaux frais des écuries du Roi pour la cavalcade orientale jusqu'au château. Voici l'ordre de la marche.

Elle commençoit par le carrosse du baron de Breteuil, introducteur des ambassadeurs, précédé de trois de ses domestiques à cheval; deux carrosses du maréchal de Matignon, aussi précédez par ses domestiques à cheval; douze chevaux de main menez par les palefreniers du Roi; quatre chevaux, aussi des écuries de Sa Majesté, harnachez à la persienne, menez en main par des Persans; les douze fusilliers de l'ambassadeur, à pied, portant le fusil haut, qu'ils furent obligés de laisser à la grille de l'avant-cour du château; les autres domestiques de l'ambassadeur, à cheval, de même que le secrétaire de l'ambassade, l'aumônier ou docteur de la loi mahométane, son trésorier, et le page favori, portant la pipe de Son Excellence persienne. Ensuite marchoient huit trompettes de la chambre du Roi, qui précédoient Ayoubehaut, aussi à cheval, le dépositaire du présent et de la lettre du Roi de Perse, le tout enveloppé d'une étoffe de soye à fleurs d'or.

Le maître des cérémonies de l'ambassadeur, avec son interprète, marchoient à côté de lui, qui étoit monté sur un des plus beaux chevaux de l'écurie du Roi, harnaché à la persienne; le maréchal de Matignon à la droite et le baron de Breteuil à la gauche marchoient sur la même ligne que l'ambassadeur, ayant chacun leurs gens de livrée à pied autour de leurs chevaux. L'écuyer de l'ambassadeur, portant l'étendard de Perse, à cheval, marchoit derrière lui, de même que le page qui portoit son sabre appuyé sur la cuisse.

Ce fut ainsi qu'on entra dans l'avant-cour du château, où l'on trouva deux mille hommes en bataille, tant des gardes françoises que suisses, les tambours appelant. L'ambassadeur auroit bien voulu que l'étendard de son maître l'eût suivi dans le palais impérial de Versailles;

mais enfin, contre son ordinaire, se laissant vaincre à la raison, il ordonna à son écuyer de laisser ce trophée à la grille de la seconde cour, où il trouva les gardes de la porte et de la prévôté sous les armes et rangez en haye ; cette cour étoit remplie d'une infinité de personnes. On jugera de la multitude du monde qu'il y avoit ce jour-là à Versailles lorsqu'on sçaura que, sans exagération, il y avoit plus de cinquante mille personnes, en ce non compris les habitans de Versailles et les gens qui résident ordinairement à la cour. Sans doute que cette multitude et tout cet appareil produisirent quelque respectueuse surprise au fier Persan et rabatit quelque chose de sa bizarre prétention au sujet de ses fusilliers et de son étendard. Ce fut aussi à l'entrée de cette cour que Son Excellence et tous les autres cavaliers qui l'accompagnoient mirent pied à terre, et qu'on lui permit seulement de mettre son sabre à son côté, ayant déjà un grand poignard dans un étui d'or pendu à sa ceinture, n'étant permis qu'aux grands officiers de la cour du Roi de Perse d'en porter de pareils.

On fit une espèce de procession autour de cette cour, faisant passer cet ambassadeur sous les fenêtres de l'appartement du Roi avant de parvenir au grand escalier. Le secrétaire de l'ambassade marchoit à la tête du cortége avec Ayoubehaut, portant entre ses mains une cassette de présens et la lettre du Roi de Perse, précédez des huit trompettes du Roi. L'ambassadeur fut reçu au bas du grand escalier par monsieur le marquis de Dreux, grand-maître des cérémonies, et par monsieur Desgranges, maître des cérémonies ; il trouva les Cent-Suisses de la garde bordant l'escalier, en habit de cérémonie, la hallebarde à la main. Monsieur le duc de Noailles, en qualité de capitaine de la première compagnie des gardes-du-corps, le reçut en dedans, à la porte de la Salle des Gardes, qui étoient sous les armes, rangez en haye.

Dans cet endroit, l'ambassadeur prit la lettre des mains du sieur Ayoubehaut, qui étoit dans un sac de longueur, et la porta lui-même jusqu'au trône du Roi. Quand ce ministre entra dans cette vaste galerie du grand appartement, il apperçut Sa Majesté sur son trône, ayant auprès d'elle monseigneur le Dauphin et tous les princes et princesses de la maison royale, placez chacun suivant leur rang. L'ambassadeur a avancé ensuite. Il apperçut d'abord un air si grand et si majestueux à l'Empereur de France qu'il en fut beaucoup plus frappé que de tout l'éclat qui l'environnoit. Au moment qu'il vit Sa Majesté il fit une profonde révérance à la turque; le Roi se leva et ôta son chapeau. Ayant avec peine percé jusqu'à moitié la distance de la gallerie, il fit un second salut, et un troisième en abordant au trône. Il monta jusqu'au dernier des degrez, accompagné du maréchal de Matignon, du duc de Noailles et du baron de Breteuil, et donna au Roi la lettre du Sophi de Perse, que Sa Majesté remit au même instant à monsieur le marquis de Torcy, ministre d'état pour les affaires étrangères. Le Roi se couvrit pendant que l'ambassadeur fit son compliment; lorsque l'interprète en eut expliqué le sens, Sa Majesté ôta de nouveau son chapeau pour remercier l'ambassadeur et pour le congédier. Quand il fut sur la dernière marche, il prit le présent du Roi son maître des mains de celui qui le portoit et le remit en celles du marquis de Torcy, faisant une profonde révérence au Roi. La foule qu'il trouva en se retirant, encore plus grande que lorsqu'il étoit entré, l'empêcha de pouvoir faire les autres révérences dans l'ordre prescrit par le cérémonial.

Peu après il fut conduit avec les mêmes cérémonies à l'audience de monseigneur le Dauphin; mais on le dispensa du même honneur chez les autres princes et princesses du sang. Il fut régalé par les officiers du Roi avec toute sa suite, et, vers les six heures du soir, il fut reconduit à Paris simplement par monsieur le baron de Breteuil, dans le carrosse du Roi, la pluye qui survint l'après-midi l'ayant privé du plaisir de faire sa cavalcade à cheval.

Il est à remarquer que la bien-aimée pipe de Son Excellence fut plus privilégiée que l'étendard; car le page qui la portoit, après son maître, dans une bouteille de cristal, pénétra jusque dans la grande galerie, sans pourtant pouvoir approcher du trône, parce que le page et la pipe se perdirent dans la foule. Ainsi, si l'ambassadeur eut pris fantaisie de fumer en si bonne compagnie, il se seroit vu contraint de se priver de ce plaisir; mais, à son retour à Paris, il récompensa le temps perdu à cet égard, car on m'a assuré qu'il y fuma douze pipes ce soir-là.

Pour donner une idée de la magnificence où la cour de France parut ce jour-là, je me contenterai d'observer que le Roi avoit un habit d'un drap d'or; les boutons étoient de diamans et les boutonnières aussi garnies de diamans. La croix qui pendoit à son cordon bleu étoit de gros diamans, et celle qui étoit brodée sur son manteau royal et sur son juste-au-corps étoit de perles, relevées d'autres pierreries précieuses. Monseigneur le Dauphin étoit habillé d'une étoffe pareille à celle de l'habit du Roi, avec quantité de diamans et de pierreries. Monsieur le duc d'Orléans étoit habillé d'un velours bleu avec des boutons de diamans, des doubles boutonnières brodées de pierreries; entre toutes les boutonnières on voyoit une fleur de diamans. Les paremens de son habit étoient à la mosaïque, aussi brodez de diamans et de pierreries. Madame la duchesse de Berry étoit en noir et en hermine à cause de son deuil. Enfin, tous les princes et princesses avoient des habits d'étoffes d'or et d'argent, garnis de pierreries. Les dames et seigneurs de la cour étoient placez sur des gradins le long de la galerie, dont le parquet étoit couvert de riches tapisseries. Son Altesse Electorale de Bavière et monsieur le Prince électoral de Saxe virent incognito cette cérémonie dans les places qui leur avoient été marquées. Enfin la cour de France n'a jamais été plus brillante qu'elle étoit ce jour-là.

## IX.

Les présens que les souverains se font les uns les autres ne doivent jamais être estimez par la valeur de la chose ; leur véritable prix consiste en la considération des personnes qui les envoyent et qui les reçoivent. Suivant quelques avis de Paris, on a trouvé, dans la petite cassette qu'a apportée l'ambassadeur de Perse, sept gros diamans bruts, deux cens turquoises, deux cens émeraudes, cent cinquante perles d'Orient, le tout d'une grosseur médiocre ; il y avoit aussi deux phioles d'un beaume exquis, composé d'une gomme que produit un arbre de vie unique dans toute la Perse, gardé, dit-on, nuit et jour par huit cens hommes, dont l'usage n'est permis qu'aux rois et princes de Perse. La vertu qu'on attribue à ce beaume, c'est de conserver la santé et la vigueur, même de perpétuer les jours de l'homme et de le rajeunir ; mais ce qu'on publie à cet égard est d'autant plus fabuleux qu'on ne voit pas que les Rois de Perse vivent plus longtemps que les autres hommes, puisque plusieurs d'entre eux n'ont régné que quelques mois. A la vérité il y a quarante-sept ans que Scha Ismaël II est sur le trône de Perse; il a succédé à Scha Abas II, qui régna vingt-six ans; Scha Sophi, son devancier, n'en régna que treize; ainsi des autres à proportion : en sorte que, de soixante-deux rois qui ont occupé le trône de Perse, dont l'histoire fasse mention, il n'y en a aucun, nonobstant le secours de leur arbre de vie, qui ait régné aussi longtemps que Louis-le-Grand, Monarque des François.

Pour dire encore un mot de l'ambassadeur de Perse, je dois observer qu'il s'est déjà beaucoup apprivoisé depuis qu'il est à Paris. Il a été à l'Opéra, à la comédie, aux danseurs de corde et aux autres spectacles publics; il a même vu quelques bals particuliers et y a paru assez docile. Je n'ai pas appris qu'il ait été de la partie des masques que les personnes de la première qualité ont accoutumé de faire à Paris les derniers jours gras, où se trouvent souvent les ambassadeurs pour participer à ce divertissement. Monsieur le commandeur de Saint-Olon est toujours auprès de lui de la part du Roi, et il y a apparence qu'il ne le quittera que sur la frontière du royaume, lorsqu'il s'en retournera en son pays.

Au reste, quelques avis de Paris ont marqué une circonstance au sujet de cet ambassadeur dont je ferai mention sans la garantir véritable. On dit qu'une assez jolie fille de la moyenne réputation fut offrir ses services à Son Excellence orientale; on lui en fit faire la proposition par son interprète. L'ambassadeur fit réponse qu'il la trouvoit tellement de son goût qu'elle n'avoit qu'à passer dans une chambre voisine, où l'un de ses gens lui couperoit la tête pour la porter en Perse comme une rareté françoise. Il n'en fallut pas davantage pour faire prendre la fuite à la donzelle et à l'entremetteuse.

## X.

Monsieur le Bailly de Mesmes, frère de monsieur le premier président du parlement de Paris, ayant été choisi pour être ambassadeur extraordinaire de la religion de Malte en France, fit son entrée publique à Paris, le 24 février, avec les cérémonies ordinaires. Monsieur le maréchal de Thessé, grand d'Espagne et général des galères de France, avec monsieur le baron de Breteuil, furent prendre l'ambassadeur au monastère de Picpus, dans le carrosse du Roi, suivi de ceux des princes et princesses du sang et de plusieurs autres. Il fut conduit dans son hôtel, parce que celui des ambassadeurs se trouvoit occupé par le ministre persan. Il y fut complimenté de la part du Roi, de même que de celles de madame la duchesse de Berry, de Madame, de monsieur et de madame d'Orléans.

Le 26 du même mois il fut conduit, par le maréchal de Thessé et le baron de Breteuil, dans le carrosse du Roi, à Versailles, où il eut sa première audience publique de Sa Majesté, avec les cérémonies usitées pour les ambassadeurs des souverains. Il fut accompagné de tous les commandeurs de Malte que leurs emplois ou leur grand âge a dispensés d'aller à Malte pour servir la religion dans la guerre contre les Infidèles. Il fut ensuite conduit à l'audience de monseigneur le Dauphin, de Madame, de monsieur le duc d'Orléans et de madame la duchesse d'Orléans, et reconduit à Paris par le baron de Breteuil dans le même carrosse, aux formes ordinaires.

Les plaisirs du carnaval, tant à la cour qu'à Paris, ont pris fin, comme les autres années, pour faire place aux mortifications du carême. De tous les bals qu'on a vus à Paris, il n'y en a pas eu de plus magnifique ni de mieux suivi que celui que le comte de Lusace (c'est le nom sous lequel le Prince électoral de Saxe, fils unique du Roi Auguste, voyage en France) donna le 16 février à l'hôtel de Soissons; il commença à huit heures du soir et ne finit qu'à pareille heure le lendemain matin. Il y avoit quatre grandes salles où l'on dansoit; mais on n'y fut au large que vers les cinq heures du matin, à cause de la grande affluence de masques qui y vinrent toute la nuit, entre lesquelles il en parut une qui attira particulièrement les regards et l'attention de toute la compagnie : elle étoit habillée à la portugaise, d'une manière très riche et fort propre; elle étoit coêffée avec ses cheveux, du plus beau blond qu'on puisse imaginer, parsemez de diamans et autres pierreries fort riches. Lorsqu'elle eut beaucoup dansé, elle ôta son masque; c'étoit l'ambassadrice de Portugal, une des plus belles dames et des plus accomplies qu'on ait encore vues parmi celles de sa nation. Aux beautez du corps et de l'esprit elle joint une jeunesse d'environ dix-huit ans, appâts dignes d'envie pour la plupart des autres dames qui se trouvèrent à cette illustre assemblée. Je n'entrerai point dans aucun détail de cette fête; il suffit de dire que la profusion, la délicatesse, la magnificence et le bon ordre furent remarqués dans tous les appartemens. On prétend que la dépense alla à près de dix mille écus.

Son Altesse Electorale de Bavière se dispose à partir

de France pour retourner dans ses Etats. Sur la fin de février ce prince alla à Blois rendre visite à la Reine douairière de Pologne, mère de Madame, électrice de Bavière. On assure que Sa Majesté polonaise avoit résolu d'aller avant Pâques, si la saison et sa santé le lui permettent, s'acquitter d'un vœu qu'elle a fait à Notre-Dame de Liesse, et que si, en ce temps-là, Son Altesse Electorale de Bavière est à Compiègne, elle pourra y aller passer quelques jours.

Il y a plus de deux mois que monsieur le comte de Stairs est arrivé à Paris en qualité de ministre d'Angleterre ; en arrivant il présenta un ordre du conseil à monsieur Prior, qui a résidé à la cour de France, de la part de la couronne d'Angleterre, depuis près de deux ans, par lequel il lui étoit ordonné de remettre au comte de Stairs tous les papiers et lettres concernant ses négociations à la cour de France et ailleurs, pour être envoyez à Londres ; à quoi il obéit sur-le-champ. Depuis ce temps-là il a reçu ordre de repasser en Angleterre, et il n'attendoit, pour y obéir, que de recevoir trois mille livres sterling qui lui sont dues de ses appointemens, pour payer ses dettes, ainsi qu'il en a prié, par lettres, le secrétaire d'état en exercice pour les affaires étrangères.

Par les lettres qu'on vient de recevoir d'Espagne, on apprend que le cardinal del Giudice, étant rentré dans l'honneur des bonnes grâces du Roi Catholique, s'étoit rendu à Madrid le 16 février ; que non-seulement Sa Majesté lui fit un accueil favorable, mais qu'elle l'avoit honoré de la charge de son premier ministre d'état, ce qui ne laisse aucun doute que cette Eminence est rentrée en grâce.

MAI 1715.

## ARTICLE QUI CONTIENT

CE QUI S'EST PASSÉ

## DE PLUS CONSIDÉRABLE EN FRANCE

DEPUIS LE MOIS DERNIER.

Monsieur le duc de Saint-Agnan, qui fut envoyé à Madrid pour complimenter, de la part du Roi, Leurs Majestez Catholiques sur leur mariage, est resté à la cour d'Espagne avec le caractère d'ambassadeur extraordinaire de France. Le Roi d'Espagne envoye, de sa part, un nouvel ambassadeur pour résider à Paris : c'est le prince de Celamare, fils du duc de Giovenazzo et neveu du cardinal del Giudice.

Monseigneur l'archevêque de Lion y arriva le 13 mars, et fut reçu avec toutes les marques de joye, de respect et de vénération que les Lionois ont accoutumé de signaler envers les seigneurs de l'illustre maison de Villeroi. Un grand nombre de carrosses avoient été à sa rencontre; il fut complimenté par tous les corps, tant ecclésiastiques que séculiers. On avoit élevé une pyramide à quatre faces, composée d'artifices pour le feu de joye, ornée de figures, d'emblêmes, d'inscriptions et de devises convenables à la fête; entr'autres on y voyoit une figure tenant d'une main le livre des Evangiles et de l'autre une croix d'archevêque, au-dessous de laquelle il y avoit une autre figure qui embrassoit un lion, avec ces vers :

> Venez, par vos vertus, rendre sainte une ville
> Que l'auteur de vos jours vient de rendre tranquille.

Le 15, le prélat prit possession de son église archiépiscopale avec les cérémonies ordinaires.

Le 14 mars, monseigneur de Voysin, chancelier de France, se rendit au parlement de Paris, où il présida pour la première fois; il prononça quelques arrêts, entre autres un d'un nommé Gervais, fils d'un pâtissier de Lion, qui, s'étant marié avec une fille de la troupe des Danseurs de corde, et ayant ensuite gagné au jeu de hazard des sommes très considérables, vouloit faire rompre son mariage, sous prétexte qu'il l'avoit fait sans la participation de sa mère et de ses autres parens; mais il fut débouté de sa prétention et le mariage déclaré valable.

*Présent du Roi au Prince électoral de Saxe.*

Le Prince électoral de Saxe continue son séjour à

Paris et y fait une belle dépense. Le Roi lui a fait présent de six de ses plus beaux chevaux de main, richement harnachez, les selles et les housses étant toutes en broderies d'or et d'argent. Ils sont, dit-on, pour le roi Auguste son père.

Dans la diette générale des cantons catholiques, tenue à Lucerne au mois de février, on y résolut unanimement de renouveller l'alliance perpétuelle que ces cantons ont avec la couronne de France depuis plusieurs siècles; on convint que, pour cet effet, on convoqueroit exprès une diette de ces cantons à Soleure, mais le jour n'en fut pas fixé. L'alliance de la couronne de France avec la république des Suisses est fort ancienne; le premier traité que nous en avions est du 28 octobre 1444. Charles VII fit une alliance perpétuelle avec eux le 8 novembre 1452. Dans les siècles suivans, les rois qui parvinrent sur le trône de France renouvellèrent cette alliance; en 1663 elle fut affermie de nouveau par le traité signé à Soleure, le 4 septembre, de la part du Roi Louis XIV, pour durer toute la vie de ce prince, celle de monseigneur le Dauphin, son fils, et même huit ans après le décez de ce Dauphin. Mais la mort ayant terminé les jours du prince qui, dans ce temps-là, étoit considéré comme le plus proche successeur de la couronne, Sa Majesté va renouveller cette ancienne alliance pour les temps à venir, en faveur des princes de son sang qui lui succèderont, afin de perpétuer la paix et la bonne intelligence qui règne depuis près de trois siècles entre la couronne et le corps helvétique.

Le Roi, voulant récompenser les importans services que lui a rendus monsieur Lesdo de la Rivière dans divers emplois qu'il a dignement remplis depuis quarante ans, a donné à monsieur de Valliquerville, son fils, la survivance de sa charge de premier président de la chambre des comptes et cour des aides de Rouen, en Normandie. Quoique ce successeur n'ait pas encore atteint l'âge de vingt-quatre ans, il est très capable de remplir la dignité qui lui est destinée, ayant déjà donné des marques de la solidité de son esprit et de son jugement dans la charge de conseiller au parlement de Rouen.

Son Altesse Electorale de Bavière étant partie de France pour retourner dans ses Etats, d'où elle étoit absente depuis dix ans et demi, fut rencontrée à quatre lieues de Nancy, le 27 mars dernier, par Son Altesse Royale de Lorraine, qui l'invita d'une manière si engageante à passer par sa ville capitale que monsieur l'Electeur ne put pas le lui refuser. En arrivant il trouva les troupes sous les armes, la cour fort magnifique. On lui rendit tous les honneurs dus aux têtes couronnées; on lui fit une réception convenable à la majesté et à la grandeur d'ame qui accompagnent toutes les actions de Son Altesse de Lorraine, quoiqu'elle n'eût pas été préparée à ce passage, ni assurée du plaisir de voir Son Altesse Electorale de Bavière à sa cour. Ces deux souverains ne se quittèrent que le lendemain à Lunéville, où ils dînèrent, se donnant de mutuelles marques d'estime, de considération et de bienveillance.

Monsieur l'Electeur a été reçu dans toutes les villes de France par où il a passé avec toutes les marques de distinction qui lui sont dues, autant que la vitesse de son passage l'a pu permettre. La ville de Strasbourg, qui avoit eu le temps de s'y préparer, s'est distinguée plus que les autres par des illuminations, feux de joye, etc. En un mot, on lui a fait partout les mêmes honneurs qu'on auroit rendus au Roi s'il eût tenu la même route. Nous parlerons dans une autre occasion de son arrivée et de sa réception dans ses Etats.

La place que monsieur le cardinal d'Estrées occupoit à l'Académie Françoise a été remplie par monsieur le maréchal d'Estrées, son neveu, qui y fut reçu le 23 mars. Monsieur le marquis de Dangeau, doyen et chanchelier de l'Académie, répondit à son remerciement; l'un et l'autre parlèrent avec beaucoup d'éloquence.

JUIN 1715.

## ARTICLE QUI CONTIENT

CE QUI S'EST PASSÉ

## DE PLUS CONSIDÉRABLE EN FRANCE

DEPUIS LE MOIS DERNIER.

Monsieur de Villeroi, fils du maréchal de ce nom, présentement archevêque de Lion, a été choisi pour être protecteur de l'Académie naissante qui vient de se former dans cette puissante ville. Depuis un siècle ( et principalement sous le règne du Roi Louis-le-Grand ), les sciences et les arts ont fait de si grands progrès en France qu'il s'est formé dans les principales villes du royaume des sociétez de beaux esprits, à l'instar de la célèbre Académie Françoise établie à Paris.

Il y a quelque temps qu'un corsaire de Tripoly insulta

et traita assez mal des navigateurs françois sur la Méditerranée, au préjudice de la paix et du respect dû au pavillon de France. Le bey et autres membres du divan ou gouvernement de la régence de Tripoli, voulant prévenir le châtiment dont ils étoient menacés, envoyèrent en France un des chefs de leur conseil, nommé Méhémet-Effendi, pour faire des excuses au Roi et recourir à sa clémence royale, afin que la petite république des Tripolins ne souffrît point l'effet du juste ressentiment de Sa Majesté.

Cet envoyé s'acquitta de sa commission avec plus de politesse qu'on n'en trouve ordinairement chez les mahométans, surtout chez les Turcs de Barbarie. Dans la harangue qu'il fit au Roi en prenant son audience de congé, il la termina ainsi : « Je souhaite, Sire, que chacun des jours qui vous restent de vie soit multiplié en autant de mille jours; que tout l'univers, dans les siècles à venir, rende l'hommage qui est si légitimement dû à la gloire immortelle de Votre Majesté. »

Le Roi, pour lui marquer sa satisfaction, l'a renvoyé avec une riche tapisserie des Gobelins pour le bey de Tripoly; pour lui, le portrait de Sa Majesté enrichi de diamans; d'autres présens pour les chefs du gouvernement, et l'a fait défrayer tout le temps qu'il a été dans le royaume.

Voici un madrigal qu'on a fait au sujet du voyage de l'ambassadeur de Perse en France :

> Alexandre, en son siècle, est surnommé le Grand
> Pour avoir triomphé jusqu'au fond de la Perse.
> Depuis, entre plusieurs le surnom se disperse;
> Mais Louis, en nos jours, le porte au premier rang.
> Le Persan curieux et terre et mer traverse
> Pour être plus certain de ce qu'il en apprend.

Cet ambassadeur est toujours à Paris, occupé à en admirer les beautez, ce qu'il y a de curieux et de magnifique aux environs. On ne parle point encore de son départ pour s'en retourner en son païs, ni de la route qu'il prendra; car il y en a cinq différentes : l'une par la Moscovie, et alors, suivant les cartes nouvelles, on trouvera qu'il y a environ quinze cens lieues, d'une heure de chemin chacune, de Paris à Constantinople, soit par mer ou par terre; si c'est par terre, prenant la route d'Allemagne et de Hongrie, on ne trouvera qu'environ six cens lieues. Lorsqu'on sera à Constantinople, on pourra se déterminer sur l'une des deux routes qui se présentent pour aller en Perse.

Il y en a une par la Mingrelie et l'autre par la Natolie. Si l'on prend la première, il faudra faire environ huit cent cinquante lieues, et par la seconde on n'en trouvera qu'environ six cens soixante-dix; mais l'on ajoutera à l'une et l'autre la distance de Paris à Constantinople, soit qu'on fasse le voyage par mer ou par terre. L'une de ces routes vous donnera près de dix-sept cens lieues, et l'autre quinze cens cinquante lieues. La troisième route est par Alexandrette et le désert de Bagda (qu'on ne peut traverser qu'en vingt journées de marche); par cette route, en s'embarquant à Marseille, on compte de Paris à Ispahan environ quatorze cens lieues. La quatrième route est par la mer Rouge, et en s'embarquant également à Marseille, pour aller cotoyer l'île de Candie, gagner ensuite la mer Rouge, passer ensuite par le détroit de Babel-Mandel et naviguer ensuite vers le fleuve d'Ormus, on trouvera par cette route, de Paris à Ispahan, environ deux mille quatre cens lieues. Enfin, la cinquième route pour aller de France en Perse peut se faire par mer, en s'embarquant à La Rochelle pour aller au cap de Bonne-

Espérance; par là, en allant gagner l'embouchure du fleuve d'Ormus pour continuer son chemin jusques à Ispahan, on trouvera qu'il y a, de cette capitale du royaume de Perse jusques à Paris, environ dix-sept cens lieues. De sorte qu'il paroît que la route par la Moscovie, qui n'est que de quinze cens lieues, est la plus courte et la plus facile, principalement depuis que le czar qui règne aujourd'hui a accoutumé ses peuples à s'aprivoiser avec les autres nations, en cultivant les arts, les sciences, et en donnant une attention particulière à favoriser le commerce pour agrandir et enrichir ses Etats.

On trouvera ces routes particularisées dans la *Relation du Voyage de l'ambassadeur de Perse*, imprimée à Paris, dont l'auteur, déjà connu par l'éloquence et la politesse avec laquelle il écrit tous les mois son *Mercure galant*, ne sauroit avoir manqué à l'exactitude d'un bon historien, puisqu'il nous assure qu'il a travaillé sur des originaux, pour remettre, du moins dans les esprits prévenus, le sens commun qui doit y être. Néanmoins, avec toute sa pénétration et habileté, ni le secours que lui ont fourni les pièces originales dont il nous donne des copies, il n'a pas été en état d'éclaircir le public sur l'empressement avec lequel on auroit voulu qu'on eût donné un état exact et fidèle des présens que l'ambassadeur de Perse a apportés en France; car l'auteur de la Relation avoue que, malgré toutes ses peines, il n'en a jamais pu sçavoir la vérité, et qu'à cet égard il n'en sçait pas plus que l'auteur du *pitoyable Journal de Verdun*; de sorte que, sur ce fait particulier, le nouvel auteur du *Mercure galant*, quoiqu'il soit pour ainsi dire à la source de sçavoir tout ce qui s'est passé de plus secret dans cette ambassade, qu'il ait puisé ses lumières dans les originaux mêmes émanez du cabinet des ministres, convient qu'il est aussi ignorant que le *Journal de Verdun*.

Monsieur de Balzac a qualifié du nom de *bêtes féroces* ces hommes bourus que le chagrin ou la jalousie met toujours de mauvaise humeur pour critiquer les ouvrages d'autrui. Un célèbre poëte en a parlé ainsi :

> Gardons-nous, disoit-il, de cet esprit critique ;
> On ne sçait bien souvent quelle mouche le pique.

Je sçais par ma propre expérience qu'il est mal aisé de donner avec précipitation tous les mois un ou-ouvrage au public sans qu'il s'y glisse quelques fautes ; on me fera toujours un sensible plaisir de me faire appercevoir des miennes ; je les avouerai sans honte et ferai gloire de les corriger.

L'auteur du *Mercure galant* (pour lequel, sans le connoître, j'ai toute la considération qu'il mérite) agréera, s'il lui plaît, sans que la critique y ait nulle part, qu'on l'avertisse qu'il a laissé glisser plusieurs méprises dans son ouvrage mensuel ; il corrigera, si bon lui semble, la faute essentielle à l'histoire qui se trouve dans le *Mercure* de juin 1714, où, en parlant de l'archevêque de Lion dernier mort, il dit que ce prélat étoit frère de monsieur le comte de Saint-Georges, colonel du régiment du Roi, tué à la bataille de Saint-Denis en 1678. Plusieurs méprises se trouvent englobées dans ce peu de mots : certainement cet archevêque n'a eu nul frère de tué à la bataille de Saint-Denis ; il n'en a jamais eu aucun qui ait été colonel du régiment du Roi ; le comte de Saint-Georges, défunté par mégarde dans ce *Mer-*

*cure*, est encore plein de vie, et se porte assez bien pour un homme âgé d'environ quatre-vingt-six ans. Ceux qui douteront de cette vérité peuvent aller rendre visite à ce seigneur, qui fait sa résidence ordinaire dans son château de Saint-André, en Forest. Feu monsieur l'archevêque de Lion n'a eu que deux frères : l'aîné est le comte de Saint-Georges, tué par mégarde dans le *Mercure galant* et que je ne ressuscite que parce que cette circonstance pourra être un jour essentielle à la fidélité de l'histoire, où l'on parlera de cette illustre maison. Le second frère de cet archevêque étoit bailly de l'ordre de Malte; celui-ci n'est pas mort non plus que son aîné en 1678, à la bataille de Saint-Denis, puisqu'il mourut à Lion il y a environ dix ans. Si l'auteur du *Mercure galant* prend en bonne part cette observation, on pourra, s'il le souhaite, lui envoyer par la poste d'autres remarques de méprises qu'il n'e peut avoir faites que pour avoir travaillé (comme bien d'autres) sur des Mémoires peu fidèles et qu'on n'a pas toujours le loisir d'examiner d'assez près.

On a eu avis de Malte que monsieur le prince de Vendôme, grand-prieur de France, qui fit voile de Toulon le 1$^{er}$ avril, arriva à Malte le 7 du même mois, avec les officiers et domestiques de sa maison, au nombre de quatre-vingts personnes; il fut reçu au bruit du canon, et complimenté, en débarquant, de la part du grand-maître, par deux grand-croix de l'ordre. Quarante chevaliers françois ont passé sur sa frégate et ont été défrayés par monsieur le grand-prieur.

JUILLET 1715.

## ARTICLE QUI CONTIENT

CE QUI S'EST PASSÉ

# DE PLUS CONSIDÉRABLE EN FRANCE

DEPUIS LE MOIS DERNIER.

*Déclaration du Roi concernant la Caisse des Emprunts.*

Le 3 mai on enregistra au parlement de Paris une déclaration du 7 du même mois, concernant le remboursement de la Caisse des Emprunts. Par le préambule il est dit que le Roi, considérant les promesses de cette caisse comme une dette des plus privilégiées de son Etat, en avoit fait payer régulièrement les intérêts;

qu'en vertu des déclarations des 3 octobre 1713 et 15 décembre 1714, on avoit remboursé plusieurs capitaux de ces promesses et billets d'emprunt; et que, voulant présentement pourvoir au remboursement total desdites promesses, Sa Majesté jugeoit à propos d'ordonner non-seulement la continuation de la levée de deux sols pour livre sur tous les droits des fermes générales et particulières du royaume, ordonnée par la déclaration du 3 mars 1705, mais encore le doublement desdits deux sols par livre, en sorte qu'à commencer du jour de la présente déclaration il soit levé quatre sols pour livre sur tous lesdits droits de ses fermes; que ce produit soit employé au payement desdites promesses, tant en principal qu'intérêts; qu'à l'avenir cet intérêt sera fixé à quatre pour cent. A ces causes, etc., Sa Majesté ordonne ce qui suit :

I.

Qu'à commencer du jour de la publication des présentes toutes les promesses de la Caisse des Emprunts soient renouvellées à leurs échéances en la manière ordinaire; que le receveur de ladite caisse paye comptant les intérêts à cinq pour cent qui sont compris dans lesdites promesses jusqu'à leurs échéances, et que, dans les promesses qui seront expédiées pour le renouvellement, les intérêts y soient compris à raison de quatre pour cent seulement, à quoi nous les avons réduits et fixez, réduisons et fixons par ces présentes.

Comme par notre déclaration de cejourd'hui nous avons destiné et affecté spécialement au payement des intérêts et au remboursement des principaux de toutes promesses de ladite Caisse des Emprunts le produit des quatre sols pour livre des droits de nos fermes, et ordonné que le fonds en sera remis mois par mois par nos fermiers au receveur général de ladite caisse, voulons que tous les deniers qui en proviendront soient uniquement employez à ladite destination, sans qu'ils puissent être, à l'avenir, destinez ni employez à aucune autre dépense, sous quelque prétexte et pour quelque cause que ce puisse être, à quoi nous avons renoncé et renonçons par ces présentes, tant pour nous que pour les rois nos successeurs. Desquels deniers ledit receveur payera régulièrement tant les intérêts desdites promesses à leurs échéances, sur le pied que nous l'avons ci-dessus ordonné, que les principaux d'icelles, suivant que lesdites promesses seront indiquées par le sort, de quartier en quartier, comme il sera dit ci-après.

Pour que le remboursement des principaux desdites promesses puisse être fait sans aucune préférence et également en un seul payement pour chaque promesse, ordonnons que toutes les promesses seront tirées au sort de quartier en quartier, à commencer le 1$^{er}$ octobre de la présente année 1715, publiquement, dans l'Hôtel de Bourgogne, en présence des sieurs Le Rebours et Bercy, nos conseillers d'état ordinaires, intendans de nos finances, que nous avons commis et commettons à cet effet. Et, pour y parvenir, voulons qu'il soit fait, de quartier en quartier, autant de billets qu'il y a de registres, contenant la totalité desdites promesses de la Caisse des Emprunts; et comme toutes les promesses sont timbrées des numéros des registres dans lesquels elles sont enregistrées, il sera pareillement fait autant de billets qu'il y a de promesses relatives ausdits registres. Ces différens billets seront mis dans des boëtes séparées, et étant tirés en même temps un billet de l'une et de l'autre boëte, l'on connaîtra, par le billet du registre et par celui du numéro de la promesse, celle desdites promesses dont les principaux devront être remboursez par le sort chaque quartier, du fonds qui restera de celui que lesdits quatre sols pour livre des droits de nos fermes auront produit pendant le quartier précédent, déduction faite des intérêts qui auront été payez, comme il est dit ci-dessus, pour les promesses qui auront été renouvellées pendant le même quartier. Et pour rendre les porteurs des promesses certains de celle qui, par le sort, devra être remboursée chaque quartier, il en sera arrêté un état par lesdits sieurs Le Rebours et de Bercy, qui contiendra en détail le registre, le numéro et l'échéance de chaque promesse qui, par le sort, devra être remboursée; lequel remboursement sera fait par le receveur de ladite caisse, suivant et conformément audit état. Et voulons aussi qu'à la fin de chaque quartier les promesses qui auront été remboursées soient représentées ausdits sieurs Le Rebours et Bercy, pour être biffées et annullées sur les registres de ladite caisse. Au moyen des présentes, voulons que notre déclaration du 15 décembre 1714 et les arrêts rendus en conséquence n'ayent plus lieu, lesquels, en tant que de besoin seroit, nous avons révoqué et révoquons par ces présentes. Si donnons en mandement, etc.

Marly, le 7 mai, l'an de grace 1715, et de notre règne le soixante-treizième. Signé Louis. Et plus bas : par le Roi, Phelipeaux. Vu au conseil, Desmaretz, et scellé du grand sceau de cire jaune.

*Arrêt qui fixe le cours des espèces d'or et d'argent, pour n'y être fait aucun changement.*

II.

On publia peu de jours après un arrêt du conseil d'état, concernant les monnoyes, du 14 mai 1715, par lequel il est porté que « le Roi, en grande connoissance de cause, ayant, pour le bien de l'Etat, du commerce et l'avantage des peuples, ordonné les diminutions des espèces d'or et d'argent à leur juste valeur et au prix pour lequel elles sont reçues dans les pays étrangers, sur un pied fixe et invariable, néanmoins Sa Majesté a été informée que quelques particuliers, chagrins de ce qu'on leur ôte par là les moyens de continuer leurs usures et leur mauvais commerce, ont répandu de faux bruits dans le public d'une nouvelle refonte des espèces ou d'une fabrication de billets pour avoir cours conjointement avec les espèces. Et comme Sa Majesté, voulant faire connaître plus particulièrement ses intentions, a ordonné et ordonne l'exécution de ses précédens arrêts, déclarant qu'en conséquence d'iceux, le premier d'août 1715, les louis d'or ne seront plus reçus que pour 14 livres, les écus pour 3 livres dix sols, les doubles, demis et menues espèces à proportion, c'est sur ce pied-là de 14 livres et de 3 livres 10 sols que les espèces demeureront fixées pour l'avenir, sans aucune innovation, et sans qu'il puisse y être joint aucuns billets, de quelque nature et sous quelque prétexte que ce soit, etc.

## III.

Comme depuis quelques mois il s'est fait plusieurs banqueroutes assez considérables dans différentes villes du royaume, on les attribue à la facilité qu'ils ont trouvée d'emprunter de grosses sommes de ceux qui craignoient de perdre sur leur argent par la diminution des espèces; mais l'on travaille à remédier à des abus semblables, en punissant sévèrement ceux de ces banqueroutiers qui ont été pris, et à chercher des expédiens pour rétablir le crédit public dans le commerce, tant dans le royaume qu'avec les étrangers.

## IV.

Le 14 mai, monsieur de Senneville, l'un des écuyers du Roi, partit de Paris pour conduire au roi Auguste les six chevaux barbes dont Sa Majesté lui fait présent. Les selles, housses, brides et autres garnitures sont si riches qu'on les a estimez à 54,000 livres. Avant leur départ, le Prince Electoral de Saxe alla les voir dans les écuries du Roi et les trouva parfaitement beaux. Ce prince, ayant résidé en France plusieurs mois sous le nom de comte de Lusace, prit congé du Roi et de monseigneur le Dauphin sans observer aucune formalité du cérémonial, à cause qu'il a toujours été incognito. Sa Majesté lui donna plusieurs marques de son estime et lui fit présent d'une épée enrichie de diamans qu'on dit être du prix de 50,000 écus. Le comte de Koff et le baron de Haguen, principaux seigneurs de la suite du prince de Saxe, furent gratieusez d'un portrait de Sa Majesté garni de diamans, qu'on dit valoir chacun

5,000 écus. Ce prince s'est comporté d'une si belle manière, tant à la cour qu'à Paris, qu'il s'est acquis l'estime et la vénération de tous ceux avec qui il a eu quelque habitude. On l'a trouvé fort poli et fort gracieux. On croit qu'il passera en Angleterre et de là en Hollande, avant de s'en retourner en Saxe.

V.

L'assemblée générale du clergé de France fit l'ouverture de ses scéances au couvent des Grands-Augustins, à Paris, le 1er juin, par une messe du Saint-Esprit, où l'archevêque de Bordeaux officia : c'est le frère de monsieur le maréchal de Bezons. On pourra parler de quelqu'une des résolutions de cette assemblée les mois suivans; il suffit de dire aujourd'hui qu'au lieu d'un président qu'il y avoit dans les autres assemblées, celle-ci a jugé à propos d'en nommer quatre, qui sont: messeigneurs Henri de Nesmond, archevêque d'Alby; Armand Bazin de Bezons, archevêque de Bordeaux; Charles Le Goux de la Berchère, archevêque de Narbonne, et Léon Potier de Gesvres, archevêque de Bourges, nommé au cardinalat de la part de la couronne de Pologne. Le 3 juin tous les prélats allèrent saluer le Roi à Versailles, l'archevêque d'Alby prenant la parole.

VI.

On a publié un arrêt du conseil d'état du Roi, du 21 mai dernier, qui, en confirmant celui du 11 juin 1714, ordonne que, sans espérance d'aucun autre délai, toutes sortes de personnes, de quelle qualité et conditions qu'elles soient, seront tenues, avant le 1er août prochain, de fournir leurs déclarations de tous les meubles qu'ils ont, composez d'étoffes, toiles blanches ou peintes, fabriquées aux Indes, à la Chine, ou dans quelque province du Levant, pour être ces meubles marqués en la forme prescrite par ledit arrêt de juin 1714; faute de quoi ils seront confisquez, et les propriétaires condamnez à 1,000 livres d'amende.

### VII.

On a de même publié une déclaration du Roi, du 13 mai, registrée au parlement le lendemain, en faveur de monsieur le duc du Maine, de monsieur le comte de Toulouse et de leurs descendans, par laquelle Sa Majesté déclare, veut et lui plaît que, dans la cour de parlement et partout ailleurs, lesdits princes, légitimez fils de Sa Majesté, prennent et soient qualifiez de la qualité de princes du sang, et qu'elle leur soit donnée dans tous les actes judiciaires; voulant Sa Majesté qu'eux et tous leurs descendans mâles jouissent de toutes les prérogatives dues aux princes du sang royal, après le dernier des princes du sang de France, conformément à l'édit du mois de juillet 1714, etc.

### VIII.

Ce fut le 9 mai dernier que les cantons suisses catholiques jurèrent à Soleures, avec beaucoup de solemnité, le renouvellement de leur ancienne alliance avec la couronne de France. Monsieur le comte du Luc, ambassadeur de France, leur fit à ce sujet une harangue que je joins ici.

« Magnifiques Seigneurs,

» Dans les différentes fonctions que j'ay exercées jusqu'ici auprès de vous, ma plus sensible joie a toujours été de voir vos soins concourir avec ceux du Roy mon maître au rétablissement de votre union et à l'affermissement de votre liberté.

» Des vues aussi légitimes et une application aussi glorieuse que la vôtre ne pouvoient manquer d'attirer sur vous les assistances du ciel. Il a secondé vos travaux, il a béni votre zèle, et ses récompenses éclatent enfin dans la consommation du saint ouvrage que vous venez d'achever.

» N'en doutons point, magnifiques Seigneurs, ce concert unanime des puissances que vous représentez, cette heureuse harmonie des peuples qui les composent, et cette religieuse ardeur des chefs qui les gouvernent, ne peuvent être attribués à la seule sagesse humaine ; il n'appartient qu'à la main du Tout-Puissant de former un accord si rare parmi les hommes. C'est le don le plus précieux de sa Providence et le gage le plus infaillible de ses faveurs.

» C'est donc à cette puissance suprême que j'adresse ici les justes louanges que je viens donner à la prudence, au zèle et à la piété éclairée que vous avez fait paroître dans tout le cours de cette heureuse négociation. J'admire dans ce principe même de toute vertu ces vertus dont je fais l'éloge en vous, et mes applaudissemens n'ont point ici d'autre objet que celui des acclamations dont vous avez fait vous-mêmes retentir vos autels.

» Cependant, le dirai-je, magnifiques Seigneurs, un sentiment de douleur semble troubler en cet instant même la pureté de ma joie ; je ne puis songer au bonheur que j'ay maintenant de me trouver parmi vous sans songer au moment prochain qui doit m'en séparer. Je sens, dis-je, combien cet éloignement me seroit insupportable s'il falloit me résoudre à perdre de vue une nation qui m'est si chère, et si l'intérêt de tout votre louable corps ne formoit pas une liaison nécessaire entre le ministère que je quitte et celui que je vais remplir.

» Tous les princes que la religion inspire et que la saine politique éclaire doivent regarder votre conservation du même œil dont le Roi mon maître a toujours regardé vos avantages et votre félicité ; les bienfaits de Sa Majesté seroient perdus pour elle s'ils étoient perdus pour vous, et votre affoiblissement ne seroit pas moins funeste à tous vos voisins que préjudiciable à un si fidèle allié. Pour assurer votre puissance sur des fondemens inébranlables, Sa Majesté a cru devoir réunir vos forces en réunissant vos cœurs ; elle a cru ne pouvoir mieux entrer dans les vues de la Providence qui, des différens Etats dont vous êtes formez, ne faisoit autrefois qu'une même patrie, et, pour ainsi dire, une même famille, qu'en réveillant en vous ce même esprit d'union si favorable à vos glorieux ancêtres. Dieu, qui est l'auteur de la paix, ne laissera pas son ouvrage imparfait, et une entreprise si juste et si saintement commencée ne peut être confiée à une main plus sûre qu'à celle du plus juste et du plus pieux de tous les Monarques. Réunissons nos vœux pour la durée d'une vie si utile à notre commun bonheur ; sujets, alliez, voisins, nous avons tous le même intérêt, s'il est vrai que la tranquillité publique nous soit chère. Fasse le ciel que le jeune héritier du trône hérite de ses vertus, et qu'il aye le temps d'apprendre, sous un si grand maître, que le véritable art de régner est celui de faire régner Dieu, de maintenir la justice et de faire fleurir la paix. »

AOUT 1715.

ARTICLE QUI CONTIENT

TOUT CE QUI S'EST PASSÉ

DE PLUS CONSIDÉRABLE EN FRANCE

DEPUIS LE MOIS DERNIER.

Les états de la province de Bourgogne s'assemblèrent à Dijon, suivant la coutume, vers la fin du mois de mai. Monseigneur l'évêque d'Autun, qui en est le président-né, en fit l'ouverture par une harangue proportionnée au sujet, prononcée avec un grand air de dignité. Comme depuis longtemps M. Bouchu, premier président du parlement de Bourgogne, ne fait plus les fonctions de sa charge à cause de son grand âge et de ses infirmitez, monsieur Migins, second président du même parlement, a rempli sa place cette année comme les précédentes; il parla après monseigneur l'évêque d'Autun. Son discours roula sur la paix et fut un éloge presque continuel du Roi et de monseigneur le duc de Bourbon, gouverneur de Bourgogne, dans lequel on remarqua des traits d'une grande beauté. Monsieur de la Briffe, intendant de Bourgogne, qui parla ensuite, ne se fit pas moins admirer par son éloquence.

Etant survenu quelques difficultés dans les délibérations de cette assemblée qui avoient besoin d'un éclaircissement de la cour, monsieur le duc y envoya en poste un de ses valets de chambre pour demander de nouveaux ordres du Roi. Ce courrier, revenant de Paris, prit à Auxerre une chaise de poste appartenante à monsieur Chartreuve, conseiller au parlement de Dijon et receveur des états, qui la lui avoit offerte s'il vouloit s'en servir pour la lui ramener à Dijon; mais cette fatale chaise coûta la vie à ce valet de chambre; car quatre voleurs, qui crurent que c'étoit quelque grand seigneur de la cour qui venoit de Paris avec beaucoup d'argent pour jouer à Dijon, l'attaquèrent entre Chanceau et Saint-Seine; ils l'assassinèrent dans la chaise, après avoir poignardé le postillon. Ils tuèrent aussi un homme à cheval que le hasard et une malheureuse destinée firent trouver à la suite de cette chaise, dont il avoit été rencontré peu avant sur la même route. On croit que ce qui fit commettre ce triple assassinat aux voleurs, ce fut pour se défaire de tous les témoins de leur cruelle entreprise, parce qu'ils reconnurent bientôt leur méprise par le paquet de la cour, adressé à monsieur le duc, qu'ils trouvèrent dans les poches du courrier, au lieu des grosses sommes dont ils s'étoient flattez, lequel ne portoit que l'argent nécessaire aux frais de son voyage.

Quelques jours après cette sanglante action, les mêmes états de Bourgogne firent une députation au Roy pour lui représenter l'épuisement de la province par les dépenses de la dernière guerre, et pour supplier Sa Majesté d'avoir la bonté de réduire à une somme modique celle de quatorze cens mille livres que ses commissaires ont demandée pour don gratuit. Ces députez sont : de la part du clergé, monsieur l'évêque d'Autun et monsieur l'abbé Boyer, doyen de la Sainte-Chapelle de Dijon ; pour la noblesse, messieurs les comtes de la Rivière et de Vienne ; et pour le tiers-état, les maires de Dijon et d'Avalon.

Sur la requête présentée au Roy et à son conseil pour statuer sur les droits qui compètent à ceux qui, s'étant engagés dans la congrégation des Jésuites, viennent à en sortir avant le terme fixé pour leurs derniers vœux, afin de prévenir les contestations qu'il y a souvent entre ces particuliers et ceux de leurs parens qui s'emparent de leurs biens, le conseil rendit à ce sujet un arrêt, le 4 juin dernier, par lequel il est ordonné que ceux qui seront entrés dans cette compagnie, et qui, par la suite, voudront en sortir avant d'avoir atteint l'âge de trente-trois ans, qui est le terme ordinaire de leurs derniers vœux, pourront rentrer dans tous leurs biens et autres droits légitimes comme s'ils ne s'étoient jamais engagés dans l'ordre religieux ; mais que, passé ce terme, ils ne pourront plus rien prétendre sur l'héritage de leurs parens, etc.

Parmi plusieurs pièces qui ont été faites à la louange du Roy, tant à l'occasion de la paix qu'il a recherchée et des facilitez que Sa Majesté y a apportées que par les soins qu'elle se donne pour tâcher de rétablir la tranquillité dans les Etats des potentats du Nord, on m'a envoyé le madrigal suivant, traduit du latin :

> Tous les héros fameux, que la fable et l'histoire
> Nous ont rendus si renommez,
> Ont presque acquis toute leur gloire
> En répandant le sang des peuples opprimez.
> Mais, bien différent d'eux, le héros de la France,
> Louis, dont la vaste puissance
> A rendu de tous temps son règne glorieux,
> N'eut jamais d'autre fin, dans la paix, dans la guerre,
> Qu'à montrer à toute la terre
> Qu'il met tout son plaisir à faire des heureux.

SEPTEMBRE 1715.

## ARTICLE QUI CONTIENT

CE QUI S'EST PASSÉ

## DE PLUS CONSIDÉRABLE EN FRANCE

DEPUIS LE MOIS DERNIER.

---

Voici la déclaration du Roi, du 9 juillet dernier, registrée au parlement de Paris le 18 du même mois, dans laquelle Sa Majesté expose les motifs qui l'ont obligée d'ordonner la continuation de la levée de la capitation et du dixième denier de tous les revenus de chaque particulier, avec la destination de ces impositions.

« Louis, etc. Depuis qu'il a plû à la divine Providence d'accorder la paix à nos vœux et à ceux de nos peuples, nous avons été principalement et presque uniquement occupez du soin de soulager nos sujets. Notre premier objet a été de les décharger de l'ustencile et des autres impositions militaires; nous avons ensuite suprimé le doublement des péages, les doubles droits des inspecteurs des boucheries et des inspecteurs des boissons, et divers autres droits qui nous ont paru les plus onéreux. Nous nous étions proposé, pour faire goûter à nos peuples les fruits de cette paix si désirée, de suprimer la capitation, même le dixième, dont nous n'avons ordonné l'imposition qu'après avoir fait toutes les avances et toutes les démarches qui prouvoient le plus sensiblement à nos sujets que nous préférions leur repos à nos propres intérêts; mais après l'examen des dettes immenses que nous avons été forcé de contracter pendant deux guerres consécutives dont la durée a été de vingt-cinq ans, presque sans interruption, nous avons vu avec douleur que nous ne pouvions encore remplir selon nos souhaits la juste attente de nos peuples, ni la promesse que nous avions faite par notre déclaration du 12 mars 1701 concernant le rétablissement de la capitation, et par celle du 14 octobre 1710 pour la levée du dixième denier, sans tomber dans un plus grand mal, puisqu'en faisant cesser ces deux impositions nous ne pourrions éviter les engagemens que nous avons pris avec ceux qui ont fourni leurs biens pour les dépenses de la guerre. Il est aisé de juger à quel point la stérilité des années 1709 et 1710 et les tristes événemens de la guerre ont dû porter ces engagemens, si on considère qu'il a fallu pourvoir à la solde des troupes, à l'établissement des magasins pour la subsistance des armées, et à toutes les autres dépenses indispensables qui ont été dans ces temps malheureux trois fois plus fortes que dans les années communes et ordinaires.

Personne ne peut ignorer que, pour ménager nos peuples dans ces pénibles conjonctures, nous avons aliéné nos domaines, créé un grand nombre d'offices, et constitué des rentes sur les revenus les plus clairs de notre couronne, lesquels enfin se trouvent tellement chargez que la partie qui en reste libre ne peut suffire qu'au tiers des dépenses les plus nécessaires de l'Etat. Et comme il est également de notre intérêt et de celui de nos peuples de rétablir les revenus ordinaires de la couronne, et de pourvoir au payement des dettes, après avoir cherché les moyens d'y parvenir, nous avons cru ne pouvoir trouver de ressource plus assurée que dans les cœurs de nos sujets, persuadé qu'ils ne se porteront pas avec moins de zèle à fournir les impositions nécessaires pour le rétablissement des finances pendant la paix qu'ils ont fait pendant la guerre pour en soutenir les charges. De notre part, nous nous proposons de réduire les dépenses et d'employer ce qui proviendra de la capitation et du dixième denier à payer les dettes contractées pour la guerre et à rembourser les officiers, qui sont à charge à nos sujets par les priviléges et les exemptions qui leur ont été attribuez, afin de parvenir à une juste proportion de la recette à la dépense, et de pouvoir ensuite soulager nos peuples autant que notre affection pour eux et la satisfaction que nous avons du zèle qu'ils ont tesmoigné pour notre service pendant toute la guerre nous le font désirer.

» A ces causes et autres à ce nous mouvant, de l'avis de notre conseil, de notre certaine science, pleine puissance et autorité royale, nous avons déclaré et ordonné, et par ces présentes, signées de notre main, déclarons et ordonnons, voulons et nous plaît que la levée et imposition de la capitation soit continuée en la forme et manière qu'elle a été établie en exécution de notre déclaration du 12 mars 1701. Voulons que ceux qui l'ont rachetée soient employez dans les rolles et sujets au payement de la capitation, ainsi qu'ils l'ont été avant le rachat, et nonobstant nos édits des mois de septembre 1708 et de may 1709, que nous avons revoqués et revoquons à cet égard seulement. Et de la même authorité que dessus, ordonnons que la levée et imposition du dixième denier sera continuée en la même forme qu'elle est établie par notre déclaration du 14 octobre 1710 et autres déclarations et arrêts rendus en conséquence ; validons en tant que besoin seroit la levée qui a été faite de la capitation et du dixième denier au delà du temps porté par nos déclarations du 12 mars 1701 et du 14 octobre 1710 ; déclarons que notre intention est de faire cesser ces deux impositions aussitôt que nous aurons pu pourvoir au payement des dettes de la guerre et à retirer nos revenus aliénez depuis l'année 1689, dont les remboursemens seront faits suivant les liquidations qui seront réglées par les commissaires de notre conseil, et que nous n'avons rien de plus à cœur que de trouver les moyens de les éteindre, d'en décharger entièrement nos peuples. Et pour faire connoître l'attention que nous donnons à leur procurer des soulagemens présens, nous avons révoqué et révoquons les traités faits en notre conseil pour finances d'offices créés par augmentation, dans les jurisdictions ou autrement, taxes faites pour réunions des offices non vendus, et autres recouvremens extraordinaires qui se font en vertu d'édits et déclarations des années antérieures à l'année 1713. Faisons défenses aux traitans de faire aucunes poursuites ni contraintes, à compter du jour de la publication des présentes, pour le payement des sommes qui peuvent être encore dues, à peine de concussion. Si donnons en mandement, etc.

» Donné à Marly, le 9 juillet, l'an de grace 1715, et de notre règne le soixante-treizième. Signé Louis. Et plus bas : Par le Roi, Phélipeau. Vu au conseil, Desmarest, etc. »

Par cette déclaration le Roi révoque l'édit qu'il donna au mois de septembre 1708, tant seulement pour ce qui concerne l'affranchissement de la capitation ( cet édit est inséré en entier dans le tome neuvième du *Journal de Verdun*, page 423 ). On y verra que cet affranchissement ne regardoit que ceux qui payèrent, en 1708 et 1709, six ans d'avance le prix de leur capitation, et que, pour le montant de cette finance, il leur fut expédié des contrats de constitution de rente pour les sommes avancées par les particuliers, dont ils ont joui ou dû jouir; en sorte que, pendant les six années, ils n'ont payé aucune capitation, ayant payé en gros ce que les autres ont payé en détail. Aujourd'hui on ordonne qu'ils soient remis dans les rolles sur le pied qu'ils étoient auparavant; mais il ne paroît pas que les rentes qui leur ont été constituées pour le prix des six années qu'ils payèrent d'avance soient supprimées. Ainsi leur condition est en quelque sorte plus douce que celle de ceux qui ne purent ou ne voulurent pas s'affranchir de cette imposition dans le temps qu'elle fut proposée, puisqu'ils l'ont payée sans avoir aucun contrat de rente.

Au mois de juillet dernier on remboursa à Paris plusieurs promesses de la Caisse des Emprunts, avec les intérêts qui en étoient dus, et comme on en doit rembourser d'autres tous les trois mois, jusqu'à ce qu'elles soient toutes payées, on a tiré au sort celles qui seront remboursées dans le courant du mois d'octobre prochain; on en a fait imprimer l'état, afin que les propriétaires qui seront alors remboursez en soient avertis à bonne heure, soit pour aller recevoir leurs deniers, soit pour disposer de leurs promesses ainsi qu'ils le jugeront à propos. Ce remboursement du mois d'octobre, qui sera fait par le sieur Mallet de Brumières, receveur général de la Caisse des Emprunts, monte à la somme de 1,203,865 livres.

Il y a dans les montagnes de Dauphiné, du côté de Dye, une abbaye de Bernardins, dont monsieur l'abbé de Servient est abbé commandataire, dans laquelle il arriva, il y a plusieurs mois, une aventure des plus inouïes et des plus noires, qui a fait beaucoup de bruit dans la province et ailleurs. Il y avoit dans cette abbaye, qui est celle de Léoncel, un religieux très indigne de ce caractère, nommé Raymon, qui, étant en inimitié avec un de ses confrères, nommé dom Peythien, porta sa vengeance à une extrémité des plus diaboliques: il épia le moment que dom Peythien alla dire la messe et mit du poison le plus subtil dans la burette du vin, dont le célébrant fut empoisonné et mourut peu de temps après. Comme la burette ne fut pas rincée, un autre religieux qui dit la messe après celui-là en fut notablement incommodé et a langui longtemps. Le parlement de Grenoble a fait faire des informations de cet horrible crime; l'ordre de Saint-Bernard, de son côté, a fait ses diligences pour tâcher de faire arrêter ce malheureux; mais il s'est sauvé en Italie, et l'on croit qu'il a passé en Calabre.

Les orages, la grêle et le tonnerre furent assez fréquens pendant les mois de juin et de juillet, et ont causé de grands désordres dans diverses contrées du royaume. Sur les quatre heures après-midi du 30 juin, la foudre tomba dans une des cours du grand collége des Pères Jésuites à Lion, lorsqu'elle étoit remplie de jeunes pensionnaires qui s'y divertissoient. Il y en eut plusieurs de blessés; le fils de monsieur de la Barmoudière, procureur du Roi de Villefranche, en fut tué. On l'ouvrit, et on trouva tout l'intérieur brûlé, sans que le dehors de la chair fût seulement meurtri. Ceux qui seront curieux de sçavoir quel est le sentiment de plusieurs sçavans sur les effets du tonnerre pourront les trouver dans quelques-uns de nos précédens journaux.

Le 10 juillet, l'abbé Masuy, camérier du Pape, étant arrivé à Paris, où Sa Sainteté l'envoya porter le bonnet au nouveau cardinal de Bissy, il s'y reposa quelques jours, jusqu'à ce que le Roi eût fixé celui de l'audience publique dans laquelle le nouveau cardinal recevroit le bonnet. Ce fut le 28 du même mois que monsieur le chevalier de Sainctot, introducteur des ambassadeurs, alla prendre à l'abbaye de Saint-Germain-des-Prez, fauxbourg Saint-Germain, le cardinal de Bissy et l'abbé de Masuy, dans les carrosses du Roi, pour les conduire à Marly, où le Roi étoit alors. Monsieur Desgranges, maître des cérémonies, les reçut à la porte de la chapelle du château. La messe étant finie, l'abbé Masuy présenta au Roy le bonnet en question dans un bassin de vermeil, et Sa Majesté le mit sur la tête du nouveau cardinal avec les formalitez usitées en pareilles rencontres. Après la messe, Son Eminence alla, en rochet et camail, remercier le Roi; ensuite il eut l'honneur d'aller rendre ses respects aux princes et princesses de la maison royale. Mais comme monseigneur le Dauphin étoit resté à Versailles, le cardinal y fut conduit par monsieur de Sainctot et eut audience du jeune prince; après quoi on le reconduisit à Paris dans les mêmes carrosses du Roi.

Deux de messieurs les comtes de Lion ont été honorez de la charge d'aumôniers du Roi, honneur qui conduit ordinairement à la prélature; aussi les deux nouveaux aumôniers de Sa Majesté, qui sont l'abbé de Rochebonne et l'abbé de Fraullay, grand-vicaire de l'archevêque de Toulouse, viennent de succéder à deux nouveaux évêques : le premier, à monsieur l'abbé de Sourches, qui passa de la charge d'aumônier du Roi à l'évêché de Dol en Bretagne; le second, à l'abbé de Brancas, parvenu depuis peu à l'évêché de Lisieux en Normandie.

Enfin l'ambassadeur de Perse se dispose à partir pour s'en retourner dans son païs sur des vaisseaux françois destinez à ce voyage, qui seront au moins une année en route et autant pour en revenir. Ce ministre persan devoit avoir son audience de congé du Roi à Versailles, le 13 août, à peu près avec la même cérémonie qui fut observée à la première audience.

# EXTRAITS INÉDITS

DES

# REGISTRES DE L'HOTEL-DE-VILLE

DE PARIS.

(ANNÉES 1700 A 1703.)

# AVERTISSEMENT.

Les comptes de dépenses de Louis XIV, qui doivent certainement contenir d'importants et piquants détails, d'instructives révélations historiques sur le grand règne qui finit avec l'année 1715, devaient être reproduits, en extraits du moins, dans ce dernier volume de la seconde série des *Archives curieuses de l'Histoire de France;* mais les registres de ces dépenses privées de Louis XIV auraient été, dans ces derniers temps, l'objet d'une soustraction qu'on ne saurait trop déplorer, et sur les auteurs de laquelle on n'aurait pas encore, assure-t-on, les moindres indices. Il nous suffisait des assurances positives qui nous ont été données à cet égard, aux Archives du royaume, par l'honorable M. Lasalle, pour ne conserver aucun doute sur le fait en lui-même, et quel qu'il soit, de la mystérieuse disparition de ces précieux documents manuscrits; mais on a encore voulu qu'il nous fût loisible de nous en convaincre par nos propres yeux et de parcourir un *nouveau* catalogue des pièces relatives à Louis XIV, actuellement existantes à l'hôtel Soubise; et, de fait, à l'endroit où les monuments historiques que nous devions consulter, devaient être consignés, nous avons trouvé la page blanche. Quatre ou cinq cahiers insignifiants de dépenses de certaines princesses ou princes du sang nous restaient seuls à compulser, mais les fragments que nous aurions pu en extraire sont d'un intérêt vraiment trop indirect et trop peu général pour mériter d'être offerts à nos lecteurs. Nous avons préféré substituer, aux comptes des dépenses de Louis XIV, les pages suivantes, tirées des registres de la Ville, années 1700 à 1703.

# EXTRAITS INÉDITS

DES

# REGISTRES DE L'HOTEL-DE-VILLE

DE PARIS.

(ANNÉES 1700 A 1703.)

*Présens de la ville à mademoiselle Bosc, à cause de son mariage.*

Le mardy seizième dudit mois (février mil sept cent), lendemain des épousailles de mademoiselle Bosc, fille de monsieur le prévost des marchands, premier de ses enfans marié pendant sa prévosté, on lui porta quatre douzaines de livres de bougies et six douzaines de boëtes de confitures; le tout garny de rubans bleus et présentez par Dorinal, serviteur de la ville.

*Actes des espèces aportées, déposées en l'Hostel-de-Ville par les directeurs de l'Hôpital général, pour la lotterie en faveur dudit hôpital.*

Cejourd'huy vendredy, dix-neuvième jour de février mil sept cent, est venu en l'Hostel de cette ville de Paris monsieur Charles Collin, conseiller du Roy, substitut de monsieur le procureur général du Roy au parlement, et l'un de messieurs les directeurs de l'Hôpital général, lequel, en conséquence de la délibération dudit Hôpital général, tenue à l'archevêché le deux janvier dernier, a apporté le nombre de dix-sept mil louis d'or en dix sacs, sçavoir : deux de deux mil quatre cens louis chacun, un de dix-sept cens louis, un de douze cens louis et un de huit cens louis, tous étiquetez et cottez de monsieur de Souberan, et cachetez du cachet dudit sieur Collin; trois autres sacs de deux mille louis chacun, un de quinze cens louis et un de mille louis, aussi étiquetez et cottez de monsieur Collin, et pareillement cachetez de son cachet; lesdits dix-sept mille louis provenant de la recepte de la lotterie permise par Sa Majesté en faveur de l'Hôpital général, sçavoir : huit mil cinq cens louis de celle faite par monsieur de Souberan, et les autres huit mil cinq cens louis de la recepte faite par monsieur Collin. Et ont esté lesdits dix-sept mil louis d'or déposez dans un coffre-fort estant au bureau de la recepte de l'Hostel-de-Ville, chez monsieur Jacques Boucot, receveur d'icelle, en présence de monsieur le prévost des marchands et de monsieur Léonard Chauvin, l'un des eschevins de ladite ville; et à l'instant le coffre a esté fermé de deux clefs, l'une mise entre les mains de monsieur le prévost des marchands et l'autre entre celles de mondit sieur monsieur Collin, pour estre lesdits deniers gardez par ledit sieur Boucot, à ce présent, qui s'est chargé de la garde dudit coffre, dans lequel lesdits dix-sept mil louis d'or demeureront déposez jusqu'à la délibération du bureau dudit Hôpital général, qui en sera faite lorsque ladite lotterie sera tirée. Fait les jour et an que dessus.

Et le vingt-six février mil sept cent, de relevée, sont venus au bureau de l'Hostel-de-Ville messieurs Lebeuf et Hory de Lessard, aussi directeurs dudit Hôpital général, lesquels, en conséquence de la délibération mentionnée de l'autre part, ont apporté, sçavoir: le sieur Lebeuf, huit mil cinq cens louis d'or en sept sacs, dont un de deux mil cinq cens cinquante, un de dix-sept cent louis d'or, trois de mil louis d'or chacun, un de huit cens cinquante, et le dernier de quatre cens; et ledit sieur de Lessard neuf mil louis d'or en dix sacs, dont huit de mil louis chacun, un de six cens, et le dernier de quatre cens, lesquels ont tous esté comptez, cottez, étiquetez et cachetez, sçavoir: ceux de mondit sieur Lebeuf de son cachet, et ceux de mondit sieur de Lessard de son cachet. Sont aussi venus lesdits sieurs Collin et de Souberan, lesquels, en présence de monsieur le prévost des marchands, de monsieur Regnault, premier eschevin, et de monsieur Boucot, receveur de ladite ville, ont retiré du coffre les dix-sept mil louis d'or qui avoient esté déposez, suivant l'acte de l'autre part, et lesquels ont esté aussi comptez et remis dans les mesmes sacs, cottez, étiquetez et cachetez comme auparavant. Et ensuite tous lesdits sacs, au nombre de vingt-sept, contenant ensemble trente-quatre mil cinq cens louis, ont esté remis dans ledit coffre, lequel a esté refermé avec les deux clefs mentionnées en l'acte de l'autre part, et d'une troisième qui y a esté ajoustée, dont l'une est demeurée en la possession de monsieur le prévost des marchands, la seconde à monsieur Lebeuf, et la troisième entre les mains de monsieur Collin; le tout apporté, comme dit est, en la présence de monsieur le prévost des marchands, de messieurs Lebeuf, Collin, Souberan, de Lessard et Boucot, et de monsieur Regnault, les jour et an dits que dessus.

Et le premier jour de mars audit an mil sept cent, neuf heures du matin, sont pareillement venus au bureau dudit Hostel-de-Ville messieurs de Paris et Robert, aussi directeurs dudit Hôpital général, lesquels ont apporté chacun neuf mil louis d'or, faisant, avec mil louis d'or qu'ils ont dit avoir esté par chacun d'eux payez au sieur Molin, receveur dudit Hôpital général, vingt mil louis d'or receus par lesdits sieurs de la lotterie faite, par permission du Roy, en faveur dudit Hôpital général. Et ont esté lesdits dix-huit mil louis d'or comptez en présence de monsieur le prévost des marchands et monsieur Regnault, de monsieur Boucot, receveur, et des sieurs Lebeuf et Collin, aussi directeurs, devant nommez, estant, sçavoir : les neuf mil louis d'or dudit sieur de Paris en cinq sacs de mil louis chacun; sept autres sacs de cinq cens louis d'or chacun et une bourse de cuir blanc, aussy de cinq cens louis d'or, tous étiquetez de la main dudit sieur de Paris; et les autres neuf mil louis d'or dudit sieur Robert, en quatre sacs de deux mil louis d'or, aussy étiquetez de la main dudit sieur Robert ; et le tout mis à l'instant dans ledit coffre cy-dessus marqué, qui a esté ouvert avec la clef de la serrure dudit coffre représentée par mondit sieur le prévost des marchands et avec les clefs des deux cadenas attachez audit coffre, aussi représentées par lesdits sieur Lebeuf et Collin. Ce fait, a esté ledit coffre refermé et lesdites clefs reprises, celle de la serrure par monsieur le prévost des marchands, et les deux autres desdits cadenas par lesdits sieurs Lebeuf et Collin. Ce fait et passé, en présence desdits sieurs susnommez, les jour et an susdits, et ont signé.

*Le buste du Roy posé dans la grande salle.*

Le jeudy troisième dudit mois (juin mil sept cent), le buste du Roy, en bronze, fait par monsieur Coisevox, a été par lui posé au milieu de la cheminée estant dans la grande salle sur la gauche, par les ordres de monsieur le prévost des marchands.

*Semonce par les Carmes pour la procession du jour de Saint-Louis.*

Du vendredy vingt aoust mil sept cent. Monsieur le prévost des marchands estant au bureau, et ayant esté adverty que les Carmes attendoient pour faire la semonce de la procession du jour de Saint-Louis, Messieurs se seroient mis en place et auroient fait entrer les députés des Carmes, dont l'un auroit fait un très beau discours à la louange du Roy et de monsieur le prévost des marchands. Lequel fini, un jeune advocat, fils de Bordelot, en auroit aussi fait un sur le même sujet, et prié la ville de rendre le pain bény ledit jour, ce qu'elle fait tous les cinq ans; après quoy ils auroient distribué des bouquets et du pain bény, et auroient esté reconduits par le greffier jusqu'à la porte de la grande salle. Lesdits Carmes sortis, Messieurs ayant demandé au maistre d'hostel la dépence qui estoit faite en pareille occasion, et l'ayant dit, il auroit esté arresté qu'il s'y falloit conformer.

---

*Procession du jour de la Saint-Louis.*

Le mercredy vingt-cinq aoust, Messieurs du bureau se seroient rendus sur les huit heures du matin chez monsieur le prévost des marchands, d'où l'on seroit party, tous en robbes noires, dans trois carrosses de monsieur le prévost des marchands et deux de la ville; dans le premier desquels estoit monsieur le prévost des marchands avec trois eschevins, dans le second les quatre eschevins, le procureur du Roy, le greffier, receveur; dans les autres carrosses estoit la suitte de Messieurs. A la teste des carrosses estoient cinquante archers, commandez par leurs officiers. L'on seroit arrivé aux Carmes, d'où, après avoir entendu une petite messe à la chapelle Saint-Roch, l'on seroit party en cet ordre, sçavoir : vingt des archers, dont partye portoit trois pains bénys sur lesquels estoient des banderolles aux armes de la ville; devant et après estoient des tambours, trompettes et hautbois, suivis du maistre d'hostel ayant un bouquet et un cierge à la main; ensuite estoient des reliques de plusieurs saints, suivies d'un grand nombre de religieux Carmes. Le reste de la cérémonie se fit à l'ordinaire; après laquelle l'on avoit esté quitter ses robbes pour aller disner chez monsieur le prévost des marchands, où monsieur Bosc se seroit trouvé avec le bureau, les deux eschevins derniers sortis, le doyen des conseillers de ville et celuy des quartiniers.

*Mort du duc de Glocester.*

Le deux novembre mil sept cent, la cour ayant pris le deuil pour la mort du duc de Glocester, petit-fils du Roy de la Grande-Bretagne, brevets et lettres ont esté signés ledit jour par le Roy pour des robbes de deuil.

*Ecritoire d'argent pour monsieur Le Nain, advocat général.*

Le douze, Messieurs ayant appris que monsieur Le

Nain avoit esté nommé advocat général au lieu de monsieur d'Aguesseau, monsieur le premier eschevin a esté chargé du soin de faire faire un écritoire d'argent du prix de deux cent jusqu'à deux cent cinquante livres pour luy présenter.

---

Le vingt-neuf novembre, Messieurs du bureau ayant sçu la réception de monsieur Le Nain, advocat général, luy firent des complimens chez luy et luy présentèrent un écritoire d'argent de deux cent cinquante livres.

---

*Testament du Roy d'Espagne.*

Le treize novembre mil sept cent on apprit la mort du Roy d'Espagne, et qu'il avoit fait un testament par lequel il nommoit monsieur le duc d'Anjou son successeur; à son défaut, monsieur le duc de Berry; à leurs deffaux, le Roy des Romains, fils de l'Empereur, et à son défaut, le fils du duc de Savoie.

## COMPLIMENS ET PRÉSENS

FAITS PAR LA VILLE

## AU ROY D'ESPAGNE, PHILIPPE V,

SUR SON DÉPART POUR L'ESPAGNE.

---

Du dix-neufvième novembre mil sept cent. Messieurs les prévost des marchands, eschevins, procureur du Roy, greffier et receveur, estant au bureau de la ville, auroient esté advertis, sur les dix heures du matin, de l'arrivée de monsieur le maistre des cérémonies; pourquoy monsieur le prévost des marchands auroit député monsieur le greffier pour le recevoir à la porte de la grande salle.

Monsieur le greffier, ayant trouvé monsieur le maistre des cérémonies, l'auroit conduit au bureau, où il se seroit assis au-dessus du second eschevin. Y estant et après avoir salué Messieurs, il auroit présenté à monsieur le prévost des marchands la lettre de cachet, laquelle il auroit ouverte et mise ès-mains du greffier, qui, après avoir fait lecture de la suscription, auroit lu le contenu, dont la teneur ensuit.

### DE PAR LE ROY.

« Très chers et bien amez, notre frère (1) et petit-

---

(1) Le duc d'Anjou, fils du Dauphin Louis de France et de

fils le Roy d'Espagne estant près de partir pour aller dans ses Estats, nous désirons que les honneurs qui luy sont dus luy soient rendus. C'est pourquoy nous vous mandons et ordonnons de le venir saluer en corps et luy faire les présens accoutumez, ainsy qu'il s'est pratiqué en pareilles occasions, au jour et à l'heure que le grand-maistre ou le maistre des cérémonies vous dira de notre part. Si n'y faictes faute, car tel est nostre plaisir. Donné à Versailles, le dix-huitième jour de novembre mil sept cent. Signé Louis; et plus bas : Phelippeaux. »

Après laquelle lecture le maistre des cérémonies leur auroit dit que l'ordre du Roy estoit que la ville fist tous les honneurs au Roy d'Espagne comme à sa propre personne, et que le lundy vingt-deuxième dudit mois, sur les deux heures de relevée, ils vinssent à Versailles en robes rouges, pour luy faire les complimens et présens ordinaires; que luy, maistre des cérémonies, s'y trouveroit pour y recevoir la ville. Et se seroit ensuite levé, ainsi que le troisième et quatrième eschevins, qui l'auroient conduit jusques à la porte de la chapelle.

Messieurs, s'estant retirez dans le petit bureau, auroient demandé au greffier ce qui s'estoit pratiqué en pareille cérémonie; lequel leur auroit exposé les démar-

---

Marie-Anne de Bavière, en vertu du testament de Charles II, devenait titulairement, sous le nom de Philippe V, roi d'Espagne, le frère du roi Louis XIV, son aïeul.

Philippe V, né à Versailles en 1683, mourut en 1725 (30 avril), pendant la guerre de la succession d'Autriche, à laquelle il avait pris part.

ches faictes à la conduite du Roy de Pologne et de la Royne d'Espagne. Sur quoy Messieurs auroient arresté qu'ils seroient accompagnez seulement des deux plus anciens conseillers de ville et du plus ancien quartinier; que monsieur le premier eschevin prendroit soin de faire faire six corbeilles d'osier fin, garnies de taffetas blanc, avec des festons de rubans bleus; que dans lesdites corbeilles seroient mises douze douzaines de flambeaux de cire blanche musquée, de deux livres pièce; qu'à chacune desdites douzaines il y auroit des rubans bleus; qu'il y seroit encore mis douze douzaines de boëtes de confitures des plus exquises, autour desquelles boëtes seroient aussy mis des rubans bleus. L'on auroit ordonné au maistre d'hostel de venir pour estre à la teste des présens. Ensuite, le premier eschevin, le procureur du Roy, le greffier, le receveur, se seroient transportez chez le sieur Coétou, épicier de la ville, pour choisir et faire peser lesdits présens, auquel ils auroient ordonné les faire porter à Versailles; ce qu'il auroit promis de faire faire exactement.

Et le lundy vingt-deux, Messieurs, au nombre susdit, s'estans assemblés à la ville, après y avoir entendu la messe, en seroient partis sur les onze heures du matin en six carrosses, précédez de douze archers à cheval, ayans leurs casaques et armes, commandés par leur ayde-major aussy à cheval. Dans le premier carrosse estoient monsieur le prévost des marchands et les trois premiers eschevins; dans le second, le quatrième eschevin, le procureur du Roy, le greffier et le receveur; dans le troisième estoient les deux doyens de messieurs les conseillers de ville, le doyen de messieurs les quartiniers et monsieur le colonel; dans le quatrième, le secrétaire de monsieur le prévost des marchands, le premier huissier et deux autres huissiers; dans le cinquième, quatre autres huissiers, et dans le sixième, les quatre derniers huissiers de la ville.

Estant arrivez à Versailles, l'on seroit descendu dans l'antichambre de monsieur le cardinal de Janson, et en y passant Messieurs de la ville auroient salué le recteur et ses supposts, qui auroient esté placez dans la première salle dudit appartement. Dans la chambre au fond dudit appartement estoient Messieurs de la cour des monnoyes. Messieurs s'estans reposez et chauffez, ils auroient mis leurs robes, sçavoir : messieurs les prévost des marchands, eschevins et greffier, leurs robes mi-partie de velours rouge et tannées ; monsieur le prévost des marchands en soutane de satin rouge plain, ceinture, cordons, gans à frange d'or; le procureur du Roy, sa robe de velours rouge plain, et messieurs les eschevins et greffier en soutane noire, ceinture noire, cordons d'or, gans à frange d'or; le receveur, en robe de velours tannée, cordons d'or et gans à frange d'or; messieurs les trois doyens, robes de soie noire; le premier huissier en robe noire et les deux huissiers en robe de livrée.

Sur les trois heures, le parlement, en robes rouges, la chambre des comptes, en robe noire, la cour des aydes et la cour des monnoyes, ayant esté faire leurs complimens, monsieur le maistre des cérémonies seroit venu advertir Messieurs de la ville, qui seroient partis en cet ordre,

Sçavoir : le maistre d'hostel de la ville, à la tête des présens; les dix huissiers portant les corbeilles où estoient les présens; monsieur le greffier seul; ensuite monsieur le prévost des marchands, ayant à sa droite monsieur le maistre des cérémonies, à sa gauche le premier eschevin, suivi de deux eschevins qui l'estoient d'un eschevin et du procureur du Roy, du receveur et du doyen des conseillers de ville, du second doyen des conseillers avec le doyen des quartiniers.

L'on seroit passé par la salle où estoit le recteur de l'Université avec ses supposts, qui auroit arresté monsieur le maistre des cérémonies, prétendant avoir droit de passer devant la ville. A quoy le maistre des cérémonies auroit marqué qu'il sçavoit l'usage; nonobstant les protestations dudit recteur et de ses supposts auroit fait continuer la marche (1) par la grande cour et monter par le grand escalier de marbre et de peintures, passant par les salles, antichambre, ensuite dans la chambre où estoit le Roy d'Espagne, devant lequel

(1) La préséance que la ville obtint dans cette circonstance sur le corps universitaire donna lieu à une chaleureuse protestation de la part de celui-ci. Un placet et un mémoire furent adressés au Roi à ce sujet; la ville s'empressa d'y répondre par un autre mémoire assez étendu, et dans lequel les prévôt, échevins et marchands de la ville de Paris essaient d'établir les droits de la ville, en produisant les titres historiques mêmes, conservés dans les registres que nous compulsons en ce moment, et qui constatent la prééminence acquise de tout temps au corps municipal sur l'Université. Toutes ces pièces, qui ne paraissent pas du reste avoir provoqué l'intervention royale, se trouvent à la suite de celle que le lecteur vient de lire; elles sont assez curieuses pour les fragments historiques que les parties tirent de leurs archives respectives en se les opposant mutuellement; mais elles sont aussi trop volumineuses et d'un intérêt trop peu général pour que nous puissions consentir à leur consacrer les dernières pages de ce dernier volume de notre seconde série. Les intéressés les trouveront, du reste, aux Archives du Royaume, registre 62 de la Ville, de la page 53 à la page 78. Nous donnons ici, toutefois, en faveur des membres de notre Université actuelle, les conclusions assez curieuses qui terminent le mémoire rédigé par leurs devanciers à l'occasion dont il s'agit.

il avoit fait passer les présens, et fait approcher monsieur le prévost des marchands.

Le Roy d'Espagne estoit auprès du lit, assis dans un fauteuil, en rabat blanc, justaucorps, manteau noir, et un chapeau sur lequel estoit un crêpe noir traînant, accompagné d'un très grand nombre de princes, princesses et de personnes de premier rang. Messieurs s'estans approchez, monsieur le prévost des marchands luy auroit dit, debout et découvert :

« Sire,

» Nous venons, au nom des citoyens de la ville de Paris, assurer Votre Majesté de nos profonds respects, et luy tesmoigner la douleur que nous ressentons de l'éloignement d'un prince si parfait et si accompli !

» Sire, cette douleur seroit sans bornes si nous n'avions la consolation de voir Votre Majesté sur un throne qui, par le droit du sang, la volonté de votre prédécesseur et les vœux de tout un peuple, vous appartient légitimement.

» Nous espérons, Sire, que la France et l'Espagne seront à l'avenir très étroitement unies, que rien n'en pourra rompre les nœuds, et que l'amitié que vous conserverez pour un peuple qui vous aime si tendrement tiendra une paix éternelle entre les deux couronnes. »

Auquel compliment le Roy d'Espagne leur auroit dit « qu'il se souviendroit toute la vie de la marque que la ville luy donnoit de sa tendresse et de ses devoirs; que, toutes les fois qu'il trouveroit lieu de leur témoigner ses bonnes intentions, il le feroit d'une sincère affection, laquelle il conserveroit toute sa vie pour la ville de

Paris, et en particulier pour monsieur le prévost des marchands.

Notons que, toutes les fois que monsieur le prévost des marchands prononçoit: Sire, en faisant une profonde inclination, le Roy d'Espagne ostoit son chapeau; ce qu'il auroit aussy fait en recevant la ville et en la renvoyant.

Après quoy la ville se seroit retirée en reculant le moins confusément qu'il luy auroit esté possible, et seroit revenue dans la chambre où elle auroit esté receue, pour y quitter leurs robes de velours. En passant, la ville auroit vu partir l'Université, que monsieur le maître des cérémonies auroit prise après avoir reconduit la ville dans ladite chambre; ensuite Messieurs seroient revenus à Paris dans le même ordre qu'ils en estoient partis.

# MÉMOIRE PRÉSENTÉ AU ROY
# PAR L'UNIVERSITÉ DE PARIS,

AU SUJET DE LA PRÉSÉANCE SUR LE CORPS DE LA VILLE
DANS LES CÉRÉMONIES PUBLIQUES.

### EXTRAIT.

Si le Roy a la bonté de régler le rang de l'Université en sorte qu'elle sache à quoy s'en tenir dans toute la suitte des temps, elle suppliera encore très humblement Sa Majesté de vouloir ordonner qu'elle se trouvera désormais aux cérémonies du *Te Deum* à Notre-Dame, comme elle faisoit autrefois, et qu'elle aura la place dont elle est en possession, à la suite du parlement. Cette très humble supplication ne faisant tort à personne et remettant les choses au premier estat, l'Université espère, avec un très profond respect, que Sa Majesté voudra bien y avoir égard.

Il y a encore deux choses sur lesquelles elle prendra la liberté de faire ses très humbles remontrances à Sa Majesté.

La première regarde ses massiers, qui ont toujours esté admis dans la chambre du Roy, en baissant leurs masses, et ausquels on veut en interdire l'entrée depuis quelques années. Nous trouvons dans nos registres que, cette difficulté ayant esté faite par monsieur de Sainctot, le

20 novembre 1662, chez la Reyne mère, monseigneur l'évesque d'Auch, qui conduisoit l'Université, répondit à monsieur de Sainctot que l'Université n'avoit jamais marché sans ses masses, mais que les massiers les tenoient bas dans la chambre du Roy, comme ils venoient encore de faire un demy-quart d'heure auparavant, lorsqu'il avoit présenté l'Université à Sa Majesté.

Monsieur de Sainctot témoigna qu'il n'en parleroit pas davantage, et les massiers précédèrent l'Université chez la Reyne mère comme ils avoient fait chez le Roy, tenant leurs masses bas devant Sa Majesté. La même princesse, voyant que les huissiers les arrestoient à la porte, le 24 aoust 1660, ordonna qu'on les laissât entrer. La même difficulté estant survenue le 19 may 1690, lorsque l'Université eut l'honneur de faire les complimens de condoléance au Roy sur la mort de madame la Dauphine, monseigneur de Harlay, archevesque de Paris, qui se trouva alors dans la chambre du Roy, ayant représenté à Sa Majesté l'usage de l'Université, le Roy eut la bonté de marquer qu'il vouloit qu'on l'observast; et les massiers entrèrent, tenant leurs masses bas dans la chambre. Monsieur de Sainctot témoigna encore une fois qu'il n'y auroit plus sur cela de difficulté dans la suitte, et que c'estoit une affaire décidée, dont il fit même compliment à l'Université. Cependant on entendit encore, lundy 22 novembre 1700, que monsieur Desgranges, à présent maître des cérémonies, donnoit ordre à son commis d'écrire que l'entrée des massiers, dans la chambre où le Roy d'Espagne faisoit l'honneur à l'Université de luy donner audience, estoit contre les règles. L'Université est bien fâchée d'avoir à combattre contre des personnages à qui elle voudroit avoir obligation.

La seconde chose sur laquelle l'Université implore encore la justice de Sa Majesté est touchant la possession où elle est, en qualité de fille aînée de nos Rois, de se présenter à Sa Majesté sans y être introduite, et même sans avoir auparavant demandé audience.

Nous en avons plusieurs exemples dans nos registres. Le 20 aoust, l'Université, sans estre mandée, alla à Vincennes pour faire compliment à Sa Majesté avant son entrée à Paris avec la Reyne. En 1662, le 20 novembre, elle eut l'honneur d'aller faire compliment à la Reyne mère, laquelle ayant su l'arrivée de l'Université, elle eut la bonté de donner ordre qu'on fît un grand feu dans son antichambre en attendant qu'elle fût en état de donner audience. En 1666, le 30 janvier, le recteur et les députez de l'Université allèrent à Saint-Germain-en-Laye faire leurs complimens de condoléance au Roy sur la mort de la Reyne mère, et ils eurent audience de Sa Majesté sans avoir esté mandez. En 1683, le 6 septembre, la mesme chose arriva à Fontainebleau; Sa Majesté fit l'honneur à l'Université de lui donner audience, et reçut ses complimens sur la mort de la Reyne Marie-Thérèse, son épouse. Tous ces faits sont constans, et Sa Majesté, sans doute, s'en souviendra; et, d'ailleurs, elle peut en estre informée par des personnes illustres qui veulent bien se regarder, avec nous, comme enfans de la mesme mère, et qui se font honneur d'estre membres d'un des plus anciens et des plus honorables corps du royaume.

# VICTOIRE ET PRISE DE LUZZARA.

*Lettre de cachet du Roi adressée à la Ville.*

## DE PAR LE ROY.

« Très chers et bien amez, nous espérions qu'après avoir mis tout en usage pour procurer à nos peuples une paix ferme et durable les puissances voisines, convaincues de la sincérité de nos intentions, auroient concouru avec la même ardeur à maintenir cette union si désirable entre des princes chrétiens ; mais l'Empereur, n'ayant pu voir sans jalousie le thrône d'Espagne occupé par son légitime maître, a formé sous de vains prétextes une nouvelle ligue avec l'Angleterre et la Hollande, pour ranimer avec plus d'animosité que jamais le flambeau de la guerre, malgré toutes les démarches que nous avons faites pour la prévenir. Dieu, qui voit le fond des cœurs et qui connoît la justice de la cause que nous soutenons, a daigné la favoriser jusques icy aussi visiblement que dans la dernière guerre. L'armée impériale chassée de Crémone, le blocus de Mantoue levé, les ennemis contraints d'abandonner leurs postes et repoussez avec pertes en toutes rencontres, quatre de leurs régimens taillés en pièces à Sancta-Victoria, sont autant de marques sensibles d'une protection continuelle du ciel. Elle vient de paroistre d'une manière encore plus évidente dans la victoire que notre frère et petit-fils le Roy d'Espagne a remporté sur les Impériaux, à la tête de ses trouppes jointes aux nôtres, sous le commandement de notre duc de Vendosme, le 15 du mois dernier, jour particulièrement favorable à la France depuis qu'elle a esté mise, par le feu Roy notre père, sous la protection de la sainte Vierge. Jamais bataille n'a esté plus opiniâtre, ny soutenue avec plus d'intrépidité et de valleur; les officiers et les soldats, également animés à la vue du Roy d'Espagne qui estoit présent à tout, après avoir soutenu six attaques des ennemis sans pouvoir estre ébranlez, les ont à la fin forcez d'abandonner le champ de bataille, avec perte de six à sept mille hommes de leurs meilleures troupes, et se sont ensuite emparés de Luzzara, dont la garnison a été faite prisonnière de guerre. Comme il est juste de rendre grace à Dieu d'un événement si considérable et de le prier de continuer à répandre ses bénédictions sur nos armes, nous avons, à cet effet, ordonné que le *Te Deum* sera chanté dans l'église métropolitaine de notre bonne ville de Paris, et nous vous mandons de vous y trouver au jour et à l'heure que le grand-maistre ou maistre des cérémonies vous dira de nostre part; et, au surplus, de donner les ordres nécessaires pour faire allumer des feux par toute notre ville. Sy n'y faites faute, car tel est notre plaisir. Donné à Versailles, ce 5 septembre 1702. Signé Louis; et plus bas : Phélippeaux. »

# BATAILLE DE FRIEDLINGUEN,

*Lettre de cachet adressée à la Ville. — Te Deum. — Feux de joie.*

Le 25 octobre 1702, Messieurs estant au bureau et avertis que le maistre des cérémonies venoit, le greffier l'auroit esté recevoir devant la chapelle et l'auroit conduit au bureau, où, assis au dessus du deuxième eschevin, en ostant son chapeau, auroit présenté une lettre de cachet pour la bataille de Friedlinguen, gaignée par l'armée du Roy, commandée par monsieur le maréchal de Villars. Le greffier en ayant fait lecture, messieurs les deux derniers eschevins auroient reconduit le maistre des cérémonies.

Ledit jour, sur les trois heures, Messieurs seroient partis de la ville, à cheval et en robes de cérémonies, pour Notre-Dame, d'où, après le *Te Deum* chanté, seroient revenus à la ville. Les boëtes et le canon avoient esté tirez trois fois à l'ordinaire, et un feu de fagots bruslé devant l'hôtel.

### DE PAR LE ROY.

« Très chers et bien amez, les derniers mouvemens que les ennemis ont faits le long du Rhin nous ayant obligé d'y envoyer un corps de troupes sous le commandement de notre cousin le maréchal de Villars, il avoit, à la vue de l'armée impériale, commandée par le prince Louis de Baden, fait construire un pont à Heuningue ; il l'avoit non-seulement soutenu contre leurs efforts, mais il avoit encore fait occuper la ville de Neubourg ; en sorte que ces premiers avantages ayant obligé les ennemis de faire un mouvement, il en a sçu si bien profiter que, le 14 de ce mois, toute l'infanterie, qu'il avoit eu la précaution de faire passer dès le 13, et la cavalerie, qui passa avec la même diligence, se trouvèrent en bataille et en état d'attaquer. Il le fit dans un tel ordre et avec tant de valeur qu'encore que l'armée impériale fût supérieure en nombre, la cavalerie en fut entièrement renversée et l'infanterie poussée plus d'une lieue au delà du champ de bataille. Trois mil hommes des ennemis et plusieurs des officiers principaux qui ont esté tuez, un grand nombre d'officiers et soldats trouvés morts ou mourans dans la fuite, plusieurs autres faits prisonniers, trente-cinq drapeaux ou étendards, trois paires de timballes, onze pièces de canon pris et le fort de Friedlinguen occupé ensuite par nos troupes, sont les véritables marques d'une victoire complète, importante par elle-même, et plus encore par les suites qu'elle peut avoir ; ce qui nous obligeroit d'en rendre graces à Dieu. Nous avons ordonné que le *Te Deum* soit chanté dans l'église métropolitaine de notre bonne ville de Paris, et nous vous mandons de vous y trouver au jour et à l'heure que notre grand-maistre ou le maistre des cérémonies vous dira de notre part ; au surplus, de donner les ordres nécessaires pour faire allumer des feux par toute notredite ville. Si n'y faites faute, car tel est notre plaisir. Donné à Fontainebleau le 23 octobre 1702. Signé Louis ; et plus bas : Phélippeaux. »

# PRISE DE BRISACH.

*Lettre de cachet adressée à la Ville. — Te Deum. —
Feux de joie. — Feu d'artifice.*

Le 17 septembre 1703, lettre de cachet apportée pour la prise de Brisach par l'armée du Roy, commandée par monsieur le duc de Bourgogne.

### DE PAR LE ROY.

« Très chers et bien amez, l'importante place de Brisach, que nous avions abandonnée pour le bien de la paix, a esté heureusement soumise à nostre obéissance en quatorze jours de tranchée ouverte. Nous sommes d'autant plus sensible à cette conqueste qu'outre les avantages que nous en pouvons tirer dans la situation présente des affaires, ce siége a esté fait par nostre petit-fils le duc de Bourgogne, qui, dans cette expédition, a marqué toute la fermeté, l'intelligence et l'application qu'on auroit pu désirer dans un capitaine expérimenté. Et voulant rendre graces à Dieu d'un succès si prompt et si heureux, nous avons ordonné que le *Te Deum* soit chanté dans l'église métropolitaine de notre bonne ville de Paris, et nous vous mandons de vous y trouver aujourd'huy à l'heure que nostre grand-maitre ou le maitre des cérémonies vous dira de notre part; et, au surplus, de faire donner des ordres nécessaires pour faire allumer des feux par toute nostredite ville. Sy n'y faites faute, car tel est nostre plaisir. Donné à Versailles le 17 septembre 1703. Signé Louis; et plus bas : Phélippeaux. »

Le 20 septembre 1703, le *Te Deum* a esté chanté, trois décharges de boëtes et de canon, et un feu d'artifice à quatre pilliers, n'y en ayant à neuf pilliers que pour le Roy et Monseigneur en personnes.

---

*Explication du feu d'artifice que messieurs les prévost des marchands et échevins de la ville de Paris ont fait préparer devant l'Hôtel-de-Ville, le jeudy 20 septembre 1703, pour la réjouissance publique de la prise de Brisach par l'armée du Roy, commandée par monseigneur le duc de Bourgogne.*

La prise de Brisach, l'une des plus fortes places de l'Europe et l'une des clefs d'Allemagne, est un événement qui doit faire comprendre à l'Empereur combien dangereux ont été les conseils que la jalousie lui a suggérés, de troubler le repos de l'Europe par une guerre dont il voit que le plus grand péril va retomber sur luy.

Il voit l'entrée de l'Allemagne ouverte aux troupes victorieuses du Roy par la prise de cette place, et, au lieu de conquérir des royaumes, comme il s'en étoit flatté, il voit ses meilleures provinces ou réduites par les armes du Roy, ou forcées à fournir la subsistance aux troupes du Roy et à celles de ses alliés.

Quelque importante que soit néanmoins cette conqueste, que nous devons à la valeur et à la conduite de monseigneur le duc de Bourgogne, il est certain que le Roy ne l'estime qu'en ce qu'elle est capable d'obliger l'Empereur à recevoir des conseils de paix. Il a montré à toute la terre, par une longue suitte de glorieux exemples de modération, qu'il estimoit beaucoup moins la qualité de conquérant que celle de *pacifique*. La paix a toujours été l'objet de ses victoires, et la guerre, qu'il soutient aujourd'hui avec autant de gloire qu'il y est entré avec peine, n'a point d'autre fin que de rendre à l'Europe cette heureuse paix qu'il venoit de luy donner quand la jalousie de nos ennemis a rallumé le funeste flambeau de la discorde.

C'est ce que messieurs les prévost des marchands et eschevins ont voulu exprimer par la statue qui représente la France couronnée de lauriers et d'oliviers mêlés ensemble, qui surmonte toute la décoration du feu d'artifice qu'ils ont fait élever devant l'Hôtel-de-Ville à l'occasion de cette réjouissance publique. Deux des faces du piédestal sont ornées du chiffre du Roy, et les deux autres contiennent deux devises qui ont rapport à ce même dessin.

La première représente un soleil dissipant l'orage, avec ces mots :

*Pacat dum dissipat.*
Je rétablis le calme en dissipant l'orage.

La seconde, qui peut aussy avoir son application aux premières campagnes de monseigneur le duc de Bourgogne, représente un soleil levant qui fait tomber les brouillards, avec ces paroles :

*Oriente cadunt.*
Sitôt que je parois ils tombent devant moi.

C'est dans la même pensée de cette devise que l'on a peint, sur l'un des cartouches qui sont posez sur l'entablement, la prise de Brisach, qui fait le sujet de cette réjouissance, avec ces paroles :

*Et resistisse decorum est.*
Il m'est glorieux d'avoir tant résisté.

Dans le second cartouche on a représenté la fuite précipitée de l'armée de Hollande sous le canon de Nimègue, devant l'armée du Roy, commandée par monseigneur le duc de Bourgogne, dans la campagne précédente, avec ces paroles :

*Primos impar ferre conatus.*
Je ne puis résister à ses premiers efforts.

Le troisième cartouche représente le mariage de monseigneur le duc de Bourgogne. Ce mariage a été le premier lien de la paix, et c'est pour la rétablir que ce prince a aujourd'huy les armes à la main. C'est ce que veulent dire ces paroles qui sont au-dessus :

*Pignus idem pacis et ultor.*
J'en serai le vengeur comme j'en fus le gage.

Enfin, dans le dernier cartouche, on a représenté les exercices militaires du camp de Compiègne, avec ces mots :

*Docet manus meas ad prœlium.*
C'est ainsi qu'il m'instruit à de nobles combats.

# BATAILLE ET VICTOIRE D'ULM.

*Lettre de cachet adressée à la Ville. — Te Deum. — Feu de joie.*

Le 4 octobre 1703, lettre de cachet pour la bataille gagnée par l'armée du Roy et de monsieur l'électeur de Bavière, proche d'Ulm, sur les Impériaux.

Le *Te Deum*, trois décharges de boëtes et de canon, et un feu de fagots à l'ordinaire.

### DE PAR LE ROY.

« Mes chers et bien amez, les princes d'Allemagne ayant embrassé aveuglément et contre leurs intérêts communs la querelle particulière de l'Empereur, notre frère l'électeur de Bavière a pris seul les armes pour maintenir la liberté de l'empire. L'alliance dans laquelle il est entré avec nous nous engagea à luy envoyer, dès le commencement de la campagne, les secours qu'il nous avoit demandés pour soutenir avec succès ce qu'il avoit commencé avec courage. Notre cousin le maréchal de Villars força tous les obstacles que les ennemis et la nature même formoient à son passage, et s'ouvrit une entrée dans la Bavière avec une partie des troupes qu'il commandoit sur le Rhin. L'alarme qu'une jonction si inespérée répandit jusque dans Vienne obligea l'Empereur de rassembler ses forces pour opposer à celles qu'il voyoit réunies dans le cœur de l'Allemagne. Mais nous apprenons que, quelques efforts que ses généraux aient pu faire, l'électeur de Bavière a entièrement défait une de ses armées, commandée par le comte de Styrim, dans la plaine d'Hochstet, le 20 du mois passé. Plus de huit mil des ennemis restez sur la place ou faits prisonniers, le reste mis en fuite ou dispersé dans les bois, sans armes, sans bagages, sans munitions, qu'ils ont abandonnés avec le champ de bataille; trente-trois pièces de canon, un grand nombre de tymbales, d'estendards et de drapeaux pris sur eux, ne donnent pas lieu de douter que la victoire n'ait esté complette. Ce prince, dans le récit qu'il nous fait de cette grande action, nous rend des témoignages honorables de la conduite et de la valeur de nos officiers et de nos trouppes, et ne passe sous silence que les circonstances glorieuses qui le regardent personnellement; mais ce que nous en apprenons d'ailleurs par le maréchal de Villars nous confirme de plus en plus dans la juste opinion que nous avons toujours eue de son mérite et de sa valleur. Comme nous ne voulons pas différer de rendre graces à Dieu d'un succès si éclatant, nous avons donné nos ordres pour faire chanter le *Te Deum* dans l'église métropolitaine de notre bonne ville de Paris, et nous vous mandons de vous y trouver au jour et à l'heure que notre grand-maistre ou maistre des cérémonies vous dira de notre part, et, au surplus, de faire donner des ordres pour allumer des feux par toute notredite ville. Si n'y faictes faute, car tel est notre plaisir. Donné à Fontainebleau, le 2 octobre 1703. Signé Louis; et plus bas: Phélippeaux. »

# MORT DE LOUIS XIV.

## 1715.

# MORT DE LOUIS XIV [1].

## 1715.

———◦———

Il y avoit plus de deux mois que la santé du Roi commençoit à s'affoiblir et qu'on s'en appercevoit; mais, comme il agissoit à son ordinaire, qu'il se promenoit, alloit à la chasse et faisoit la revue de ses troupes, on ne date le commencement de sa maladie que du mercredi 14 d'août, parce que la veille il donna audience de congé à l'ambassadeur de Perse et se tint debout pendant toute l'audience. Et quoique, dès le soir, il

[1] Cette pièce est extraite du *Nouveau Choix de Pièces tirées des anciens Mercures et d'autres Journaux*, par M. Marmontel, tome 32, page 5.

avançât d'une heure celle de son souper, qui n'étoit jamais qu'à dix heures, il ne parut pas assez malade pour qu'on dût craindre pour sa vie. Néanmoins, dès le samedi 10 août qu'il revint de Marly, il étoit si foible et si abattu qu'il eut peine le soir d'aller de son cabinet à son prie-Dieu; et le lundi, qu'il prit médecine et voulut souper à son grand couvert, à dix heures, suivant sa coutume, et ne se coucher qu'à minuit, il parut si prodigieusement changé que sa foiblesse et sa maigreur effrayèrent tous ceux qui le virent.

Le samedi 24 août, qui étoit le onzième jour de la maladie du Roi, Sa Majesté soupant en public dans sa chambre à coucher, comme elle avoit fait depuis le mardi 13 du même mois, elle se trouva plus mal, et, ayant eu une assez grande foiblesse après souper, elle demanda à se confesser et le fut vers les onze heures du soir. Mais ayant un peu dormi le matin, elle se trouva assez de force et de courage pour faire entrer les courtisans à son dîner.

Le jour de Saint-Louis, jour de la fête du Roi, les tambours allèrent luy donner des aubades à l'ordinaire; il les fit avancer sous son balcon pour les entendre mieux, parce que son lit en étoit trop éloigné, et les vingt-quatre violons et les hautbois jouèrent pendant son dîner dans son antichambre, dont il fit ouvrir la porte pour les entendre.

La petite musique, qu'il avoit coutume depuis quelque temps d'entendre le soir chez madame de Maintenon et depuis très peu de jours dans sa chambre, se tint prête à y entrer sur les sept heures du soir; mais il s'endormit et se réveilla avec un pouls fort mauvais et une absence d'esprit qui effraya les médecins ; ce qui fit résoudre à lui donner sur-le-champ le Viatique, au lieu que Sa Majesté avoit, la veille, en se confessant, déterminé d'entendre la messe à minuit et d'y communier.

Le Roi, revenu de l'embarras qu'il eut dans l'esprit un quart-d'heure après son réveil, et craignant de retomber dans un pareil état, pensa lui-même qu'il pouvoit recevoir le Viatique sans attendre plus longtemps. Et comptant dès ce moment qu'il lui restoit peu d'heures à vivre, il agit et donna ordre à tout comme un homme qui va mourir, mais avec une fermeté, une présence d'esprit et une grandeur d'âme dont il n'y a jamais eu d'exemple.

Monsieur le cardinal de Rohan, grand-aumônier de France, accompagné de deux aumôniers de quartier et du curé de la paroisse de Versailles, apportèrent le Viatique et les saintes huiles un peu avant huit heures, par le degré dérobé par lequel on entre dans le cabinet de Sa Majesté.

Cela fut exécuté avec tant de douleur et de précipitation que cette pieuse et triste fonction se fit sans décoration ; il n'y eut que sept ou huit flambeaux, portés par les frotteurs du château, par deux laquais du premier médecin et un laquais de madame de Maintenon. Le cardinal de Rohan portoit notre Seigneur, et le curé les saintes huiles. Monsieur le duc d'Orléans et ceux des princes du sang qui furent assez tôt avertis accompagnèrent notre Seigneur, et pendant qu'on l'alla quérir, toutes les princesses et leurs dames d'honneur allèrent, par les derrières, dans l'appartement du Roy, où les grands-officiers de sa maison se rendirent aussi ; il n'y entra point d'autres personnes. Les prières pour le Viatique et les cérémonies pour l'Extrême-Onction durèrent plus d'une demi-heure. Les princes et les officiers de la maison qui se trouvèrent les plus proches de la chambre du Roy y entrèrent pendant ce temps-là; mais toutes les princesses demeurèrent dans le cabinet du conseil. Les princes et plusieurs grands-officiers reconduisirent notre Seigneur.

Dès qu'il fut hors de l'appartement, madame de Maintenon, qui avoit été toute l'après-dînée dans la chambre du Roy, sortit de l'appartement, conduite par le duc de Noailles, et Sa Majesté fit en même temps apporter sur son lit une petite table, et écrivit de sa main quatre ou cinq lignes sur la quatrième page d'un codicille qu'elle avoit fait, et dont les trois premières étoient remplies. Il n'y eut pendant ce temps-là dans sa chambre que monsieur le chancelier, la porte qui donne dans le cabinet du conseil étant demeurée ouverte, et les courtisans étoient auprès de la porte, en dedans du cabinet.

Pendant que le Roy écrivoit, madame de Maintenon entra et se mit à la ruelle la plus éloignée de la porte du cabinet, en sorte qu'on ne la voyoit point. Dès que le Roy eut cessé d'écrire, il demanda à boire, et les courtisans les plus proches de la porte avancèrent deux ou trois pas dans la chambre, à la vue du Roi, dont le rideau du côté de la cheminée et de la porte du cabinet étoit ouvert. Sa Majesté, ayant jetté les yeux sur le maréchal de Villeroy, l'appela avec une voix si forte qu'elle n'avoit rien d'un mourant; elle luy parla pendant un demi-quart-d'heure; le maréchal rentra ensuite ans le cabinet tout baigné de larmes.

Après le maréchal de Villeroy le Roi appela monsieur Desmaretz et lui parla pendant une ou deux minutes, et prit ensuite un bouillon.

Alors monsieur le duc d'Orléans, que Sa Majesté

avoit fait appeler, entra. Le Roi lui parla pendant plus d'un quart-d'heure.

Monsieur le duc du Maine, que Sa Majesté avoit aussi demandé, entra dans son appartement un moment après que le discours qu'elle avoit eu avec monsieur le duc d'Orléans fut fini. Ce prince sortit aussitôt en gémissant et en fondant en larmes.

Le discours que Sa Majesté fit à monsieur le duc du Maine fut de la longueur de celui du maréchal de Villeroy. Vers le milieu de cet entretien Sa Majesté fit appeler monsieur le comte de Toulouse, et, après que les deux frères furent sortis, monsieur le duc, monsieur le comte de Charolois et monsieur le prince de Conti entrèrent; le Roi leur parla à tous trois ensemble. Ce discours fut très court, et tous ces princes rentrèrent dans le cabinet, le cœur si pénétré et leurs visages tellement mouillés de leurs larmes qu'on peut assurer qu'il n'y a jamais eu dans une cour de spectacle si touchant.

Sa Majesté a toujours tendrement aimé sa famille; elle pleuroit elle-même de tendresse en parlant à tous ces princes, qui communiquoient leur douleur aux courtisans qui étoient dans le cabinet.

Monsieur le chancelier fut le seul en dedans de la chambre du Roi pendant tout ce temps; il étoit debout entre la cheminée et la porte du cabinet, c'est-à-dire hors de portée d'entendre ce que Sa Majesté disoit.

Sa Majesté n'appella aucune des princesses, qui demeurèrent avec les courtisans dans les cabinets, sans voir le Roi.

Dès que Sa Majesté eut fini de parler aux princes, les chirurgiens et apothicaires préparèrent ce qu'il falloit pour panser la cangrène de sa jambe; et pendant qu'on la pansoit, monsieur le chancelier sortit de la chambre et alla parler à monsieur le duc d'Orléans, qui étoit assis dans l'embrasure de la fenêtre du cabinet la plus proche de la chambre. Il se leva, et ils s'approchèrent aussitôt l'un et l'autre de la table du conseil, au bout où le Roi avoit coutume de s'asseoir.

Le chancelier tira d'une enveloppe qui n'étoit point cachetée le papier sur lequel Sa Majesté venoit d'écrire et le donna à monsieur le duc d'Orléans, qui, pour le lire, s'appuya sur la table sans s'asseoir, et le chancelier demeura debout auprès de lui.

Après que monsieur le duc d'Orléans eut achevé de lire, le chancelier remit le papier dans l'enveloppe, et, après en avoir fait lire le dessus à monsieur le duc d'Orléans, il le mit dans sa poche sans le cacheter.

Monsieur le duc d'Orléans et le chancelier eurent ensuite une conversation d'environ un quart-d'heure; après quoi le chancelier sortit de l'appartement, et monsieur le duc d'Orléans demeura dans le cabinet avec les médecins. Il étoit onze heures quand cela finit.

Les dames entrèrent alors; mais le Roi ayant fait tirer son rideau et dit qu'il vouloit reposer, les princes, les princesses et tous les courtisans sortirent.

Madame de Maintenon sortit aussi lorsque le rideau du Roi fut tiré, et alla manger un morceau derrière l'appartement du Roi, pour ne pas passer dans les antichambres remplies de monde du côté de son appartement.

Les princes et les princesses, les seigneurs et les dames, enfin tous ceux qui avoient des entrées chez le Roi, entrèrent dans son appartement.

Les princesses qui y entrèrent étoient :

Madame la duchesse de Berry, petite-fille du Roi;
Madame, belle-sœur du Roi;
Madame la duchesse d'Orléans, fille du Roi;
Madame la princesse :
Madame la duchesse douairière, fille du Roi;
Madame la duchesse, femme de son petit-fils;
Madame la princesse de Conti, douairière, fille du Roi;
Madame la princesse de Conti, petite-fille du Roi;
Madame la duchesse du Maine.

Le Dauphin et monsieur le duc de Chartres ne furent point alors dans l'appartement du Roi; le prince de Dombes et le comte d'Eu n'y furent pas non plus.

Les principaux officiers et courtisans étoient :

Le cardinal de Rohan, grand-aumônier de France;
Le prince Charles de Lorraine, grand-écuyer;
Le duc de Tresme, premier gentilhomme de la chambre en année;
Les ducs de La Trémouille et de Mortemart, premiers gentilshommes de la chambre;
Le duc de La Rochefoucault, grand-maître de la garde-robe;
Le maréchal de Villeroy, chef du conseil des finances;
Le duc de Villeroy, son fils; le duc de Noailles et le duc de Charost, tous trois capitaines des gardes-du-corps;
Le prince de Rohan, capitaine-lieutenant des gendarmes;
Le duc de Chaulnes, capitaine-lieutenant des chevaux-légers;

Le duc de Guiche, colonel du régiment des Gardes ;
Le duc d'Antin, sur-intendant des bâtimens ;
Le duc de Lausun, qui avoit les grandes entrées ;
Le marquis de Torcy, le comte de Pontchartrain et le marquis de la Vrillière, tous trois secrétaires d'état ;
Le cardinal de Polignac, maître de la chapelle ;
Monsieur le premier ;
Le marquis de Courtanvaux, capitaine des Cent-Suisses ;
Le marquis de Livry, premier maître-d'hôtel ;
Le marquis de Maillebois, maître de la garde-robe ;
Le baron de Breteuil, introducteur des ambassadeurs ;
Le père Le Tellier, confesseur du Roi ;
Le cardinal de Bissy ;
L'abbé de Vaubrun, lecteur de la chambre du Roi ;
L'abbé de Choiseul et l'abbé de Froullai, aumôniers de quartier ;
Le comte de Montsoreau, grand-prévôt de France ;
Le marquis de La Chaise, capitaine des gardes de la porte ;
Les quatre premiers valets de chambre.

Tous ceux qu'on vient de nommer et encore quelques autres ayant les entrées, comme le duc de Bouillon, grand-chambellan de France, le duc d'Aumont, premier gentilhomme de la chambre, et le maréchal duc d'Harcourt, capitaine des gardes-du-corps, se rendirent entre neuf et dix heures du matin dans le cabinet du Roi, et peu de temps après toutes les princesses y arrivèrent.

La grande galerie et l'appartement de Sa Majesté

furent remplis, comme la veille, de quantité de seigneurs et de gens de considération qui n'ont point les entrées.

Le 26, sur les dix heures, on pansa, comme on l'a déjà dit, la jambe du Roi, dans laquelle on donna plusieurs coups de lancette; on y fit des incisions jusqu'à l'os; et comme on trouva que la cangrène gagnoit jusque-là, il n'y eut plus lieu de douter, même dans l'esprit de ceux qui auroient le plus voulu se flatter, qu'elle venoit du dedans et qu'on n'y pouvoit apporter aucun remède.

Madame de Maintenon étoit alors seule dans la chambre et à genoux au pied du lit, pendant qu'on pansoit Sa Majesté, qui la pria de sortir et de n'y plus revenir; elle ne laissa pas d'y retourner après la messe. Ce pansement fini, le Roi dit que, puisqu'il n'y avoit plus de remède, il demandoit au moins qu'on le laissât mourir en repos.

A midi Sa Majesté fit venir le Dauphin dans sa chambre, où il entra avec madame la duchesse de Vantadour, sa gouvernante, et, après l'avoir embrassé, elle lui dit : « Mignon, vous allez être un grand Roi; mais
» tout votre bonheur dépendra d'être soumis à Dieu et
» du soin que vous aurez de soulager vos peuples. Il faut
» pour cela que vous évitiez, autant que vous le pourrez,
» de faire la guerre : c'est la ruine des peuples. Ne suivez
» pas le mauvais exemple que je vous ai donné sur cela ;
» j'ai souvent entrepris la guerre trop légèrement et l'ai
» soutenue par vanité. Ne m'imitez pas, mais soyez un
» prince pacifique, et que votre principale application
» soit de soulager vos sujets. Profitez de la bonne éducation que madame la duchesse de Vantadour vous

» donne ; obéissez-lui et suivez les bons sentimens qu'elle
» vous inspire. »

« Pour vous, madame, dit-il à madame de Vantadour, j'ai bien des remerciemens à vous faire du soin avec lequel vous élevez cet enfant et de la tendre amitié que vous avez pour lui. Je vous prie de la lui continuer, et je l'exhorte à vous donner toutes les marques possibles de sa reconnoissance. »

Il embrassa ensuite le Dauphin par deux fois et lui donna sa bénédiction. Le petit prince, mené par madame la duchesse de Vantadour, sortit en pleurant. Ce tendre spectacle tira des larmes de tous ceux qui en furent témoins.

Un moment après, le Roi envoya quérir le duc du Maine et le comte de Toulouse, et leur parla, la porte fermée.

Il fit la même chose avec monsieur le duc d'Orléans, qu'on fut quérir dans son appartement où il étoit retourné. On remarqua que, dans le moment que ce prince sortoit de la chambre du Roi, Sa Majesté le rappella jusqu'à deux fois.

A midi et demi le Roi entendit la messe dans sa chambre, avec la même attention qu'il l'avoit entendue le jour qu'il avoit pris médecine, les yeux toujours ouverts et priant Dieu avec une ferveur édifiante. Un moment avant qu'elle commençât, Sa Majesté appela le marquis de Torcy, ministre et secrétaire d'état des affaires étrangères, et lui dit quelques mots.

La messe finie, il fit approcher de lui le cardinal de Rohan et le cardinal de Bissy, auxquels il parla pendant une minute ; et en finissant de parler il adressa la parole, à haute voix, à tout ce qu'il y avoit de ses officiers dans les ruelles de son lit et auprès de son balustre. Ils approchèrent tous du lit, et il leur dit :

« Messieurs, je suis content de vos services; vous m'avez fidèlement servi et avec envie de me plaire. Je suis fâché de ne pas vous avoir mieux récompensés que j'ai fait : les derniers temps ne me l'ont pas permis. Je vous quitte avec regret. Servez le Dauphin avec la même affection que vous m'avez servi ; c'est un enfant de cinq ans qui peut essuyer bien des traverses, car je me souviens d'en avoir beaucoup essuyé pendant mon jeune âge.
» Je m'en vais, mais l'Etat demeurera toujours : soyez-y fidèlement attachés, et que votre exemple en soit un pour tous mes autres sujets. Soyez tous unis et d'accord : en l'union est la force d'un Etat, et suivez les ordres que mon neveu vous donnera. Il va gouverner le royaume ; j'espère qu'il le fera bien ; j'espère aussi que vous ferez tous votre devoir, et que vous vous souviendrez quelquefois de moi. »

A ces dernières paroles ils fondirent tous en larmes. Sa voix ne fut point entrecoupée pendant le temps qu'il employa à prononcer ce discours, mais beaucoup plus foible qu'à l'ordinaire.

Il envoya quérir encore le duc d'Orléans, à qui il dit des choses qui n'ont été sçues de personne. Et dans l'instant Sa Majesté fit entrer Madame et toutes les princesses, qui furent suivies de leurs dames d'honneur. Elles n'y restèrent qu'un moment, et il est incompréhensible que le Roi ait pu résister aux cris et aux lamentations qu'elles firent.

Il faut avoir vu les derniers momens de ce grand Roi pour croire la fermeté chrétienne et héroïque avec laquelle il a soutenu les approches d'une mort qu'il sçavoit prochaine et inévitable. Il n'a presque pas laissé passer un seul moment dans cette cruelle maladie sans faire quelque action illustre, pieuse et héroïque, non point à l'exemple de ces anciens Romains qui ont affecté de braver la mort, mais avec une manière naturelle et simple, comme les actions qu'il avoit le plus accoutumé de faire, ne parlant à chacun que des choses dont il convenoit de lui parler, et avec cette éloquence juste et précise qu'il a eue toute sa vie, et qui sembla s'être encore augmentée dans ses derniers momens. Enfin, quelque grand qu'il ait été dans le cours glorieux d'un règne de soixante-douze ans, il s'est encore fait voir plus grand dans sa mort. Son bon esprit et sa fermeté ne l'ont pas abandonné un moment, et en parlant avec douceur et bonté à tous ceux à qui il a bien voulu parler, il a conservé sa grandeur et sa majesté jusqu'à son dernier soupir.

Vers les deux heures après midi, madame de Maintenon étant seule dans la chambre du Roi, Sa Majesté fit venir le chancelier; elle lui fit ouvrir des cassettes dont elle lui fit brûler partie des papiers, et lui donna ses ordres sur les autres avec la même présence et la même tranquillité d'esprit qu'elle avoit coutume de les lui donner dans ses conseils. Ce travail dura environ deux heures.

Il fit encore venir, sur les six heures, le chancelier, et, madame de Maintenon présente, il travailla environ une demi-heure avec lui. Le reste de la journée madame de Maintenon resta seule, et le Père Le Tellier, son confesseur, eut de temps en temps des conférences de piété avec lui, comme il les avoit eues le matin et le dimanche, n'ayant pas été, depuis sa confession, une heure sans parler de piété avec son confesseur ou madame de Maintenon.

À dix heures du soir on pansa sa jambe, et on trouva non-seulement que la cangrène n'avoit fait aucun progrès depuis le matin, mais qu'en tout la jambe étoit mieux.

Ses forces revinrent un peu pendant l'après-dînée; cela donna une lueur d'espérance à ceux qui aiment à se flatter, mais ceux qui n'écoutèrent et ne consultèrent que la raison cessèrent d'espérer.

Le mardi 27, l'état du Roi fut toute la journée presque semblable à celui de la veille; cependant Sa Majesté s'affoiblissoit de plus en plus; elle eut même quelques momens de convulsions et quelques légères absences d'esprit, mais la cangrène ne fit aucun progrès, et quand on la pansa, le soir à dix heures, on la trouva comme la veille, au-dessous de la marque que l'habitude qu'il a eue de porter toujours une jarretière sous le genouil avoit faite autour de la jambe.

Pendant la nuit et le jour il fit entrer à vingt reprises le Père Le Tellier dans sa chambre pour parler de Dieu. Madame de Maintenon y resta presque toujours; il fit entrer aussi quelquefois le chancelier. Les premiers gentilshommes n'y entrèrent que dans le temps qu'il prit des bouillons.

Il entendit la messe à midi, et il ordonna qu'il n'y eût que le premier aumônier et les deux aumôniers de quartier qui entrassent dans sa chambre.

Sur le soir il fit appeler, par le Père Le Tellier, le comte de Pontchartrain, secrétaire d'état de sa maison et de Paris, qui étoit dans le cabinet, et lui dit :

« Aussitôt que je serai mort, vous expédierez un brevet pour faire porter mon cœur à la maison professe des

Jésuites et l'y faire placer de la même manière que celui du feu Roi mon père. Je ne veux pas qu'on y fasse plus de dépense. »

Il lui donna cet ordre avec la même tranquillité qu'il ordonnoit, en santé, les choses les plus indifférentes.

Il avoit déclaré, le dimanche, qu'il vouloit qu'aussitôt qu'il seroit expiré on menât le Dauphin à Vincennes. Le mardi, il se souvint que le grand-maréchal-des-logis n'avoit jamais fait le logement dans ce château, où il y a plus de cinquante ans que la cour n'avoit logé; il ordonna qu'on allât prendre un plan qu'il avoit de ce château, dans un endroit qu'il indiqua, et qu'on le portât au grand-maréchal-des-logis, pour lui faciliter le logement qu'il devoit faire.

Il dit sur le soir, à madame de Maintenon : « J'ai toujours ouï dire qu'il est difficile de mourir; pour moi, qui suis sur le point de ce moment si redoutable aux hommes, je ne trouve pas que cela soit si difficile. »

Le mercredi 28, la nuit du mardi au mercredi fut semblable aux précédentes; mais sur les sept heures du matin, un moment après qu'il eut envoyé quérir le Père Le Tellier, qui ne faisoit que sortir du cabinet, où il avoit couché, on crut qu'il étoit à l'extrémité, et cela fit un si grand mouvement dans le château que tout le monde crut qu'il expiroit. Dans cet instant plein de cris et de gémissemens, il aperçut dans ses miroirs deux de ses garçons de la chambre qui pleuroient au pied de son lit, et il leur dit : « Pourquoi pleurez-vous ? Est-ce que vous m'avez cru immortel ? Pour moi je ne l'ai jamais cru être, et vous avez dû depuis longtemps vous préparer à me perdre. »

Sur les onze heures du matin il se présenta un Provençal nommé *Brun*, inconnu à tout le monde, qui, venant de Marseille à Paris, et ayant ouï dire sur le chemin l'état où étoit le Roi, avoit pris la poste et apporté un élixir qu'il prétend être infaillible pour la cangrène. On le fit parler aux médecins, et, après qu'il leur eut dit de quoi sa drogue est composée, on en fit prendre à midi dix gouttes au Roi, dans trois cuillerées de vin d'Alicante. Sa Majesté, en prenant ce breuvage qui sent fort mauvais, dit : « Je ne le prends ni dans l'espérance ni dans le désir de guérir; mais je sçais que, dans l'état où je suis, je dois obéir aux médecins. »

Cette drogue est un élixir fait avec le corps d'un animal, de la même manière, à peu près, qu'on fait les gouttes d'Angleterre, avec les crânes d'hommes.

Brun en prit avant qu'on en donnât au Roy, qui, une heure après en avoir pris, se sentit un peu plus fort, effet ordinaire des remèdes fort spiritueux; mais peu de temps après Sa Majesté retomba en foiblesse, et on trouva son pouls plus mauvais, ce qui fit que, sur les quatre heures, il y eut une si grande dispute entre les médecins et les courtisans, pour savoir si on continueroit ou non à donner ce remède au Roy, que monsieur le duc d'Orléans fut appelé pour en décider. Il fit entrer Brun dans la chambre du Roi, il lui fit tâter son pouls; après quoi il fut résolu, puisqu'il n'y avoit plus d'espérance de sauver le Roi, qu'on lui donneroit encore cet élixir pour le soutenir quelques heures de plus. Il en prit à huit heures du soir, et sa jambe fut pansée à l'ordinaire. On trouva, comme la veille, que la cangrène n'avoit fait aucun progrès; mais le pouls fut très mauvais pendant tout le jour, l'assoupissement assez continuel, et la tête, par intervalles, fortement embarrassée, en sorte que de la journée il ne parla presque qu'à son confesseur.

Madame de Maintenon n'alla dans sa chambre que l'après-dînée, même assez tard, et l'ayant trouvé fort assoupi, elle en sortit sans lui parler. Elle alla sur les sept heures du soir coucher à Saint-Cyr pour y faire ses dévotions le lendemain matin, et retourner à Versailles si la vie du Roi se soutenoit encore.

Le jeudi 29, on continua, la nuit du mercredi et tout le jeudi, à donner au Roi, de huit en huit heures, le remède de Brun; on le fit même entrer dans la chambre du Roi comme les autres médecins, toutes les fois que Sa Majesté le prit.

Il parut le matin que cet élixir spiritueux ranimoit le Roi et lui donnoit plus de force qu'il n'en avoit eu la veille, et, comme la plupart des gens sont extrêmes en tout, et surtout les dames, elles chantèrent victoire tout le jour; elles voulurent que Brun fût une espèce d'ange envoyé du ciel pour guérir le Roi, et qu'on rejettât tous les médecins de la cour et de la ville. Enfin, il passoit pour si constant que le Roi alloit guérir qu'on donnoit des noms désagréables à ceux qui, avec plus de raison, disoient que, le pouls du Roi étant extremement mauvais, il ne falloit regarder cet élixir que comme un peu d'huile qu'on remet dans une lampe qui s'éteint, et qui s'éteindra entièrement dans quelques momens.

Ce même jour le Roi entendit la messe, qu'il n'avoit pu entendre la veille. Sa Majesté mangea entre six et sept heures du soir deux petits biscuits dans du vin avec assez d'appétit; elle prit encore à huit heures du soir de l'élixir de Brun. Il parut, quand elle le prit, que sa tête commençoit à être fort embarrassée, et Sa Majesté dit elle-même qu'elle n'en pouvoit plus. Enfin, sur les dix heures et demie du soir, on leva l'appareil de la jambe pour la panser, et on trouva malheureusement que la gangrène étoit dans tout le pied, qu'elle avoit gagné le genou et que la cuisse étoit enflée. Alors le Roi, quoique sa connoissance ne fût presque plus que machinale, dit qu'il s'évanouissoit.

Madame de Maintenon et son confesseur furent presque tout le jour dans sa chambre. Il fit encore cette même après-dînée des actes de piété avec la résignation d'un vrai chrétien aux volontés de Dieu.

Le vendredi 30, le Roi fut toute la journée dans un assoupissement presque continuel et n'eut presque plus de connoissance. Son confesseur, qui ne le quittoit plus, n'en put rien tirer toute l'après-dînée.

Le soir on leva l'appareil à l'heure ordinaire; on trouva la jambe aussi pourrie que s'il y avoit eu six mois qu'il fût mort, et l'enflure de la cangrène au genou et dans toute la cuisse.

Cependant ce prince étoit né avec une si bonne constitution et un tempérament si robuste qu'il combattit encore contre la mort; il prit de la gelée et but de temps en temps de l'eau pure; car il refusoit la boisson dès qu'il y sentoit du vin. Il dit en buvant quelques paroles, mais tout cela sans connoissance distincte.

Madame de Maintenon s'en alla à cinq heures à Saint-Cyr pour n'en plus revenir. Avant de partir, elle distribua dans son domestique le peu de meubles qu'elle avoit; elle dit un éternel adieu à ses nièces, et leur déclara qu'elle ne vouloit pas que qui que ce fût au monde l'allât voir à Saint-Cyr.

Le samedi 31, le Roi fut sans connoissance toute la journée, les momens lucides ayant été fort courts, et, dans le peu qu'il dit, il parut qu'il s'impatientoit de ne pas voir la fin d'une aussi longue agonie.

La cangrène continuoit en vain à faire des progrès; la mort ne pouvoit achever de le détruire, tant la force de sa constitution étoit prodigieuse.

Il prit, comme la veille, de la gelée et quelques verres d'eau; mais quand on lui donnoit de la gelée ou à boire avec le biberon, il falloit lui ouvrir la bouche et lui tenir les mains, parce que, sans cela, il ôtoit de sa bouche tout ce qu'on y mettoit.

Madame la duchesse du Maine souhaita qu'on lui donnât le remède que le médecin Agnan donnoit pour la petite vérole; les médecins y consentirent, parce que, n'y ayant plus aucune ressource, il valoit autant qu'il mourût après avoir pris ce remède que sans l'avoir pris.

A dix heures et demie du soir on lui dit les prières des agonizans, de crainte qu'il n'expirât pendant la nuit. La voix des aumôniers qui faisoient les prières ranima tellement ses esprits, qui paroissoient comme éteints, que pendant les prières il dit à plus haute voix qu'eux l'*Ave Maria* et le *Credo* à plusieurs reprises, par la grande habitude que Sa Majesté avoit de les prononcer.

Le dimanche 1er septembre, le Roi mourut à huit heures et un quart et demi du matin. Il rendit l'âme sans aucun effort, comme une bougie qui s'éteint. Il avoit passé la nuit sans connoissance.

Aussitôt qu'il eut les yeux fermés, monsieur le duc d'Orléans alla, avec tous les princes du sang, saluer le jeune Roi. Dès que cet auguste enfant s'entendit traiter de Sire et de Majesté, il fondit en larmes et en sanglots, sans qu'on lui eût dit que le Roi fût mort.

Quand les princes du sang furent sortis, tous les seigneurs et les principaux courtisans qui se trouvèrent alors à Versailles entrèrent pêle-mêle, et monsieur le duc d'Orléans, en les présentant au Roi, lui dit : « Sire, voilà les seigneurs et les principaux de votre cour qui viennent faire la révérence à Votre Majesté et l'assurer de leurs profonds respects. »

Le chancelier alla ensuite avec quelques conseillers d'état assurer le Roi de sa très humble obéissance. Peu de temps après, monsieur le duc du Maine, général des Suisses, en présenta les chefs au Roi.

Le premier président et les avocats généraux furent prendre l'ordre de monsieur le duc d'Orléans pour l'ouverture du testament, qui se fit dans la forme avec les cérémonies suivantes.

# MONSIEUR LE DUC D'ORLÉANS

### RÉGENT DU ROYAUME.

Le 2 septembre, monsieur le duc d'Orléans, neveu unique du feu Roi, se rendit au parlement. Avant son arrivée la séance commença à six heures et demie du matin.

On y mit d'abord en délibération de quelle manière on iroit au devant de monsieur le duc d'Orléans.

On décida que messieurs Le Pelletier et Le Bayeul, les deux derniers présidens à mortier, et messieurs Gaudart et Cadeau, conseillers, iroient à la Sainte-Chapelle lorsqu'on auroit avis de son arrivée ; qu'ils entendroient le reste de la messe placés derrière lui ; qu'ensuite les deux présidens à mortier passeroient à ses côtés, et qu'ils l'amèneroient jusque dans la grand'chambre, quoique les princes dussent l'accompagner.

On appela ensuite messieurs les gens du Roi, pour leur dire qu'aussitôt la séance finie ils eussent à se rendre à Versailles pour aller sçavoir du nouveau Roi le jour qu'il voudroit prendre pour venir recevoir les respects de son parlement et y tenir son lit de justice, et qu'ils en donnassent aussitôt avis à la compagnie.

A huit heures trois quarts on vint avertir que monsieur le duc d'Orléans entendoit la messe à la Sainte-Chapelle ; aussitôt les députés sortirent pour aller le recevoir.

Lorsqu'il fut arrivé et qu'il eut pris la place qui lui convenoit, il parla en ces termes :

« Messieurs,

» Après tous les malheurs qui ont accablé la France et la perte que nous venons de faire d'un grand Roi, notre unique espérance est en celui que Dieu nous a donné ; c'est à lui, Messieurs, que nous devons à présent nos hommages et nos fidelles obéissances ; c'est moi, comme le premier de ses sujets, qui dois l'exemple de cette fidélité inviolable pour sa personne, et d'un attachement encore plus particulier que les autres aux intérêts de son Etat. Ces sentimens connus du feu Roi m'ont attiré sans doute les discours pleins de bonté qu'il m'a tenus dans les derniers instans de sa vie, et dont j'ai cru vous devoir rendre compte. Après avoir reçu le Viatique il m'appella et me dit : « Mon neveu, j'ai fait un testament où je vous ai conservé tous les droits que vous donne votre naissance. Je vous recommande le Dauphin ; servez-le aussi fidèlement que vous m'avez servi, et travaillez à conserver son royaume ; s'il vient à manquer, vous serez le maître, et la couronne vous appartient. » A ces paroles il en ajouta d'autres qui me sont trop avantageuses pour pouvoir les répéter. Il finit en me disant : « J'ai fait les dispositions que j'ai cru les plus sages ; mais comme on ne sauroit tout prévoir, s'il y a quelque chose qui ne soit pas bien, on le changera. » Ce sont ses propres termes.

» Je suis donc persuadé que, suivant les lois du royaume, et suivant les exemples de ce qui s'est fait en pareilles conjonctures et la destination même du feu Roi, la régence m'appartient ; mais ce ne sera pas sans vos sages remontrances. Je vous les demande par avance, en protestant dans cette auguste assemblée que je n'aurai d'autre dessein que de soulager les peuples, de rétablir le bon ordre dans les finances, de retrancher les dépenses superflues, d'entretenir la paix au dedans et au dehors du royaume, de rétablir surtout l'union et la tranquillité dans l'Eglise, et de travailler enfin avec toute l'application qui me sera possible à tout ce qui peut rendre un Etat heureux. Ce que je demande encore à présent, Messieurs, c'est que les gens du Roi donnent leurs conclusions sur les propositions que je viens de faire, et qu'ils délibèrent, aussitôt que le testament aura été lu, sur les titres que j'ai pour parvenir à la régence, en commençant par le premier, c'est-à-dire celui que je tiens de ma naissance et des loix du royaume. »

Monsieur Joly de Fleury, avocat général, portant la

parole, répondit « que la juste douleur dont ils étoient pénétrés par la grande perte que l'Etat venoit de faire ne leur auroit permis de s'expliquer que par des larmes, si le zèle qu'ils avoient pour le bien public ne les forçoit de surmonter leur affliction pour s'expliquer sur ce qui concerne le bien de l'Etat; que la naissance de monsieur le duc d'Orléans l'appeloit à la régence, mais qu'il osoit avancer que ses éminentes qualités affermissoient encore son droit incontestable à cette haute dignité; que l'édit du mois d'août 1744 faisoit la loi de la compagnie, et qu'il la chargeoit en même temps du dépôt inviolable du testament du feu Roi; qu'il requéroit qu'on en fît ouverture, aussi bien que du codicille, après quoi il seroit délibéré préalablement sur la qualité de régent. »

Après que monsieur Joly de Fleury eut parlé, les gens du Roi se retirèrent au parquet; la compagnie délibéra, et d'une voix unanime il intervint un arrêt conforme aux conclusions des gens du Roi.

Alors monsieur le premier président, monsieur le procureur général et monsieur Dongois se transportèrent, avec leurs clefs, à l'endroit où étoit le testament, qu'ils apportèrent.

Le testament apporté, il en fut fait lecture par un de Messieurs.

La lecture du testament finie, monsieur Joly de Fleury conclut à ce que la qualité de régent seroit donnée à monsieur le duc d'Orléans, et sur-le-champ elle lui fut encore déférée tout d'une voix, avec de grands éloges.

Messieurs les gens du Roi donnèrent en même temps leurs conclusions pour l'entrée de monsieur le duc d'Orléans dans le conseil de la régence et pour sa qualité de chef du conseil. Le même droit d'entrée dans le conseil de la régence fut établi pour les autres princes du sang dès qu'ils auroient atteint l'âge de vingt-trois ans.

Monsieur le duc d'Orléans proposa alors l'établissement des nouveaux conseils; mais la longueur de la séance du matin ne permettant pas de délibérer plus longtemps, on arrêta de s'assembler l'après-midi pour pourvoir au reste des affaires dont il s'agissoit alors.

Monsieur le duc ayant dit qu'il reviendroit au parlement à trois heures et demie, la séance recommença à quatre.

Dès qu'il fut arrivé il demanda les gens du Roi, et, un moment après, il dit qu'après des réflexions plus mûres il étoit bien aise de s'exprimer sur le projet des conseils dont il avoit parlé le matin; qu'à l'égard du conseil de régence il étoit dans le dessein de s'y soumettre à la pluralité des voix, et de préférer les lumières des autres aux siennes, mais que la nomination aux charges, aux emplois et aux bénéfices, appartenoit à lui seul; qu'il vouloit être indépendant pour faire le bien, et qu'il consentoit d'avoir les mains liées pour ne point faire le mal; qu'il croyoit qu'on lui laisseroit la liberté d'ajouter ou diminuer au conseil de régence tout ce qu'il jugeroit à propos, et d'attacher plusieurs conseils particuliers pour la guerre, les finances, la marine et l'Eglise, dont il auroit le choix des sujets, et surtout pour la nomination des bénéfices, où il feroit entrer un magistrat choisi du parlement, toujours attentif à conserver les droits et la liberté de l'Eglise gallicane.

Il ajouta qu'il avoit encore une autre proposition à faire en ce qui concernoit le commandement des troupes de la maison du Roi, qui ne pouvoit être divisé; que le partage de cette autorité étoit une occasion de troubles et de guerre civile; qu'il étoit néanmoins bien persuadé que le prince à qui ce commandement étoit déféré par le testament concourroit toujours avec lui au bien de l'Etat; mais que, comme les officiers de la maison ne pouvoient recevoir l'ordre que du Roi seul, qu'il représentoit en qualité de régent, il prétendoit avoir seul droit de les commander, à l'exclusion de tout autre.

Messieurs les gens du Roi s'étant levés, on prit des conclusions sur tout ce qui venoit d'être dit, et on requit, après la déclaration faite par monsieur le duc d'Orléans, que, puisqu'il vouloit bien se soumettre à la pluralité des voix du conseil de régence, à l'exception des charges, emplois, bénéfices et graces, dont il se réservoit la nomination, il eût la liberté de former le conseil de la régence de tels autres particuliers qu'il jugeroit à propos, et d'y admettre les personnes qu'il en estimeroit les plus dignes, le tout suivant le projet qu'il devoit communiquer à la cour; que monsieur le duc du Maine seroit sur-intendant à l'éducation du Roi; qu'il n'auroit nulle supériorité sur monsieur le duc, et que le commandement de toutes les troupes demeureroit à monsieur le duc d'Orléans.

Ce prince alors se leva, et on cria :

*Vive le Roi! Vive monsieur le Régent!*

Il retourna ensuite au Palais-Royal, au milieu des acclamations du peuple, qui reçut avec profusion des témoignages de libéralité.

FIN DU DOUZIÈME ET DERNIER VOLUME DE LA 2ᵉ SÉRIE.

# TABLE DES PIÈCES

CONTENUES DANS CE VOLUME.

Pages.

Factum pour dame Marie-Marguerite d'Aubray, marquise de Brinvilliers, accusée, contre dame Marie-Thérèse Mangot, vefve du sieur d'Aubray, lieutenant civil, accusatrice; et monsieur le procureur général. . . . . . . . . . .   5

Arrest de la Cour de parlement contre dame Marie-Marguerite d'Aubray, espouse du sieur marquis de Brinvilliers. — Du 16 juillet 1676. . . . . . . . . . . . .   75

Mémoire du procez extraordinaire contre la dame de Brinvilliers, cy-devant prisonnière en la Conciergerie du Palais, accusée, et exécutée le 17 juillet 1676. . . . . . .   81

Factum du procez extraordinairement fait à la Chaussée, valet de Sainte-Croix, pour raison des empoisonnemens des sieurs d'Aubray, lieutenans civils. . . . . . . . . . . .   111

Description du Château de Marly. . . . . . . . . . .   125

Description de la Machine de Marly. . . . . . . . .   149

Des Baisers d'étiquettes donnés par le Roi, les Reines et les Filles de France, à propos de la réception de l'Ambassadrice de Hollande. . . . . . . . . . . . . . .   157

De la soirée et du lendemain de la première nuit que monsieur le duc et madame la duchesse de Bourgogne ont passé ensemble. . . . . . . . . . . . . . . . .   165

Le Détail de la France, la cause de la diminution de ses biens et la facilité du remède (1695). . . . . . . .   175

458 TABLE DES PIÈCES CONTENUES DANS CE VOLUME.

Pages.

Journal de Verdun. — Articles qui concernent ce qui s'est passé de plus considérable en France depuis les mois de Janvier, Février, Mars, Avril, Mai, Juin, Juillet, Août et Septembre 1715. . . . . . . . . . . . . . 315

*Extraits inédits des registres de l'Hôtel-de-Ville de Paris (années 1700 à 1703).*

Présens de la Ville à mademoiselle Bosc, à cause de son mariage. . . . . . . . . . . . . . . . . . 403
Actes des espèces aportées, déposées en l'Hostel-de-Ville par les directeurs de l'Hôpital général, pour la lotterie en faveur dudit hôpital. . . . . . . . . . . . . 404
Le buste du Roy posé dans la grande salle. . . . . 407
Semonce par les Carmes pour la procession du jour de Saint-Louis. . . . . . . . . . . . . . . . 407
Procession du jour de la Saint-Louis. . . . . . . 408
Mort du duc de Glocester. . . . . . . . . . . 409
Écritoire d'argent pour monsieur Le Nain, advocat général. 409
Testament du Roy d'Espagne. . . . . . . . . . 410
Complimens et présens faits par la Ville au Roy d'Espagne, Philippe V, sur son départ pour l'Espagne. . . . . 411
Mémoire présenté au Roy, par l'Université de Paris, au sujet de la préséance sur le corps de la Ville dans les cérémonies publiques. . . . . . . . . . . . . . . . 418
Victoire et prise de Luzzara. . . . . . . . . . . 421
Bataille de Friedlinguen. . . . . . . . . . . . 423
Prise de Brisach. . . . . . . . . . . . . . . 425
Bataille et victoire d'Ulm. . . . . . . . . . . . 429

Mort de Louis XIV (1715). . . . . . . . . . . 433
Monsieur le duc d'Orléans régent du royaume. . . . 451

# CONCLUSION.

---

Encore un siècle derrière nous, grand et merveilleux siècle entre tous ceux que l'humanité a pu compter jusqu'à ce jour, dont elle gardera longtemps encore, quoi qu'on ait pu dire, l'impérissable mémoire : prodigieux résultat des douze siècles de civilisation qui l'avaient précédé en France, sublime halte dans la gloire! Il faut le quitter cependant ce siècle de merveilles dans lequel notre pensée s'était comme habituée à vivre, car le temps n'a pas pour lui ralenti son pas d'une seule minute. Déjà la France impatiente s'élance vers d'autres destinées. Puisse-t-elle un jour insérer dans ses fastes des pages, sinon identiques, au moins aussi glorieuses !

La Providence avait assigné au xviie siècle une tâche multiple dans sa majestueuse unité. Entre Richelieu et Louis XIV, ces deux solides colonnes qui soutiennent le poids de l'édifice du grand siècle, que de choses toutes dignes d'admiration sont venues s'encadrer, sur lesquelles a dû s'arrêter notre regard studieux. En vain le soleil de la royauté à son apogée semble occuper tout l'espace, ses rayons ne font qu'éclairer une perspective profonde et variée où la forme de tous les objets est nettement, vigoureusement accusée. Nous avons fait de notre mieux pour reproduire, dans tous ses principaux détails, cette éblouissante série de faits mémorables qui se déroule dans notre histoire entre les années 1614 et 1715 ; de là le caractère quelque peu encyclopédique des pièces que nous avons soumises à l'appréciation de nos lecteurs.

Spectateurs toujours attentifs du grand duel qui se passe entre l'aristocratie et la royauté, du pompeux et long triomphe de celle-ci sur sa rivale, nous n'avons pas pour cela cessé un seul instant d'avoir les yeux sur le peuple, qui déjà prépare bruyamment son rôle, et que bientôt nous allons voir s'emparer de la scène toute entière.

Ce n'est pas Louis XIII, Richelieu, Mazarin ou Louis XIV lui-même, c'est toute la nation que nous avons voulu qu'on pût retrouver, s'agitant et vivant, dans les précieux matériaux historiques que notre seconde série livre pour la première fois ou de nouveau à la publicité qu'ils méritent. Nous avons désiré qu'on pût retrouver dans la religion, l'art, les lettres, la science, l'industrie, les mœurs, les tendances intellectuelles, les bouleversements même du sol, aussi bien que dans les événements politiques proprement dits, toutes les principales manifestations de notre vie sociale, et parmi celles-ci il en est peu d'importantes qui ne puissent être étudiées dans un ou plusieurs des documents contenus dans nos douze derniers volumes. En procédant ainsi nous avons cru non seulement obéir au premier de nos besoins moraux, celui d'être utiles, et utiles à tous, mais encore élever, autant qu'il était en nous de pouvoir le faire, notre recueil à la hauteur de la science historique moderne, laquelle semble en ce moment chercher partout les éléments d'une vaste et complète synthèse.

La profusion des petites pièces n'a pas été aussi grande dans cette seconde partie de notre œuvre que dans la première; cela n'a pas dépendu de nous précisément. Déjà vers la fin du XVI$^e$ siècle les auteurs donnent plus d'étendue à leurs écrits; au XVII$^e$ siècle il semble que la pensée nationale ait encore gagné en puissance : on use plus largement de la faculté d'écrire. Un homme, un événement, une idée ne suffisent plus à l'écrivain; c'est une suite d'idées, une classe entière d'individus, un enchaînement de faits, en un mot un ensemble quelconque qu'il s'efforce d'embrasser. D'autre part, le style gagne en clarté, en précision; on dit infiniment plus en moins de mots. Ceci peut expliquer comment, sans nous mettre cependant trop à l'étroit, nous avons pu, au lieu de quinze volumes que nous croyions devoir nous être nécessaires, renfermer en douze seulement les faits remarquables qui ont précédé la régence.

En terminant cette seconde série, qu'il nous soit permis d'adresser l'expression de toute notre reconnaissance au public éminemment distingué, sérieux, bienveillant, qui a encouragé de tous ses moyens la publication de notre collection des *Archives curieuses de l'histoire de France*. Nous sentons profondément combien nous lui sommes redevables, et nous comptons bien, par un redoublement d'activité et de zèle, acquitter, dans la troisième partie de notre œuvre, la dette morale que nous avons contractée envers lui.

Après le public, après la presse de toutes les opinions, qui ne s'est pas lassé de nous prodiguer ses encouragements et ses conseils, l'expression de notre reconnaissance est encore acquise à une foule de personnes qui nous ont mis à même de continuer notre important travail par les secours de toute espèce qu'elles ont mis à notre disposition. Nous ne pouvons nommer tous ceux qui nous ont obligés, mais nous voulons remercier publiquement d'abord notre ami et collaborateur Isidore Jassogne, qui a partagé avec nous tous les travaux de cette seconde série. Nous devons aussi témoigner notre gratitude au savant bibliophile M. Paul Lacroix, qui a mis à notre disposition, avec la plus grande complaisance, les trésors que renfermait sa bibliothèque ; à M. Laurentie, qui, au milieu des graves préoccupations de la politique et des études profondes auxquelles il se livre pour nous doter d'une *Histoire de France,* n'a cessé de nous prêter un appui efficace ; à MM. Daunou, Saunier, Sainte-Beuve, Charles Labitte, Toussenel, Philarète Chasle, Ferdinand Denis, Paulin Paris, Charles Rabou, Léon Gozlan, S. Dumont, qui ont bien voulu nous éclairer de leurs savants conseils et nous encourager de leurs précieux suffrages.

Enfin, reconnaissons hautement, afin qu'un homme puissant naguère n'ait point le droit de nous inscrire au nombre des ingrats qu'il a faits, les encouragements dont M. de Salvandi a honoré notre travail, aussi bien que la généreuse protection qu'il nous a accordée contre des attaques injustes et perfides.

F. Danjou.

# TABLE GÉNERALE DES MATIÈRES

CONTENUES DANS LA 2ᵉ SÉRIE

DES ARCHIVES CURIEUSES DE L'HISTOIRE DE FRANCE.

---

Advis au Roy des moyens de bannir le luxe du royaume, etc., t. 1, p. 431.

Arrest de la Cour de parlement, portant règlement pour les salaires des gens d'Église, t. 3, p. 211.

Arrest de la Cour de parlement, contre dame Marie-Marguerite d'Aubray, espouse du sieur marquis de Brinvilliers. — Du 16 juillet 1676, t. 12, p. 75.

Articles accordez à monsieur le duc d'Espernon, t. 2, p. 71.

Articles accordez entre le Très-Chrestien Roy de France et de Navarre, et le sérénissime Roy de la Grande-Bretagne, pour le commerce, t. 2, p. 346.

Articles de la Paix accordée entre le Roy Très-Chrestien et le Roy de Marroque, t. 3, p. 375.

Audience (l') donnée par le Roy à la Royne sa mère, t. 2, p. 91.

Baisers (des) d'étiquettes donnés par le Roi, les Reines et les Filles de France, à propos de la réception de l'ambassadrice de Hollande, t. 12, p. 157.

Chasse (la) au viel Grognard de l'antiquité, t. 2, p. 363.

Conclusion, t. 12, p. 459.

Consultations (les) charitables pour les malades, par Théophraste Renaudot, t. 6, p. 243.

Contadin (le) provençal, t. 2, p. 105.

Copie du Billet imprimé à Saint-Germain-en-Laye, qui a esté semé dans Paris par le chevalier de La Valette, tendant à faire souslever les Parisiens contre le Parlement, t. 7, p. 465.

Copie du second billet imprimé à Saint-Germain-en-Laye, et semé dans Paris par le chevalier de La Valette, t. 7, p. 473.

Dernières paroles de monseigneur le maréchal de Fabert, décédé à Sedan le 17 mai 1662, t. 10, p. 195.

Description de la nouvelle église de l'Hôtel royal des Invalides, t. 11, p. 119.

Description du Château de Marly, t. 12, p. 125.

Description de la Machine de Marly, t. 12, p. 149.

Détail (le) de la France, la cause de la diminution de ses biens et la facilité du remède (1695), t. 12, p. 175.

Discours au vray de tout ce qui s'est passé au voyage du sieur Sanson Nappollon, tant à Constantinople qu'à Thunis et Argers, pour le traité de la paix de Barbarie, avec le compte et l'estat de la recepte et despence sur ce faict et rachapt des esclaves, t. 4, p. 95.

Discours sur les mœurs et humeurs de M. Servin, advocat général au Parlement de Paris, t. 3, p. 173.

Discours sur l'histoire des Fondations et des Établissemens faits sous le règne de Louis-le-Grand, t. 11, p. 7.

Discours véritable de ce qui s'est passé entre les habitans de la ville de Metz et les peuples circonvoisins, t. 3, p. 443.

Embellissemens de la ville de Paris, t. 6, p. 309.

Entretien familier du Roy et de la Reyne régente, sa mère, sur les affaires du temps (1649), t. 7, p. 449.

Establissement des Grands-Jours à Poictiers, t. 6, p. 275.

Establissement de l'Académie de Richelieu, t. 5, p. 137.

Estat de la France, comme elle estoit gouvernée en l'an 1648 et 1649, où sont contenues diverses remarques et particularitez de l'histoire de nostre temps, t. 6, p. 385.

Exposition de Balthasar Gerbier sur l'establissement des Monts-de-Piété, t. 6, p. 233.

Extraicts du *Mercure François* pour les années 1643 et 1644, t. 6, p. 333.

Extrait des Comptes de dépenses pour le ballet du Roy, t. 6, p. 66.

Extrait des raisons et plaintes que la Royne mère du Roy fait au Roy son fils, t. 2, p. 81.

Extraits du *Courrier François* apportant toutes les nouvelles de ce qui s'est passé depuis la mort de Louis XIII jusqu'à l'année 1649, t. 7, p. 361.

Extraits inédits des registres et croniques de l'Hostel-de-Ville de Paris, t. 2, p. 411.

Extraits inédits des registres de l'Hôtel-de-Ville de Paris, t. 6, p. 361.

Extraits inédits des registres de l'Hôtel-de-Ville (1648-1649), t. 7, p. 273.

Extraits inédits des registres de l'Hôtel-de-Ville (1646-1653), t. 9, portant les titres suivans :

> Ordonnance pour supprimer des registres ce qui a rapport aux années 1646 à 1653, p. 205.
>
> Nominations de deux eschevins, p. 217.
>
> Préparatifs pour un bal à la Ville où le Roy doit venir, p. 229.
>
> Arrestation des princes. — 20 Janvier 1650, p. 251.
>
> Exemptions de taxes des ouvriers logez dans le Louvre. — 25 Janvier 1650, p. 251.
>
> Recommandations de la Reyne aux autorités municipales, au sujet du voyage du Roy dans la Normandie, p. 295.
>
> Troubles dans Paris à l'occasion du parlement de Bordeaux et de la captivité des princes, p. 301.
>
> Don du Roy, de 1,800 livres, à Messieurs de la Ville, pour achapt d'armes pour leur conservation, p. 309.
>
> Permission de mettre des poteaux aux avenues de la rue de la Cordonnerie, pour procurer du repos à un malade, p. 311.
>
> Permission donnée aux huissiers de porter la robe et tocque noires, p. 313.
>
> Lettre de monseigneur l'archevesque de Paris pour l'establis-

sement des pauvres au faubourg Saint-Anthoine, p. 317.

Maison de la Providence, p. 321.

Communication, par le Roy et la Reyne, d'une sorte de Mémoire sur les affaires les plus importantes et les plus pressées de l'État, p. 323.

Assemblée tenue pour aviser au secours et soulagement des Pauvres, p. 335.

Siége de l'Hostel-de-Ville, suivi d'incendie et de massacre, le 4 juillet 1652, p. 345.

Démission du prévost des marchands, Anthoine Lefebvre, p. 369.

Election de Broussel, p. 375.

Construction de moulins avec privilége royal, p. 389.

Séditieux du 4 juillet condamnés à estre pendus en place de Grève, p. 391.

Mesures prises contre les désordres occasionnés par les troupes campées autour de Paris, p. 393.

Exposé de la situation de la ville de Paris, p. 395.

Nouvelles mesures contre les désordres occasionnés par les troupes qui sont autour de Paris, p. 401.

Levée d'une somme de 150,000 livres sur les Parisiens, qui doit estre employée à l'exécution des arrests contre Mazarin, p. 403.

Tentative d'union de la ville de Paris avec les autres villes du royaume, p. 405.

Rétablissement d'imposts, p. 411.

Mesures pour le prélèvement des taxes imposées à la population parisienne, p. 415.

Installation du duc de Beaufort comme gouverneur de la ville de Paris, p. 419.

Pouvoirs octroyés par le duc d'Orléans au duc de Beaufort, p. 423.

Injonctions faites à certains membres du bureau de la Ville d'aller rejoindre le Roy à Ponthoise, p. 427.

Conduite du duc d'Orléans et de Broussel à l'égard des mesures dirigées par le Roy contre le bureau de la Ville, p. 431.

Concession à monsieur de Beaufort, en raison des services

éminens qu'il a rendus à la ville de Paris, d'un cours
d'eau provenant des sources de Belleville, p. 435.

Négociations entre la ville et la cour, tendant à la paix,
p. 437.

Déclaration de Son Altesse Royalle et de monsieur le Prince,
en date du 2 septembre 1652, concernant l'amnistie donnée par le Roy, p. 446.

Lettre adressée par le corps de ville à la Reyne, p. 448.

Voyage du sieur Pièlre, procureur du Roy et de la Ville,
à Compiègne, p. 450.

Responce du Roy au sieur Pièlre, procureur de Sa Majesté
en l'Hostel-de-Ville de Paris, tendant au restablissement
des cours souveraines, et à envoyer les passeports nécessaires aux officiers, communautez, bourgeois et habitans de sa bonne ville de Paris, p. 454.

Émotion dans la rue Saint-Honoré; réaction contre la
Fronde dans le peuple et même au sein de l'Hostel-de-
Ville, p. 459.

Extraits inédits des registres de l'Hostel-de-Ville (1700-1703), t. 12,
portant les titres suivans :

Présens de la Ville à mademoiselle Bosc, à cause de son
mariage, p. 403.

Actes des espèces aportées, déposées en l'Hostel-de-Ville
par les directeurs de l'Hôpital général, pour la lotterie
en faveur dudit hôpital, p. 404.

Le buste du Roy posé dans la grande salle, p. 407.

Semonce par les Carmes pour la procession du jour de
Saint-Louis, p. 407.

Procession du jour de la Saint-Louis, p. 408.

Mort du duc de Glocester, p. 409.

Ecritoire d'argent pour monsieur Le Nain, advocat général, p. 409.

Testament du Roy d'Espagne, p. 410.

Complimens et présens faits par la Ville au Roy d'Espagne,
Philippe V, sur son départ pour l'Espagne, p. 411.

Mémoire présenté au Roy par l'Université de Paris, au

sujet de la préséance sur le corps de la Ville dans les cérémonies publiques, p. 418.

Victoire et prise de Luzzara, p. 421.

Bataille de Friedlinguen, p. 423.

Prise de Brisach, p. 425.

Bataille et victoire d'Ulm, p. 429.

Factum pour maistre Urbain Grandier, curé de l'église de Sainct-Pierre-du-Marché de Loudun, et l'un des chanoines en l'église Saincte-Croix dudict lieu, t. 5, p. 225.

Factum pour dame Marie-Marguerite d'Aubray, marquise de Brinvilliers, accusée, contre dame Marie-Thérèse Mangot, vefve du sieur d'Aubray, lieutenant civil, accusatrice, et monsieur le procureur général, t. 12, p. 5.

Factum du procez extraordinairement fait à la Chaussée, valet de Sainte-Croix, pour raison des empoisonnemens des sieurs d'Aubray, lieutenans civils, t. 12, p. 111.

Feste (la) de Versailles, du 18 juillet 1668, t. 10, p. 181.

Histoire de l'Académie Françoise depuis son établissement jusqu'en 1652, t. 6, p. 71.

Histoire de la troisième guerre civile (1616), t. 1, p. 299.

Histoire de l'Hôtel royal des Invalides, t. 11, p. 81.

Histoire de Tancrède de Rohan, par le père Griffet, t. 6, p. 1.

Histoire du Fanatisme de nostre temps (1692), t. 11, p. 313.

Histoire du prince de Condé, t. 8, p. 7.

Histoire du Temps, ou le véritable récit de ce qui s'est passé dans le Parlement, depuis le mois d'août 1647 jusques au mois de novembre 1748; avec les harangues de toutes les compagnies souveraines et les advis différens qui ont esté proposez dans les affaires qu'on y a solemnellement traictées, t. 7, p. 1.

Histoire journalière de tout ce qui s'est passé au voyage du Roy, depuis le 17 août 1615 jusqu'au mois de janvier 1616, t. 1, p. 279.

Histoire journalière de tout ce qui s'est faict et passé au voyage du Roy, depuis son départ de Fontainebleau (1621), t. 2, p. 241.

Histoire tragique du marquis d'Ancre et de sa femme, t. 2, p. 5.

Histoire véritable de ce qui s'est passé de nouveau entre les François et les Portugais en l'isle de Maragnan, au pays de Toupinambous, t. 1, p. 287.

Histoire véritable du combat naval et de la desroute des capitaines Blanquest, Gaillard et autres pirates et rebelles au Roy, t. 2, p. 181.

Journal de monsieur le cardinal de Richelieu, qu'il a fait durant le grand orage de la Cour, ès années 1630 jusques à 1644, tiré des Mémoires qu'il a escrits de sa main, t. 5, p. 1.

Journal du Roy Louis XIII, par monsieur Jean Hérouard, son premier médecin, t. 5, p. 393.

Journal de Verdun. — Articles qui concernent ce qui s'est passé de plus considérable en France depuis les mois de Janvier, Février, Mars, Avril, Mai, Juin, Juillet, Août et Septembre 1715, t. 12, p. 315.

Jugement rendu par les commissaires députez contre Urbain Grandier, t. 5, p. 259.

Lettre à monsieur le marquis de Fontenay-Mareuil, ambassadeur à Rome, sur le trespas de monseigneur le cardinal de Richelieu, t. 5, p. 345.

Lettre de Mathieu de Montreuil, chanoine du Mans, contenant la relation du mariage du Roy (1660), t. 8, p. 303.

Lettre d'un religieux, envoyée à monseigneur le prince de Condé, à Sainct-Germain-en-Laye, contenant la vérité de la Vie et Mœurs du cardinal Mazarin, t. 7, p. 421.

Lettre du Père Charles l'Allemant, supérieur de la mission de Canada, au Père Hiérosme l'Allemant, son frère, t. 3, p. 405.

Lettre du sieur Grandier, aucusé de magie, au Roy, t. 5, p. 261.

Lettres de Fléchier concernant les troubles du Languedoc, t. 11, p. 391.

Lettres de Fléchier sur les affaires politiques, t. 11, p. 415.

Lettre pastorale et mandement de Fléchier à l'occasion des troubles du Languedoc, t. 11, p. 427.

Lettres patentes du Roy portant permission d'establir dans ceste ville de Paris et autres de ce royaume des chaises à bras, t. 2, p. 47.

Liste ou extraits des noms de ceux qui ont esté esloignez, emprisonnez, condamnez et suppliciez durant le ministère du cardinal de Richelieu, t. 5, p. 109.

Mémoires de Henry, dernier duc de Montmorency, t. 4, p. 1.

Mémoires de Louis XIV écrits par lui-même, t. 8, p. 335.

Mémoires du marquis de Guiscard, dans lesquels est contenu le récit des entreprises qu'il a faites dans le royaume et hors du royaume de France pour le recouvrement de sa patrie, t. 11, p. 199.

Mémoires d'un favory de Son Altesse Royale monseigneur le duc d'Orléans, t. 3, p. 259.

Mémoire fidèle des choses qui se sont passées à la mort de Louis XIII, fait par Dubois, l'un des valets de chambre de Sa Majesté, t. 5, p. 423.

Mémoire sur l'esmotion arrivée en la ville de Nismes en juillet 1613, t. 1, p. 227.

Mémoire (inédit) sur l'état des finances, depuis 1616 jusqu'en 1644, t. 6, p. 57.

Mémoires inédits touchant la révolte de Rouen, t. 4, p. 465.

Mémoire du procez extraordinaire contre la dame de Brinvilliers, cy-devant prisonnière en la Conciergerie du Palais, accusée et exécutée le 17 juillet 1676, t. 12, p. 81.

Monsieur le duc d'Orléans, régent du royaume, t. 12, p. 451.

Mort de Louis XIV, t. 12, p. 431.

Ordonnance de monsieur le prévost de Paris, ou son lieutenant civil, contre les filles débauchées, vagabonds et autres gens de mauvaise vie, t. 2, p. 53.

Ordonnance du Roy contenant les articles accordés à Jacques Guyon et Guillaume Bouteroue, entrepreneurs du canal de Loire en Seine, t. 6, p. 255.

Particularitez remarquées en la mort de messieurs Cinq-Mars et de Thou, à Lyon, le vendredy 12 septembre 1642, t. 5, p. 311.

Piété (la) royale, discours présenté au Roy par J.-B. Mathieu, t. 2, p. 331.

Police générale du royaume de France, avec la façon de procéder en toutes sortes de juridictions, t. 3, p. 225.

Portraits (les) de la Cour, t. 8, p. 369.

Pourtrait (le) du Roy Louis XIII, par M. de Bellemaure, t. 1, p. 399.

Premier et second livre des dignitez, magistrats et offices du royaume de France, auxquels est de nouveau adjousté le tiers livre de cette matière, outre la revue et augmentation d'iceux, par Vincent de la Loupe, t. 4, p. 379.

Procès de messieurs Cinq-Mars et de Thou, t. 5, p. 283.
Projet pour l'entreprise d'Alger, t. 10, p. 79.
Récit véritable de la vie et mort du mareschal Gassion, t. 6, p. 37.
Récit véritable de l'exécution du comte de Chalais, t. 5, p. 131.
Récit véritable de ce qui s'est passé au Louvre depuis le 24 avril jusqu'au départ de la Royne mère du Roy, t. 2, p. 21.
Récit véritable de tout ce qui s'est passé depuis que le sieur de Saint-Preuil fut arresté jusques à sa mort, t. 5, p. 145.
Récit véritable de toutes les cérémonies observées dans la ville de Grenoble à la protestation de foy de monsieur le duc de l'Esdiguières, t. 2, p. 193.
Réformation (la) de ce royaume, t. 2, p. 391.
Relation de la conduite présente de la Cour de France (1605), t. 10, p. 3.
Relation de la contagion de Lyon, t. 3, p. 139.
Relation de l'Ambassade de monsieur le chevalier de Chaumont à la cour du Roy de Siam, t. 10, p. 299.
Relation de la mort du maréchal de Marillac (1632), t. 3, p. 427.
Relation de la mort du marquis de Monasdelchi, grand-écuyer de la Reyne Christine de Suède, par le Père Lebel (1657), t. 8, p. 287.
Relation de l'expédition de Gigery, et entre autres la retraite des troupes françoises, t. 10, p. 99.
Relation de tout ce qui s'est passé aux États-Généraux convoqués en 1614, t. 1, p. 1.
Relation de tout ce qui s'est passé sur le fait et expédition de la Valteline, t. 3, p. 1.
Relation des voyages faits à Thunis par le sieur de Bricard, sous les ordres de Sa Majesté, t. 10, p. 89.
Relation du Siége de La Rochelle (1628), t. 3, p. 35.
Relation du voyage fait à Canada pour la prise de possession du fort de Quebec par les François, t. 3, p. 387.
Relation véritable de ce qui s'est passé à la mort du curé de Loudun, bruslé tout vif le vendredy 18 aoust 1634, t. 5, p. 273.
Relation véritable du combat du faubourg Saint-Anthoine. — Juillet 1652, t. 8, p. 259.
Remonstrance très humble du chevalier Balthasar Gerbier et ses associez à monseigneur l'archevesque de Paris, touchant les Monts-de-Piété, t. 6, p. 215.

Réponse de monsieur le marquis de Guiscard à une lettre écrite par monsieur de Chamillard, ministre du Roy de France, à Cavalier, chef des Camisarts, après sa retraite en Suisse (1704), t. 11, p. 291.

Révolte des Croquans de Rouergue, t. 6, p. 349.

Sentences données par monsieur le lieutenant civil pour le rabais des loyers des maisons, suivant la commission de la Cour, t. 2, p. 57.

Soirée (de la) et du lendemain de la première nuit que monsieur le duc et madame la duchesse de Bourgogne ont passée ensemble, t. 12, p. 165.

Sommation faite à monsieur le duc d'Espernon, ensuite de la déclaration du Roy, t. 2, p. 63.

Suite de l'Histoire journalière de tout ce qui s'est faict et passé en France depuis le départ du Roy de sa ville capitale de Paris (1622), t. 2, p. 285.

Testament de la Reyne mère du Roy, t. 5, p. 167.

Testament du cardinal de Richelieu, t. 5, p. 361.

Traduction d'une lettre italienne écrite par un Sicilien à un de ses amis, contenant une critique agréable de Paris, t. 11, p. 155.

Traité de la paix par l'heureux accord et amiable réconciliation du Roy avec la Reyne sa mère, etc., t. 2, p. 97.

Véritable récit de ce qui s'est passé en la maladie du Roy, en la ville de Lyon, par le Révérend Père Souffrant, son confesseur ordinaire, t. 3, p. 305.

Véritable relation des justes procédures observées au fait de la possession des Ursulines de Loudun et au procès de Grandier, par le Révérend Père Tranquille, t. 5, p. 183.

Véritables relations de ce qui s'est passé de jour en jour au voyage du Roy, depuis son départ de Paris (1620), t. 2, p. 203.

Vie de François Eudes, surnommé de Mézeray, t. 10, p. 125.

Vie de Jean Colbert, ministre et secrétaire d'état, t. 9, p. 1.

Vie (la) de monsieur de Molière, par le Gallois de Grimarest, t. 10, p. 205.

Vie du Père Joseph, capucin, nommé au cardinalat, t. 4, p. 119.

Voix (la) publique au Roy, t. 2, p. 137.

www.ingramcontent.com/pod-product-compliance
Lightning Source LLC
Chambersburg PA
CBHW072106220426
43664CB00013B/2017